プロのための
貝料理

貝図鑑と専門店の基本技術

和・洋・中・ベトナムの
貝料理バリエーション200

柴田書店編

はじめに

貝はおもしろい食材である。
味も食感もさまざま。
知れば知るほどおもしろいと、貝好きは口を揃える。
魅力は、なんといっても旨みの塊であること。
そして貝料理はお酒との相性が抜群にいいことも、
料理店にとってはありがたい。
しかしまた、下処理や保存方法、火入れの仕方などを間違えば、
たちまち料理が台無しになってしまう難しさも併せ持つ。

また、料理のバリエーションが広がらないといったお悩みもあるだろう。
そこで本書では、貝料理専門店に貝のむき方から
基本的な下処理の方法、定番の料理を、
そして専門店に加えて和・洋・中・ベトナム料理のシェフたちに、
それぞれの貝の持ち味を活かす魅力的な料理を多数ご紹介いただいた。
貝を使いこなし、メニューの幅を広げるために、
ぜひお役立ていただきたい。

目次

1
調理のための貝図鑑／専門店の基礎知識と基本技術・料理

貝について
貝とは？…10／生物としての貝、食材としての貝…10／貝のからだの構造…10／貝殻の大きさを表す名称…12／二枚貝の背・腹、前・後、右・左…12／貝の栄養…13

調理のための貝図鑑
【二枚貝】
ムール貝…14／平貝…14
　平貝のむき方…15

帆立貝…16／ヒオウギ貝…16／
　アコヤ貝…16
　帆立貝のむき方…17

白ミル貝…18
　白ミル貝のむき方・さばき方…18

ホッキ貝…20
　ホッキ貝のむき方・さばき方…20

本ミル貝…22／アオヤギ…22／ハマグリ…23／アサリ…23／スダレ貝…23

ウチムラサキ貝…24
　ウチムラサキ貝のむき方・さばき方…24

ホンビノス貝…25／白貝…25／
　赤貝…26
　赤貝のむき方・さばき方…26

トリ貝…28
　トリ貝のむき方・さばき方…28

イシガキ貝…29
　イシガキ貝のむき方・さばき方…29

オオマテ貝…30
　オオマテ貝のむき方…30

アゲマキ貝…30
シジミ…31／沖シジミ…31／磯シジミ…31

【牡蠣図鑑】
◎ 日本の牡蠣

真牡蠣…32
三重県 的矢牡蠣／兵庫県 坂越産／北海道 厚岸産マルえもん／北海道 厚岸産カキえもん／北海道 仙鳳趾産／長崎県 小長井町産／長崎県 九十九島産／佐賀県 いろは島産／福岡県 糸島産みるく牡蠣／大分県 中津市産ひがた美人／熊本県 上天草産

岩牡蠣…36
熊本県 上天草産／福岡県 糸島サウンド／石川県 能登半島産／島根県 春香／兵庫県 赤穂クリスタル／京都府 伊根湾産／福井県 小浜湾産／徳島県 吉野川産

◎ 海外の牡蠣…39
オーストラリア キャビアオイスター／オーストラリア コフィンベイ産／ニュージーランド カイパラ湾産／アメリカ クマモト／アメリカ ピュージェット湾産／カナダ クッシ

オイスター・バーの牡蠣のむき方…42

【巻貝】
サザエ…44
　サザエの取り出し方…45

アワビ…46／トコブシ…46
　アワビのむき方・下処理…47

マツブ貝…48／赤ニシ貝…48
　マツブ貝の取り出し方・下処理…49

白バイ…50／エゾバイ…50／マガキ貝…50／ツメタ貝…51／マツバ貝…51
　マツバ貝のむき方…51

クマノコ貝…52／ナガラミ…52／シッタカ…52／夜光貝…53

【貝に似たもの】
カメノテ…54／ホヤ…54
　カラスボヤのさばき方…54

ミネフジツボ…55
　ミネフジツボをゆでて取り出す…55

専門店の基礎知識・基本技術と料理

- ・新鮮な貝の見分け方 … 56
- ・貝（アサリ）の砂抜き … 57
- ・巻貝の殻を割って取り出す … 58
- ・貝の保存の仕方 … 58
- ・小さい貝をゆでる … 60
- ・アワビを蒸す … 61
- ・味噌漬け … 62
- ・白ミル貝の水管の皮の使い方 … 62
- ・燻製 … 63

【専門店の定番料理】
- ・刺身 … 64
- ・焼き貝 … 66
- ・帆立のなめろう … 70
- ・ムール貝の酒蒸し … 71
- ・貝酒 … 71
- ・トコブシの山椒煮 … 72
- ・赤貝の肝と海苔の佃煮 … 73
- ・貝だし … 74

2
貝料理バリエーション

🐚 帆立貝・ヒオウギ貝

- ハニーホタテとザクロの白和え（延田）… 76
- 帆立紹興酒漬け　とんぶり和え（笠原）… 76
- 天然帆立とアスパラのムース（延田）… 76
- 帆立真薯椀（笠原）… 77
- ホタテとキノコのコキール（笠原）… 80
- 帆立のさつま揚げ（延田）… 80
- 貝チップス　酒盗ソース（延田）… 81
- 帆立の伊達巻き（延田）… 81
- ホタテ貝と豚の背脂、きのこ、イクラの組み合わせ（福嶌）… 84
- ホタテと大根のフリット（福嶌）… 84
- 帆立貝のスパゲッティ（宮木）… 85
- ホタテのパイ（掛川）… 85
- 花切り帆立貝柱とオレンジ白菜の煮込み（田村）… 88
- 帆立貝柱の翡翠玉炒め（田村）… 88
- 焼きホタテのネギ油ピーナッツのせ（足立）… 89
- 帆立貝柱の麺仕立て　龍井茶のスープで（田村）… 89
- 帆立貝柱ボンボン（田村）… 92
- 緋扇貝の湯引き　香川県オリーブと葱のソース（田村）… 92
- 緋扇貝煎り焼き雑炊仕立て　甜醤油ソース（田村）… 93

平貝

- 平貝と焼きなすの昆布締め（笠原）… 96
- 平貝のおかき揚げ（笠原）… 96
- 平貝の味噌漬け（笠原）… 97
- 平貝、甲いかの醪糟炒め　菊花仕立て（田村）… 97
- 平貝とシャキシャキ野菜の香り醤油炒め（田村）… 100
- 平貝とホワイトアスパラガス　アーモンドとニンニクのソース（福嶌）… 100
- 平貝と根菜のサラダ（宮木）… 101
- そばの実と平貝のXO醤の焼きリゾット（宮木）… 101

🐚 牡蠣

- 牡蠣の豚バラ巻き　トムヤム風（延田）… 104
- 生牡蠣フライ（延田）… 105
- 春野菜と牡蠣真薯の南蛮漬け（延田）… 105
- 牡蠣と青唐辛子の卵焼き　生海苔マヨネーズ（延田）… 105
- 牡蠣真薯　春菊すり流し（笠原）… 108
- 牡蠣炊き込みご飯（笠原）… 108
- 牡蠣の南蛮漬け（笠原）… 108
- 牡蠣天ぷら　生青海苔あんかけ（笠原）… 108
- 牡蠣と柿　朴葉味噌焼き（笠原）… 109
- たっぷりのマスの卵とスモークトラウトをのせた牡蠣の冷製（松下）… 112
- 牡蠣のクリームチーズのせ焼き（足立）… 112
- 旨みを凝縮させた牡蠣の燻製（松下）… 112
- 雲丹とフレッシュチーズをのせた牡蠣の冷製（松下）… 112
- 焼き牡蠣サンプラープレート　7種盛り合わせ（松下）… 113
- 牡蠣のホワイトソースグラタン（松下）… 116
- シンプル牡蠣フライ（松下）… 116
- オイスターアヒージョ（松下）… 117
- 牡蠣と季節野菜のスパゲッティーニ（松下）… 117
- 牡蠣と牡蠣（福嶌）… 120
- 岩牡蠣と緑野菜　生海苔のソース（福嶌）… 120
- 焼き牡蠣とふきのご飯（福嶌）… 121
- 牡蠣のソテー（掛川）… 124
- 牡蠣と新ごぼうのリゾット（掛川）… 124

牡蠣とスペックのソテー、
　ほうれん草のピューレを添えて(宮木)… 125
牡蠣のリゾット(宮木)… 125
柚子薫る　牡蠣の粥　香り醤油(田村)… 128
牡蠣の焦がし唐辛子、花椒、
　リーペリンソース炒め(田村)… 129
牡蠣の煮込み麺(田村)… 129

ハマグリ・ホンビノス貝

はまぐり葛打ち　新玉ねぎのすり流し(笠原)… 132
はまぐりと白菜の煮こごり(笠原)… 132
はまぐり真薯　みぞれ椀(笠原)… 133
はまぐりと竹の子の小鍋(笠原)… 133
ハマグリと春野菜　ルイユ風味(福嶌)… 136
ハマグリとホワイトアスパラガスの
　スープ仕立て(福嶌)… 136
地蛤とホワイトアスパラガスの
　ココット焼き(宮木)… 136
ふきのとうのミネストローネと
　ハマグリのフリット(掛川)… 137
蛤　ふわふわ長芋　白湯煮込み(田村)… 140
ハマグリの肉詰め蒸し(足立)… 140
蛤　春野菜　桜蒸し(田村)… 141
蛤と新玉ネギの蒸しスープ(田村)… 141
ハマグリのおかゆ(足立)… 144
ハマグリ入りベトナム卵焼き(足立)… 144
ホンビノス貝と豚バラ肉のフレーゴラ(宮木)… 145

アサリ

あさりしぐれ煮(笠原)… 148
あさりと舞茸のコロッケ(延田)… 148
あさりと菜の花の飯蒸し(笠原)… 149
深川丼(笠原)… 149
ニューイングランド風クラムチャウダー(松下)… 152
あさりとトマトの釜飯(延田)… 152
あさり真薯　チャウダー仕立て(笠原)… 153
アサリと黒むつと山菜のスープ煮(掛川)… 153
アサリのサテー炒め(足立)… 156
あさり　破布子　菜の花　おこげ(田村)… 156
あさり　フェンネル　ワンタンスープ(田村)… 157
南瓜と紫芋を練り込んだ猫耳麺と
　あさりの炒め(田村)… 157

ホッキ貝

ほっき貝と大根のおひたし(笠原)… 160
ほっき貝のスモーク　菜の花添え(笠原)… 160
ほっき貝のぬか漬け(延田)… 161
ほっき貝と九条ねぎのにゅうめん(笠原)… 161
ホッキ貝と長ネギ(福嶌)… 164
ホッキ貝と菜の花　柚子の香り(福嶌)… 164
北寄貝とホワイトアスパラガスのサラダ(宮木)… 165
北寄貝と豆腐干、夏草花頭の和え物(田村)… 168
北寄貝と白きくらげ、ちしゃとうの炒め(田村)… 168

白ミル貝・本ミル貝

白みる貝と黄ニラのおひたし(笠原)… 169
もずくミル貝(笠原)… 169
白みる貝　柚庵焼き(笠原)… 169
白みる貝と豆苗の山椒炒め(笠原)… 172
みる貝のすべて(延田)… 172
白みる貝の肝フライ、
　その水管のタルタルソースと(宮木)… 173
白ミル貝のグラタン(掛川)… 173
本ミル貝とフルーツトマトのサラダ(福嶌)… 176

赤貝

赤貝とアスパラのぬた(笠原)… 177
赤貝とキウイと春野菜のサラダ
　トリュフの風(延田)… 177
赤貝のなめろう(笠原)… 177
赤貝と春菊とりんごのサラダ(笠原)… 180
赤貝とアン肝と香り野菜　ゴマソース(福嶌)… 180
赤貝　紹興酒酒粕(田村)… 181
赤貝　冷菜　発酵唐辛子ソース(田村)… 181

トリ貝

とり貝と三つ葉　わさび和え(笠原)… 184
とり貝の花わさび和え(延田)… 184
トリ貝と鶏肉(福嶌)… 184
トリ貝と竹の子　木の芽のソース(福嶌)… 185
とり貝とフルーツトマトのマリネ(笠原)… 185

マテ貝

マテ貝　四川泡菜と保寧酢ジュレ(田村)… 188
マテ貝　にんにく蒸し(田村)… 189
マテ貝　香ばし煎り焼き
　オイスターソース(田村)… 189
まて貝の桜海老パン粉焼き
　アマゾンカカオ風味(宮木)… 189

ムール貝

ムール貝のファルシ(福嶌)… 192
ムール貝のレモングラス蒸し(足立)… 192
ムール貝とピンクグレープフルーツの
　マリネ(掛川)… 193

ムール＆フリット
　　　fromモン・サン・ミッシェル（掛川）… 193
　　ムール貝のベニエ（掛川）… 196
　　ムール貝とフレーグラ（掛川）… 197
　　ムール貝のブルーチーズ・グラタン（掛川）… 197
　　ムール貝とじゃが芋のティエッラパレーゼ（宮木）… 197

　シジミ・沖シジミ
　　しじみ味噌汁の茶碗蒸し（笠原）… 200
　　しじみ　花韮　台湾たくわん炒め（田村）… 201
　　しじみ　にんにく醤油漬け（田村）… 201
　　シジミのスープ（足立）… 201
　　しじみとせりのリゾット風（笠原）… 204
　　しじみ　スープ米粉（田村）… 204
　　沖しじみ　うるい　澄ましスープ（田村）… 205
　　沖しじみ　福建風焼き素麺（田村）… 205

　サザエ
　　さざえ　胡麻、豆豉、辛味ソース
　　　オーブン焼き（田村）… 208
　　さざえの壺焼き　ルコラソース（延田）… 208
　　サザエと竹の子　ふき味噌ソース（福嶌）… 209
　　さざえのトロフィエ（宮木）… 209
　　さざえのクレープ焼き（田村）… 212
　　姫さざえ　クレソン　香菜　肝味噌和え（田村）… 212

　アワビ・トコブシ
　　あわびのやわらか煮　肝ソース（笠原）… 213
　　あわびの唐揚げと磯辺揚げ（笠原）… 213
　　丸ごとあわびの茶碗蒸し（延田）… 216
　　あわびの片想い（延田）… 216
　　江ノ島椀（笠原）… 216
　　鮑、紅芯大根ピクルスの冷菜（田村）… 217
　　蝦夷あわびのリゾット（宮木）… 220
　　アワビとアワビ茸、アワビの肝ソースで（福嶌）… 220
　　鮑のXO醬蒸し（田村）… 221
　　干し鮑　山芋　古典煮込み（田村）… 221
　　とこぶしと塩漬けの牛肉（宮木）… 224
　　とこぶし　藤椒、生唐辛子漬け（田村）… 224
　　とこぶし　10年もの陳皮風味（田村）… 225

　ツブ貝・バイ貝・シッタカ
　　つぶあんもなか（笠原）… 228
　　白バイ貝の燻製とトマトと
　　　マスカットのサラダ（延田）… 229
　　つぶ貝　黒こしょう焼き（笠原）… 229
　　つぶ貝といろいろ野菜の盛り合わせ（福嶌）… 232

　　真つぶ貝とバラの花茶スープ仕立て（田村）… 232
　　真つぶ貝と自家製粉皮　マスタードソース（田村）… 233
　　白バイ貝と豚挽き肉の
　　　ナンプラー風味蒸し（田村）… 236
　　白バイ貝とにんにくの新芽、
　　　香菜の香り炒め（田村）… 236
　　風干し白バイ貝（田村）… 236
　　シッタカのヴェッキオサンペリ蒸し焼き（宮木）… 237

　ツメタ貝・アコヤ貝・夜光貝
　　つめた貝の冷たいクスクス（延田）… 240
　　雪見貝福（延田）… 240
　　夜光貝の焼きリゾット（延田）… 241

　ミックス
　　貝の切り込み（延田）… 244
　　貝と天然きのこの松前漬け（延田）… 244
　　貝チョビ（延田）… 244
　　シェルズサーディン（延田）… 245
　　春の詰め合わせ（延田）… 248
　　貝の味噌漬け（延田）… 249
　　シェル＆チップス（延田）… 249
　　貝寄せサラダ　生姜ジュレ（笠原）… 252
　　カオマン貝（延田）… 252
　　貝寄せご飯（笠原）… 253

　貝の肝
　　貝の肝カレー（延田）… 256
　　あわびの桜餅（延田）… 256
　　おむすび貝（延田）… 257
　　大人のチーズキャンディー（延田）… 257
　　貝の肝の揚げまんじゅう（延田）… 260
　　貝の肝の春巻き（延田）… 260

　貝のだし
　　貝だしのところてん（延田）… 261
　　貝だしと緑茶のお茶漬け（延田）… 261
　　貝と卵の鉢合わせ（延田）… 264
　　貝のキャラメル（延田）… 264

　補足レシピ … 266
　貝と食中毒 … 268
　参考文献・参考HP … 269
　料理人紹介 … 270

　撮　影　海老原俊之
　デザイン・イラスト　山本 陽（エムティ クリエイティブ）
　編　集　長澤麻美

凡例

- 貝図鑑中で大きく示した貝の名は必ずしも標準和名ではない。おもに関東の市場や飲食店で多く使用されている名、および表記で、その場合、標準和名については【和名】のところに記している。レシピ中の貝の名前についても同じ。
- 貝に関するデータは、本書の制作時時点のものである。
- 英名や別名は一部のものである。
- 貝の説明文中に使われている用語について：
  潮間帯（ちょうかんたい）：満潮時の海面位置と干潮時の海面位置との間の区域。
  汽水域（きすいいき）：川の河口などで淡水と海水が混じり合う水域。
  内湾（ないわん）：幅に対して奥行きの大きい湾。
  浅海（せんかい）：①浅い海。②海岸から大陸棚の外縁までの、水深約200メートルまでの海域。
- レシピ中の大さじ1は15cc、小さじ1は5cc、カップ1は200cc。
- E.V.オリーブ油は、エクストラ・ヴァージン・オリーブ油の略。

「焼貝あこや」の道具

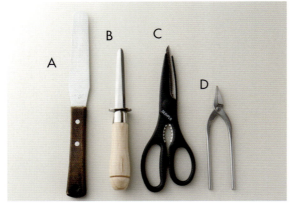

A：製菓用のスパテラ。平貝、ホタテ貝などをむく際に使用している。金属部分の先端が丸く、長さもあって殻に沿ってしなるので使いやすい。

B：貝むき。平貝、ホタテ貝以外の貝をむく際に使用。

C：ハサミ。焼き貝を作る際に、途中で殻を開けたり、殻の連結部分を切り離したりするのに使用。

D：ヤットコ。焼き貝の殻をおさえたり、巻貝の殻を割るのに使用。

「フィッシュハウス・オイスター・バー」の道具

E：貝むき（オイスターナイフ）。真牡蠣や海外の小粒の牡蠣をむく際に使用。岩牡蠣には、金属部分がもう少し長い専用のむき器を使用している。

F：ホタテむき。ホタテ貝をむく際に使用。

1 調理のための貝図鑑／専門店の基礎知識と基本技術・料理

貝料理専門店で使用されている貝と、
貝についての基礎知識、
むき方や下処理の仕方など
基本的な技術と料理をまとめた。

基本技術・料理
延田然壬（焼貝あこや）※牡蠣以外の貝
松下敏宏（フィッシュハウス・オイスター・バー）※牡蠣

※（あ）＝「焼貝あこや」

貝について

貝とは？

生物学で「貝類」といえば、「軟体動物」全体を指す。つまり、イカやタコなども軟体動物で、広い意味では貝類の仲間である。他にもカラフルなウミウシや、陸にいるカタツムリ、ナメクジなども貝類に含まれる。しかし一般的に「貝」といえば、アサリや牡蠣などの二枚貝や、サザエやアワビのような水中で生活する巻貝をイメージすることが多く、本書でいう「貝」も、この2種類を指すものとする。

二枚貝は、分類上は軟体動物門の中の二枚貝綱（または斧足綱）と呼ばれるグループで、その名の通り左右2枚の殻を持つ仲間。アサリ、ハマグリ、牡蠣、ホタテ貝、シジミなど、もっとも身近で食べる機会の多い貝でもある。巻貝は、腹足綱というグループに属し、らせん状の殻を持つ。サザエやアワビ、ツブ貝などがおなじみである。一見1枚の皿のように見えるアワビの殻も、よく見るとゆるいらせんを描いており、れっきとした巻貝であることが分かる。

生物としての貝、食材としての貝

その貝がどのような生活をしているか、特にどのような餌をどういう方法で食べているかを知ることは、食材としての貝の特徴を理解する上で役に立つ。たとえば二枚貝は頭部を持たず、海中の植物プランクトンや有機物を鰓（エラ）で濾し取り栄養としている。アサリ、ハマグリ、トリ貝、赤貝など典型的な形をした多くの二枚貝は、殻の間から斧のような形をした足をのばし、この足と殻を使って海底の砂の中へもぐり込み、入水管と出水管だけを海中に出し濾過食を行なう。私たちが、二枚貝の身のシャキシャキとした食感を心地よいと感じるのは、砂を掘るために発達した筋肉部分を食しているためである。また、同じ二枚貝であっても、ホタテ貝は砂に完全にもぐらず、海底の砂の上に横たわる形で生息し、海水をエラで濾過して植物プランクトンや微生物の死骸などを餌としている。稚貝のころに使用していた小さな足は大人の貝になると能力が退化し、使われることはない。ただしホタテは通常私たちが貝柱と呼んでいる大きな筋肉（閉殻筋）で、貝殻を勢いよく開閉し、吸い込んだ水を噴射することで飛ぶように泳ぎ、ヒトデなどの天敵から逃れることができる。また、牡蠣も砂にもぐらない貝だが、こちらは一度どこかにはりついたらその場所から動くことはなく（養殖の場合人の手で場所を移動させられることはあるが）、そこで大量の海水とともに植物プランクトンを吸い込んでエラで濾し取りながら栄養にし、成長する。動かないため筋肉は発達せず、やわらかく栄養豊富な内臓中心の体になるのだ。縦に繊維のはしる食べ応えのあるホタテ貝の貝柱や、水分をたっぷり含んだやわらかく濃厚な風味をもつ牡蠣の身は、こうしてでき上がる。

巻貝は、海底を這いまわるために二枚貝よりずっと発達した筋肉質の足を持ち、他の体の構造も二枚貝とはかなり異なる。餌は種類によりさまざまで、たとえば藻食性の貝であるアワビやサザエなどは、海藻の表面などを歯舌（しぜつ）と呼ばれる器官で削り取るようにして食べる。また、ツメタ貝や赤ニシ貝などは、他の二枚貝などを襲って食べる肉食性の貝である。磯の香りのするサザエの身のコリコリとした食感や、火を入れるとたちまち硬くなるツメタ貝の肉質は、二枚貝とはやはり異なる。

貝のからだの構造

貝のからだは硬い殻の中にあり、また殻を開けたところで、あるいは殻から取り出したところで脊椎動物のように各器官がわかりやすく配置されているわけでもなく、体内に埋もれていて判別が難しい。足肉や大きく発達した貝柱や水管など、わかりやすい部分は別として、内臓に関しては「キモ」、「ワタ」としてひとまとめで扱われることも多い。しかし、最低限のからだの構造や臓器の役割について理解しておくことは、貝を食材として扱い、おいしさを損なわない下処理や使い方をするためにも役に立つ。

貝のおもな部位名・器官名とその役割を簡単にまとめ、代表的な二枚貝であるアサリと巻貝であるサザエを例に図で示した（貝により器官の大きさや配置、色などは一定ではない）。また、貝の大きさを表す用語、貝の前後・殻の左右についても合わせて図で示した（p.12）。

足（あし）：海底にもぐって濾過食を行なう多くの二枚貝は、砂にもぐるために使用する、斧のような形をした斧足を持つ。また、巻貝の足は海底を這いまわるために使用される。全体的にぬめりが強く、調理の際にはこのぬめりを除くため、塩でもんで水洗いするなど

貝のからだのつくり

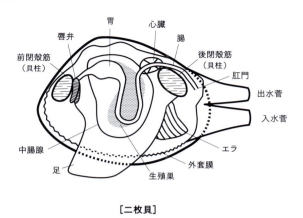

[二枚貝]

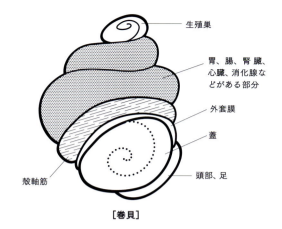

[巻貝]

の下処理が必要である。

足糸（そくし）：ムール貝や平貝などが持つ、髪の毛状の組織。細い指状の足の先端を接着したい場所に密着させたまま、根元にある足糸腺からタンパク質を分泌し、足糸を形成して対象に接着させる。調理の際には取り除く。

外套膜（がいとうまく）：軟体動物のからだの表面を覆っている膜。貝はここから殻質を分泌し、殻を形成する。二枚貝では内側から殻を裏打ちするように広がり、殻に付着している。多くの巻貝では殻から離れている。外套膜の縁（外套膜縁）は、中心部にくらべて厚くなっている。この部分が「ヒモ」と呼ばれ、食される。ホタテ貝はこの部分に多数の触角と眼を持つ。ヒモの部分は砂をかんでいることが多く、下処理の際には水でよく洗い流す必要がある。

入水管（にゅうすいかん）・出水管（しゅっすいかん）：海水の取り込み口（入水管）と吐き出し口（出水管）。左右の外套膜が癒合して形成されている、砂にもぐる二枚貝は、この入水管から海水を吸い込み、エラで呼吸に使うとともに、水中のプランクトンや有機物をエラで濾し取り、出水管から濾過した海水や排泄物を放出する。本ミル貝（ミルクイ）や白ミル貝（ナミガイ）は、この「**水管**」がひとつに束ねられ、大きく発達しているのが特徴である。

生殖巣（せいしょくそう）：卵または精子を生産する器官。ホタテ貝の生殖巣は成熟するとオスがクリーム色に、メスがオレンジ色に。サザエやアワビはオスがクリーム色に、メスが濃い緑色になる。

中腸腺（ちゅうちょうせん）：軟体動物や節足動物の消化腺の一種。通称ウロとも呼ばれる。貝毒が発生した場合、それが蓄積する部分でもあり、季節によっては食べるのを控えるほうがよいともいわれる。またホタテ貝では、一部の重金属などの濃縮も認められる。

唇弁（しんべん）：口に入る食物の選別をする器官。

閉殻筋（へいかくきん）：二枚貝が殻を閉じるために使う筋肉。一般には「**貝柱**」と呼ばれる。この筋肉は外套膜を貫通して殻の内面に直接付着している。多くの二枚貝は同じ大きさの2つの閉殻筋を持ち、それぞれ前閉殻筋（ぜんへいかくきん）、後閉殻筋（こうへいかくきん）と呼ばれるが、平貝のように後閉殻筋にくらべ前閉殻筋が極端に小さくなっているものや、ホタテ貝のように1個の大きな後閉殻筋が中央にあるものもある。貝むきは、この閉殻筋の付着部分を殻から切り離すことから始まる。

蓋（ふた）：巻貝で、軟体部の足の背面にあり、通常は軟体部を殻内に引っ込めたときに、ちょうど殻口をふさぐ構造になっているが、退化して小さくなっている種もある。

靭帯（じんたい）：二枚貝の蝶番（ちょうつがい）の部分にある、左右の殻を結合している繊維質あるいは軟骨様の物質。貝殻を開く働きをする。殻の外側にあるものと、内側にあるものがある。

歯舌（しぜつ）：二枚貝を除く軟体動物の口腔内にある、やすり状の歯。これで食物をかき取る。

殻軸筋（かくじくきん）：巻貝のからだを殻に接着させている筋肉。これが収縮することにより、巻貝の頭部・足部を殻の中に収めることができる。巻貝を殻から取り出すには、この接着部分をはずせばよい。貝柱と呼ばれることもあるが、二枚貝の閉殻筋とは働きが異なる。

※参考：「佐々木猛智　軟体動物の解剖；コウイカ・サザエ・ホタテガイ」（http://id.ndl.go.jp/bib/9687583）、「中学校理科における軟体動物のからだの特徴の理解.1.二枚貝」（http://hdl.handle.ne/10087/8389）、ja.m.wikipedia.org、「デジタル大辞泉」、「ブリタニカ国際百科事典」

貝殻の大きさを表す名称

殻長（かくちょう）：二枚貝で、殻の前端から後端まででもっとも長い直線距離。笠型の貝では殻の前後でもっとも長い直線距離。巻貝の殻高のことをいう場合もある。

殻高（かくこう）：二枚貝および巻貝で、殻の上端（通常殻頂）から下端まででいちばん長い直線距離。

殻幅（かくふく）：二枚貝で、両殻を合わせたときの殻の厚みでもっとも大きい幅。巻貝で殻を側面から見たときもっとも大きい幅。

殻頂（かくちょう）：巻貝では頂上部。二枚貝では通常殻の最上端。

殻径（かくけい）：巻貝で、正面から見たときに左右の幅でもっとも長い距離。笠型の貝では殻の前後でもっとも長い直線距離。

殻口（かくこう）：巻貝の、外に向かって開いた口。種によって形状はさまざま。ここから軟体部が外に出る。

殻皮（かくひ）：殻の外側を覆うキチン質の薄膜。

二枚貝の背・腹、前・後、右・左

1　背と腹：二枚の殻がつながっている殻頂側が「背」。その反対側が「腹」。

2　前と後：アサリなど、靭帯が外側に出ている貝は、殻頂側を上に、靭帯を手前にしておいたとき、手前側が「後」、反対側が「前」。

・右と左：**2**のようにおいたときに、右になる殻が「右殻（うかく）」、左になる殻が「左殻（さかく）」。ホタテ貝は白く膨らみが強いほうが右殻、褐色を帯びたほうが左殻。牡蠣は膨らんでいるほうが左殻（身殻）、平らなほうが右殻（フタ殻）と呼ばれる。

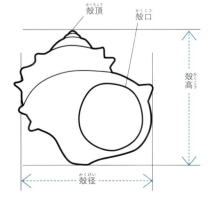

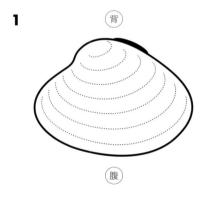

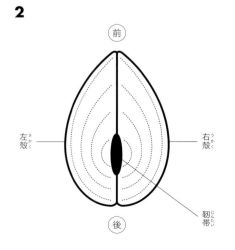

貝の栄養

本書で取り上げているおもな貝の主要三大栄養素、およびおもな無機質量をまとめた（含有量はいずれも可食部分100g中の数値）。また、日本人が食べる機会の多い4種類の貝について、栄養面からみた特徴を記した。

「日本食品標準成分表2015年版（七訂）」から引用
※1：ムール貝、※2：エゾボラなど、※3：アオヤギ、※4：ミルクイ

	主要三大栄養素				無機質（おもなもの）							
	エネルギー（kcal）	たんぱく質（g）	脂質（g）	炭水化物（g）	ナトリウム（mg）	カリウム（mg）	カルシウム（mg）	マグネシウム（mg）	リン（mg）	鉄（mg）	亜鉛（mg）	銅（mg）
赤貝（生）	74	13.5	0.3	3.5	300	290	40	55	140	5.0	1.5	0.06
アサリ（生）	30	6.0	0.3	0.4	870	140	66	100	85	3.8	1.0	0.06
アワビ（生）	73	12.7	0.3	4.0	330	200	20	54	100	1.5	0.7	0.36
イガイ※1（生）	70	10.3	1.4	3.2	540	230	43	73	160	3.5	1.0	0.05
牡蠣（養殖・生）	60	6.6	1.4	4.7	520	190	88	74	160	1.9	13.2	0.89
サザエ（生）	89	19.4	0.4	0.8	240	250	22	54	140	0.8	2.2	0.39
シジミ（生）	64	7.5	1.4	4.5	180	83	240	10	120	8.3	2.3	0.41
平貝（貝柱・生）	100	21.8	0.2	1.5	260	260	16	36	150	0.6	4.3	0.01
ツブ※2（生）	86	17.8	0.2	2.3	380	160	60	92	120	1.3	1.2	0.06
トコブシ（生）	84	16.0	0.4	3.0	260	250	24	55	160	1.8	1.4	0.30
トリガイ（斧足・生）	86	12.9	0.3	6.9	100	150	19	43	120	2.9	1.6	0.05
バイ（生）	87	16.3	0.6	3.1	220	320	44	84	160	0.7	1.3	0.09
バカガイ※3（生）	61	10.9	0.5	2.4	300	220	42	51	150	1.1	1.8	0.05
ハマグリ（生）	39	6.1	0.6	1.8	780	160	130	81	96	2.1	1.7	0.10
ホタテ貝（貝柱・生）	88	16.9	0.3	3.5	120	380	7	41	230	0.2	1.5	0.03
ホッキ貝（生）	73	11.1	1.1	3.8	250	260	62	75	160	4.4	1.8	0.15
ミル貝※4（水管・生）	82	18.3	0.4	0.3	330	420	55	75	160	3.3	1.0	0.04

・ホタテ貝

貝柱のタンパク質含有量は、平貝などと同様に多く、脂肪量はひじょうに少ない。その他ではタウリン（※）を多く含む。タウリンは目や脳の発達を助け、コレステロールを減らしたり、血圧を下げる働きもある。また、多糖類の一種であるグリコーゲンが、ガンを抑制するとの研究報告もある。

・アサリ

タンパク質と脂質が少なめで、貝の中では低カロリー。また、貧血の予防・改善などに役立つヘム鉄が比較的豊富に含まれる。タウリンも豊富。ビタミン類では、ビタミンB_{12}とビオチンが多い。ビタミンB_{12}は、精神を安定させる作用や、末梢神経を正常に機能させる働きもあり、眼精疲労や肩こりの解消にも役立つという。また、葉酸と協調して赤血球の生成を助けることから、悪性貧血を予防する効果がある。ビオチンは水溶性ビタミンの一種で、疲労回復の効果があり、その他皮膚炎や白髪の予防効果があるといわれる。

・シジミ

シジミにはオルニチンが際立って多く含まれる。オルニチンはアミノ酸の一種で、体内でアンモニアの解毒などに役立ち、肝臓の機能を保ち、疲労回復効果などが期待される。他にも肝臓のアルコール分解を助ける重要な酵素であるアラニンや、アルコールや脂肪の摂りすぎなどから肝臓を守る働きのあるメチオニン、肝機能を高めるビタミンB_{12}など、肝臓にとって有効な栄養成分を多く含む。また、鉄分も多く含まれる。

・牡蠣

多糖類の一種であるグリコーゲン、タウリン、各種アミノ酸、そしてヘム鉄、銅などのミネラル分を多く含み、特に亜鉛を多く含むのが特徴で、他の二枚貝の約5～6倍もの量が含まれている。亜鉛は新陳代謝を活発にして肌を美しくする効果があるといわれ、また、味覚障害の予防にも役立つ。

※タウリン：含硫（がんりゅう）アミノ酸から合成される物質。人間の体内に存在するタウリンは、食事からの摂取と体内での合成によりまかなわれている。軟体動物、特に貝類やタコ・イカに多く含まれている。タウリンには、肝機能を高める、コレステロール値を下げる、高血圧を予防する、視機能を改善するなどの効果があるとされる。

二枚貝

調理のための貝図鑑

ムール貝

イガイ目イガイ科
Mytilus galloprovincialis (Lamarck, 1819)

【和名（漢字）】ムラサキイガイ（紫貽貝）
【英名】Mediterranean mussel
【別名】チレニアイガイ。在来種のイガイとともにシュウリガイ、ニタリガイ、カラスガイなどと呼ばれることもある。
【形態・生態】ややいびつな水滴型。通常は殻長5cm前後の大きさだが、もう少し大型のものもある。殻は黒色（または黒褐色）で、光沢がある。殻の隙間から足糸を出し、海中の岩などに体を固定する。地中海原産で、ヨーロッパでは、ヨーロッパイガイなどと合わせ、ムール貝として扱われている。船舶の底に付着するなどして全国に分布を広げた。日本でも20世紀になって使われるようになった。
【産地・旬】フランスやニュージーランド産などの輸入ものの他、三陸や広島県産などの国産ものも出回る。三陸産は10〜12月が旬。広島産は6〜9月が旬。有名なフランスのモン・サン・ミッシェルの採取期間は7〜12月。
【食べ方・味など】フランス、ベルギー、イタリア、スペインなどヨーロッパでは、さまざまな料理に使用されている。身がやわらかく、加熱しても硬くなりにくいので使いやすい。

 貝柱

> フランス料理やイタリア料理など、"洋"の食材のイメージが強い貝ですが、日本酒を使って酒蒸しにしたり、味噌漬けにしてもおいしいです。（あ）

平貝

ウグイスガイ目ハボウキガイ科
Atrina pectinata (Linnaeus, 1758)

【和名（漢字）】タイラギ（玉珧）。平らな貝であるところからタイラガイと呼ばれ、これが転訛してタイラギとなった。
【英名】Pen shell
【別名】タイラギが正式名称だが、一般的にタイラガイの名が多く使われている。他にエボウシガイ、オオギガイ、オノガイ、タチガイなど。
【形態・生態】殻長35cm前後の大きさになる。三角形の黒色（もしくはやや緑がかった黒色）の貝殻は、薄く割れやすい。殻の表面がなめらかなタイプと、鱗片状の突起のあるタイプがある。内湾の砂泥底に、殻の尖った側を刺した形で生息する。髪の毛のように見える足糸を砂や小石に付着させ、体を固定して海底にとどまる。
【産地・旬】日本では、おもに房総半島以南に分布する。主要産地は三河湾、瀬戸内海の播磨灘や備讃瀬戸、伊予灘など。韓国などからの輸入ものも出回る。旬は冬から春。
【食べ方・味など】おもに大きい貝柱を食べるが、ヒモや肝、先端部にある小さい貝柱も食される。やわらかくて甘みのある貝柱は生で刺身や寿司ネタになる他、焼き物、ソテー、汁物、蒸し物などさまざまな料理に使用される。

貝柱

> 貝柱を刺身にするなら、縦に切るのがおすすめ。シャキシャキした食感が楽しめます。当店ではヒモや肝も無駄なく使います。（あ）

平貝のむき方 ◎ 貝柱の片側の付け根を下の殻から切り離し、殻を開け、全体を殻から取り出す。製菓用のスパテラが使いやすい。

片手に貝を持ち、下の殻に付いた貝柱の付け根部分にスパテラを差し込み、

スパテラを殻に沿って動かしながら、大きい貝柱の片側をはずす。

殻を開く。

片側の殻に、大きい貝柱、ヒモ、肝などがすべて付いた状態になる。

殻に付いた貝柱の下にスパテラを差し込み、

スパテラを動かしながら、貝柱をヒモや肝ごとはがし取る。

髪の毛のような足糸を引き抜いて取る。

貝柱のまわりの薄い膜をはがすように、貝柱とヒモの間に親指を入れ

貝柱を取り出す。

薄い膜は引きはがす。

ヒモのまわりに砂がたくさん付いているので、流水で洗い流す。

大きい貝柱と、その他のヒモや肝に分けた状態。

* 当店では、貝柱をはずした後のヒモと肝を、このまま(他の貝の肝などと一緒にしてもよい)酒を加えた湯で丸ごとゆでた後(p.19参照)、ヒモ、肝に分け、さまざまな料理に使用している。
* 肝をはずした貝柱は、水分を吸うと白く変色し、身が締まって歯応えも悪くなる。保存する場合は、水気をキッチンペーパーでしっかりふき取ることが重要である(p.59「保存の仕方」参照)。

帆立貝

イタヤガイ目イタヤガイ科
Patinopecten yessoensis (Jay, 1857)

【和名(漢字)】ホタテガイ(帆立貝)。片方の貝殻を立て、帆掛け舟のように移動するという俗説から。
【英名】Japanese scallop
【別名】アキタガイ(秋田貝。秋田藩の家紋に似ていたところから)、ウミオギ(海扇)。
【形態・生態】日本北部の他、サハリン、朝鮮半島北部に分布する。水深10〜30mの砂地に生息し、大きなものは殻長18cmほどにもなる。生息水温は5〜22℃で冷水性の貝である。生まれたときはすべてオスだが、2歳を過ぎたころに約半数がメスに性転換をする。生殖巣の色で雌雄の区別はつくが、産卵後は生殖巣の色が透明になり、区別がつかなくなる。寿命は約10年。流通しているホタテガイには天然ものと養殖ものがあるが、天然ものの多くは、稚貝を海にまいて3年ほどかけて自然に育てる「地まき」方式で育てられたもの。養殖には貝殻に穴を開けて吊るす方法と、籠などに入れて吊るす方法の2種類がある。自然状態のホタテは茶色い左殻を上に(保護色となる)、白い右殻を下にして砂地に横たわる。殻の大きさも左右で異なり、特に天然貝、地まき貝では右殻の膨らみが大きい。吊るされて育つ養殖ものは、両方の殻とも膨らみ、殻の色の差もそれほど大きくない。
【産地・旬】日本では北海道や青森県が主産地。身が厚くなり、旨みが濃くなるのは5月ごろから7月ごろにかけて。また、産卵に向けて卵巣や精巣が大きくなる前の11月ごろから12月ごろもおいしい。
【食べ方・味など】貝柱は大きく、甘みがある。料理の幅が広く使いやすい。

天然のホタテは生殖巣もおいしい。メスの卵巣はオレンジ色で、オスの精巣はクリーム色。味の違いが楽しめます。(あ)

ヒオウギ貝

イタヤガイ目イタヤガイ科
Mimachlamys nobilis (Reeve, 1852)

【和名(漢字)】ヒオウギガイ(桧扇貝、緋扇貝)
【英名】Noble scallop
【別名】バッタガイ、バタバタ、虹色貝(三重県志摩市)、長太郎貝(高知県)
【形態・生態】形は同じイタヤガイ科のホタテガイに似ているが、大きさは殻長10cm程度と小さい。オレンジや赤、黄、紫といった、鮮やかな殻の色が特徴だが、これはきれいな色のものから人工採卵して育てる養殖ものが多いためで、天然は褐色の殻のものが多い。足糸を出し、石や岩に固着する。
【産地・旬】房総半島以南に生息する。三重県、島根県、愛媛県、高知県、大分県、熊本県などで養殖されている。産卵期は4〜5月ごろ。旬は晩秋から春にかけて。
【食べ方・味など】ホタテと同様さまざまな料理に使用できる。味はホタテより濃厚で、甘みも強く感じられる。

ホタテ同様刺身や焼き貝がおいしい。鮮やかな殻の色は、加熱すると多少色あせます。(あ)

アコヤ貝

ウグイスガイ目ウグイスガイ科
Pinctada fucata martensii (Dunker, 1873)

【和名(漢字)】アコヤガイ(阿古屋貝)
【英名】Japanese pearl oyster
【別名】真珠貝
【形態・生態】真珠の養殖に使われる貝として知られる。天然ものにも真珠を持つものがある。殻長10cmほどの大きさで、やや平たい。殻の外側は黒っぽいが、内側は真珠のような美しい光沢がある。足糸を出し、岩などに体を固定する。
【産地・旬】日本では、房総半島以南に生息する。養殖は、真珠を採るためのもので、愛媛県宇和海、長崎県大村湾、三重県英虞湾、熊本県、大分県、佐賀県などで行なわれている。食用として流通しているのは、真珠を取り出した後の貝柱が主で、旬は真珠を取り出す冬場になる。西日本での流通が多いが、貝柱はネット販売などで購入することができる。
【食べ方・味など】貝柱を刺身、天ぷら、酢の物などにする。

貝柱がおいしい。貝柱以外の部分も食べることができ、牡蠣に似た味わいですが、やや旨みにかけます。(あ)

帆立貝のむき方

◎ 貝柱の片側の付け根を下の殻から切り離し、片側の殻をはずしてから、全体を殻から取り出す。製菓用のスパテラが使いやすい。

片手に貝を持ち、下の殻の内側にスパテラを差し込み、スパテラを動かしながら貝柱の付け根部分をはずす。

殻を開く。上の殻に、中身がすべて付いた状態になる。

下側の殻をはずし、身の付いた側を片手に持ち、身の下にスパテラを差し入れ、スパテラを動かしながら貝柱をはずす。

丸ごと殻から取り出した状態。

貝柱から、ヒモをちぎるようにはずし、

引っ張って取りはずす。

ヒモをはずした状態。

卵巣をはずす(これはメス。オスの場合はクリーム色の精巣をはずす)。

ウロ(中腸腺)も一緒にはずす。

ヒモは砂をかんでいるので、よく水で洗い流す。

卵巣も水で洗う。

貝柱、ヒモ、卵巣、ウロに分けた状態。

＊ 最初にどちら側の殻を下にするかは、やりやすいほうでよい。当店では平らな殻を下にしている。
＊ ウロ(中腸腺)には、餌になるプランクトンを原因とする毒成分が濃縮して蓄積されている場合がある。プランクトンの量は初夏から夏にかけて増えるため、夏場は食べないほうがよいといわれる(ウロ以外の部分は問題ない)。

調理のための貝図鑑[二枚貝]

白ミル貝

オオノガイ目キヌマトイガイ科
Panopea japonica (A. Adams, 1850)

- 【和名(漢字)】ナミガイ（波貝）。殻に波状のしわがあるところからの名。
- 【英名】Japanese geoduck
- 【別名】ナミガイが正式名称だが、一般的には白ミルガイと呼ばれる。その他オキナノメンガイ（翁の面貝）とも。白ミルガイの名は、もともとミルガイ（ミルクイ）の数が減少して高価になったため、その代用として扱われていたところから呼ばれるようになったものである（分類学上はまったく別の貝）。
- 【形態・生態】殻長15cmほど。殻の外に長く伸びた太い水管が特徴的。この水管は殻の中に収納することができない。殻は白っぽい楕円形で薄く割れやすい。日本では、北海道から九州まで広く分布する。潮間帯から水深20〜30mほどの浅い海の砂泥地に生息し、深く砂にもぐる性質がある。
- 【産地・旬】主産地は愛知県、千葉県、兵庫県、山口県などで、冬から春先にかけてがおいしい。アメリカやカナダなどからの輸入もの（近縁種のアメリカナミガイ）も多く、回転寿司のネタなどに広く使われている。
- 【食べ方・味など】すべて食べられる。水管の部分は生で刺身や寿司ネタに使われる他、焼いたり炒めたりしてもおいしいが、火を入れすぎると硬くなる。

貝柱

> 熱を加える時間や切り方によって食感が変わります。水管の皮は、軽く湯に通すと簡単にむけます。当店ではむいた薄皮や肝もすべて使用します。（あ）

白ミル貝のむき方・さばき方
◎ 一般的な二枚貝のむき方。貝柱の付け根を両側の殻から切り離して取り出す。

1 貝を片手に持ち、下側の殻の内側に沿って貝むきを入れ、

2 2つの貝柱の付け根を切りはずし、身をはがす。

3 きれいにはがれる。

4 上側にも同様に貝むきを入れ、

5 殻に沿って貝むきを動かし、2ヵ所の貝柱の付け根を切りはずし、身をはがす。

6 水管部分を持って、殻から取り出す。

肝が付いている部分をちぎるようにはずし、

肝と貝柱をはずす(すべて食べられる)。

貝柱と肝、水管と、それにつながる身に分けた状態。

水管と身の皮をむく(生でもむけるが、軽く湯に通したほうがむきやすい)。身が付いた状態の水管を、沸騰湯に入れる。

色が白くなり、皮を触ってみて寄るようになれば(表面だけさっと火を通す。中まで火を入れないように)、

氷水に落とす。

身側から皮を引っ張ってむいていく。

皮をむいた水管+身と、むいた皮。

肝、ヒモ、貝柱はゆでて使用

水管と身以外の部分は、酒を加えた湯でゆでて使用している(他の貝の肝などと合わせてゆでてもよい)。

身と水管を切り分け、

水管は縦半分に切る。

* むき終わったら、すべてキッチンペーパーで水気をよくふき取り(取らないと食感が悪くなる)、キッチンペーパーで挟んで冷蔵庫で保存する(p.59参照)。

* 水管の皮はほとんどが捨てられてしまっているが、当店では、これを干して使用している。そのまま干しても、醤油や酒で軽く味つけしてから干してもよい。磯の香りのする薄いシートができ上がる。

ホッキ貝

バカガイ上科バカガイ科
Pseudocardium sachalinense
(Schrenck, 1862)

貝柱

【和名(漢字)】ウバガイ(姥貝)。名の由来には、長生きの貝であることから。あるいは見た目からなどの説がある。

【英名】Sakhalin surf clam

【別名】ウバガイが正式名称だが、おもにホッキガイという名称が使われる。名の由来には、この貝を表わすアイヌ語の「ポクセイ」が語源で、生息域が北に寄っているため、当て字で「北寄貝」と表記されたなどの説がある。

【形態・生態】殻長10cm以上の大きさになる、殻は厚く、褐色の殻皮に覆われているため全体に黒っぽい色に見える。冷水域の外洋に面した浅い海の砂底に生息する。成長は遅く、漁獲可能な7〜8cmの大きさになるのに4〜6年かかる。寿命は30年と長生きの貝である。日本海北部と茨城県以北の太平洋、シベリア沿岸まで分布する。

【産地・旬】日本では北海道の苫小牧市が、長年水揚げ日本一を誇る。産卵期は5〜6月。旬は冬から春にかけて。資源保護のため、各漁協ごとに漁期が決められており、産卵期は禁猟となっている。

【食べ方・味など】寿司ネタとしておなじみ。生でも湯引きしてもおいしい。

> さっと湯引きすると、足や水管が鮮やかな紅色になり、甘みが強くなります。(あ)

ホッキ貝のむき方・さばき方
一般的な二枚貝のむき方。貝柱の付け根を両側の殻から切り離して取り出す。

1

殻の中に貝むきを差し込み、

2

下の殻の内側に沿って貝むきを動かし、2つの貝柱の付け根切りはずす。

3

上側にも同様に貝むきを入れ、

4

殻に沿って貝むきを動かし、2ヵ所の貝柱の付け根を同様に切りはずす。

5

はりついているヒモなども貝むきではがし、

6

殻を開け、

7 殻から取り出す。砂を多く持つものもある。

8 指で薄膜を開き、流水で中の砂を洗い流す。

9 洗い終わったもの。ここから部位に分け、掃除をしていく。

10 2つある貝柱をはずす。

11 はずした貝柱。

12 足からヒモをはずす。

13 ヒモの掃除をする（内側の薄い膜などを切り取って除き、余分な部分も切り取る）。

14 残った汚れやぬめりは包丁でこそげ取る。

15 足、貝柱、ヒモに分けた状態。

16 足を半分に切り開く。

17 端にある、茶色い部分は肝（旬の冬場はもう少し大きくなる）。

18 指で肝をはずす。

* 当店では、肝はゆでて料理に使用している。
* この後、各部位を料理に合わせて切り分け、使用する。刺身にする場合は、湯引きすることが多い（p.65参照）。

調理のための貝図鑑［二枚貝］ 21

本ミル貝

バカガイ科
Tresus Keenae (Kuroda & Habe, 1950)

【和名(漢字)】ミルクイ（海松食、水松食）。水管に海藻（海松／ミル）が生え、引っ込むときのようすが海藻を食べているように見えたところからの名。
【英名】Mirugai clam, Pacific gaper
【別名】ミルクイが正式名称だが、本ミルガイと呼ばれることが多い。ミルガイ（海松貝）、ミルクイガイ（海松食貝）、黒ミルガイともいう。数が減少し、代用としてナミガイが「白ミルガイ」の名で流通したことにより、これと区別する意味で「本ミルガイ」と呼ばれるようになった（分類上は、まったく別の貝）。
【形態・生態】殻長13〜15cmほどになる。水管が大きく発達しているのが特徴。日本では、おもに内海の砂泥地に生息する。

【産地・旬】千葉県富津、愛知県の三河湾、渥美半島伊良湖近辺のものが特に評価が高い。産卵期が春と秋の2回あり、その前までがおいしいといわれるが、一般的には冬から春先あたりまでが旬とされる。また、韓国などからの輸入ものも出回る。
【食べ方・味など】水管はコリコリとした食感と、磯の香りを含んだ甘みを持ち、高級寿司ネタのひとつになっている。表面の黒い皮をむいて使用する（さっと湯に通して氷水にとってからむくとむきやすい）。また、水管の下にある身（ミル舌）や貝柱ももちろん食べられる。

> 希少で高価ですが、代用として使われる白ミル貝とくらべても、味や食感のよさは歴然。特に水管がおいしい。（あ）

アオヤギ

バカガイ上科バカガイ科
Mactra chinensis (Philippi, 1846)

江戸時代の寿司職人がバカガイの名でこの貝を客に出すことを避けるため、当時一大集積地だった千葉県市原市青柳の名で呼んだところから。
【形態・生態】殻長8cmほどの大きさで、ややハマグリに似ているが、殻はハマグリより薄い。内湾の浅い砂地に生息する。潮干狩りでアサリと一緒に採れることも多い。
【産地・旬】日本のおもな産地は北海道、東京湾、伊勢湾、三河湾、瀬戸内海など。旬は春。
【食べ方・味など】酸欠に弱く砂出しが難しいため、砂を含む部分は取り除いて使うことが多い。むき身にしたものや、内臓をはずして斧足だけにした「舌切」と呼ばれる状態で売られるものが多い。貝柱は、「小柱」または「あられ」と呼ばれ、和食に欠かせない食材となっている。大小ある貝柱のうち、大きいほうを「大星」小さいほうを「小星」と呼ぶ。

【和名(漢字)】バカガイ（破家蛤、馬珂蛤、馬鹿貝）。名の由来については、殻の間から足を出している姿が馬鹿のようだから、あるいはかつて馬鹿のように採れたからなど諸説ある。
【英名】Chinese mactra
【別名】バカガイが正式名称。アオヤギ（青柳）は本来この貝のむき身のことを呼ぶ名であるが、貝自体の名としても使われている。名の由来は、

> 舌切と貝柱は、味や食感が異なりそれぞれ楽しめます。色が鮮やかで値段も安く、いろいろな和え物などに使えて重宝です。（あ）

ハマグリ

マルスダレガイ上科マルスダレガイ科
Meretrix lusoria (Röeding, 1798)

> 火を通しても、身があまり硬くなりません。小ぶりなものは吸い物に。大きいものは、何も加えずにそのまま焼くのがおすすめ。(あ)

- 【和名(漢字)】ハマグリ(蛤)。語源は、栗の形に似ているということで「浜の栗」から、あるいは「浜の石」(「クリ」は石を意味する古語)から、などの説がある。
- 【英名】Common orient clam
- 【別名】本ハマ(市場で)
- 【形態・生態】殻長8cmほどの大きさになる。殻は硬い。内湾の砂泥底に生息し、河口付近に多い。ただし、日本の内湾性のハマグリは、生息地の破壊によって昭和後期に急速に減少し、局地的な一部を除いて、絶滅に近い状態になっている。
- 【産地・旬】国産の内湾性のハマグリの産地は鹿島灘、伊勢湾、瀬戸内海の周防灘、有明海など一部の地域に限られる。現在国内で流通するハマグリと呼ばれるものは、外洋性のチョウセンハマグリや、中国などから輸入されているシナハマグリなどが多くを占める。旬は春。
- 【食べ方・味など】焼き貝、酒蒸し、寿司などさまざまな料理に使われる。旨みが強く、上品でおいしいだしがとれるので、吸い物やスープなど、加熱した際に出る汁を活かすような使い方をしたい。

アサリ

マルスダレガイ上科マルスダレガイ科
Ruditapes philippinarum (A. Adams & Reeve, 1850)

> やはり味噌汁が一番。当店の貝だしのベースになる貝でもあります。だしをとった後のむき身も、和え物などに使用しています。(あ)

- 【和名(漢字)】アサリ(浅蜊、蛤仔、鯏)。語源は「漁る(あさる)」。この言葉自体が浅海に住む貝や魚を採るところから生じたと考えられている。
- 【英名】Japanese littleneck clam, Manila clam
- 【別名】—
- 【形態・生態】殻長4〜5cmほどの大きさ。日本、朝鮮半島、台湾、フィリピンまで広く分布し、浅くて塩分の薄い砂泥底を好む。海水温が20℃前後になる春と秋に産卵する(北海道では海水温が上がる夏のみ)。
- 【産地・旬】日本では三河湾が産地として有名で、愛知県が漁獲量の全国シェア6割を占める。静岡県、北海道がこれに続く。ただ、近年は半分以上を中国や韓国などからの輸入ものが占める。日本では、乱獲や環境の悪化などの影響で激減した国内の漁獲量を復活させようと、各地でさまざまな取り組みがされている。旬は、産卵前の春先と秋口といわれる。
- 【食べ方・味など】いいだしがとれるので味噌汁や酒蒸し、鍋やパスタなど、だしを活かせる料理に使うとよい。

スダレ貝

マルスダレガイ科
Paphia lischkei Fischer-Piette & Métivier, 1971

> 足の鮮やかな赤色が特徴です。火を通すと少し固くなりますが、旨みは強い貝です。(あ)

- 【和名(漢字)】スダレガイ(簾貝)
- 【英名】—
- 【別名】スダレアサリ
- 【形態・生態】殻長6cmほどの大きさ。殻は薄褐色で、放射状の模様がある。見た目がアケガイ(朱貝)と似ており、アケガイがスダレガイとして売られている場合もある。殻の表面がつるつるしているのがアケガイで、スダレガイの殻にはすだれ状の成長脈があり、ざらざらしている。水深10〜40mの砂底に生息する。
- 【産地・旬】北海道西部から九州まで広く分布するが、流通量は多くない。旬は春。
- 【食べ方・味など】アサリとほとんど同じ使い方ができる。味はアサリより濃厚。

ウチムラサキ貝

マルスダレガイ目マルスダレガイ科
Saxidomus purpurata (G.B.Sowerby II, 1852)

- 【和名(漢字)】ウチムラサキ（内紫）。貝殻の内側が紫色であることから。
- 【英名】Purplish washington-clam
- 【別名】オオアサリ（大浅蜊）、ハシダテガイ（橋立貝／京都）。一般的にはオオアサリと呼ばれることが多い。店によってはホンビノスガイを「オオアサリ」として出しているところもあるが、まったく別の貝である。
- 【形態・生態】殻長10cm前後の大きさになる。貝殻は厚くて硬く、名の由来になった通り、内側が紫色である。潮間帯から水深10mほどの砂礫地に生息する。
- 【産地・旬】北海道南部以南の各地で採れ、愛知県、三重県、福井県、京都府、兵庫県などが主産地。朝鮮半島や中国にも生息する。通年水揚げはされているが、出回る量が増える旬は、春から初夏にかけて。
- 【食べ方・味など】焼き貝にすると持ち味が活きる。愛知県の三河湾、三重県の伊勢湾などで、この貝を焼いた焼きオオアサリが名物となっている。

貝柱

生でも食べられますが、火を通したほうが断然おいしい貝です。焼き貝がおすすめ。身が大きく、食べ応えがあります。（あ）

ウチムラサキ貝のむき方・さばき方 ◎ 一般的な二枚貝のむき方。水管も大きめなので、切り開いて使用する。

1 貝柱を切り離して中身全体を取り出す。

2 2つある貝柱をはずす。

3 ヒモから足をはずす。

4 ヒモを掃除し、水管は切り開く。

5 水管の部分は特に砂が多いので、水で洗い流す。

6 足、貝柱、ヒモ＋水管に分けた状態（この後焼き貝にする場合はp.66参照）。

ホンビノス貝

マルスダレガイ目マルスダレガイ科
Mercenaria mercenaria (Linnaeus, 1758)

【和名(漢字)】ホンビノスガイ(本美之主貝)。以前この貝は分類上Venus(ビーナス)属とされていた(現在はメルケナリア属に変更)。命名の際、すでに同じVenus属の別の貝がビノス貝と名付けられていたため、こちらには「本」をつけて、ホンビノス貝となったという。

【英名】Hard clam

【別名】オオアサリ(千葉県で。一般的にはウチムラサキの別名)、オオハマグリ、白ハマグリ(誤用。白ハマグリという別の貝がある)

【形態・生態】殻長10cm以上になる。殻は厚く硬い。ハマグリより丸みがある。

【産地・旬】北米大陸東海岸のほぼ全域に広く分布し、日本にはもともと存在していなかったが、1998年に東京湾で発見され、定着が確認された。2000年代になって大阪湾でも発見され、繁殖している。これらは北米大陸から船舶のバラスト水(※)に混ざり、運ばれたものと考えられている。千葉県市川市・船橋市の三番瀬の漁獲量が多い。ほぼ年年流通している。

【食べ方・味など】北米東海岸では生食もする。クラムチャウダーの材料としてはおなじみ。ハマグリやアサリと同じような使い方ができる。

※バラスト水：貨物船が空荷で出港する際に、重しとして船底に積み込まれる港の海水。貨物を積載する港で、船外に排出される。

> 塩気が多いですが、濃厚なだしがとれます。火を通しすぎると硬くなります。殻が厚く、歩留まりはあまりよくありません。(あ)

白貝

マルスダレガイ目ニッコウガイ科
Megangulus venulosus (Schrenck, 1861)

【和名(漢字)】サラガイ(皿貝)が正式名。見た目が白い皿に似ているところから。サラガイには、アラスジサラガイ、ベニサラガイ、サラガイの3種類がある。

【英名】Northern great tellin

【別名】上記のサラガイは、関東の市場ではいずれもシロガイ(白貝)と呼ばれる。

【形態・生態】やや横長で、殻長が10cm前後になる平たい貝。貝殻が漆喰のように白く、なめらかである。潮間帯下から水深20mほどの砂地に生息する。

【産地・旬】日本では房総半島から北の地域、および日本海などに広く分布している。関東の市場には北海道から入荷されるものが多い。旬は春。

【食べ方・味など】クセがなく、使いやすい。酒蒸しや焼き貝、炊き込みご飯やパスタにもと、幅広く使える。

> 足の部分を刺身にしてもおいしいです。ホッキ貝同様北国の砂地にいる貝なので、よく砂をかんでいます。(あ)

赤貝

フネガイ目フネガイ科
Scapharca broughtonii (Schrenck, 1867)

> 赤貝は、香りが命。当店ではあまり水で洗いすぎず、砂などもできるだけキッチンペーパーなどで丁寧に取るようにしています。肝は佃煮などにすると、いい肴になります。（あ）

【和名(漢字)】アカガイ（赤貝）。貝には珍しく赤い血液を持ち（ほとんどの貝の血液は透明）、身も赤いことから付けられた名。
【英名】Bloody clam
【別名】市場では玉（タマ）ともいい、近縁種の貝と区別するため本玉（ホンダマ）、本赤（ホンアカ）とも呼ばれる。ケミガワの呼び名もあるが、これは千葉県の検見川周辺が産地・集積地であったため。

貝柱

【形態・生態】殻長10～12cmほどの大きさになり、膨らみが大きい。殻に42～43本の放射状の縦溝があり、全体が茶褐色の毛で覆われている。北海道南部から九州、韓国、中国沿岸部などに分布し、内湾の潮間帯から水深10～30mの砂泥地に生息する。
【産地・旬】国内では三陸や仙台湾、東京湾、三河湾、伊勢湾や瀬戸内海、有明海などが産地だが、漁獲量は激減し、韓国や中国からの輸入の割合が増えている。現在国内では宮城県名取市閖上（ゆりあげ）産のものが評価が高い。旬は秋から春。
【食べ方・味など】寿司ネタとしておなじみ。刺し身、酢の物、酢味噌和えなど、生で食べるのが一般的。旨みと甘みがあり、食感、香りもよい。また、ヒモもおいしく、珍重されている。

赤貝のむき方・さばき方

◎ 一般的な二枚貝のむき方。貝むきが入れづらいので、最初に殻の隙間を広げる。蝶番側から開ける方法もある。

1 貝を左手に持ち、殻と殻の間に貝むきを横にしてあて、上から親指で押し入れて、殻の隙間を広げる。

2 右側の殻のヒモの下に貝むきを差し入れ、殻に沿うように動かして貝柱の付け根を切り離す。貝の前後を入れ替えて貝柱の付いた側を右側にし、また同様にして貝柱を切り離す。

3 まだ付着した部分があれば、指を入れてはずす。

殻から取り出した状態。

足と、ヒモ（貝柱付き）に分ける。

分けた状態。

ヒモの処理をする。ヒモを中央から半分に切り、

ヒモについた薄膜などを包丁の刃先で掃除し、

貝柱は付けたまま、余分な部分をヒモから切り離す。

ヒモは砂を多くかんでいるので、包丁の背でしごいて取り除く。取りきれなかった砂は、キッチンペーパーを使ってつまみ出すようにして取る。

足は横から包丁を入れて半分に切り開く。

切り離した状態。この後の使い方によっては、完全に切り離さない場合もある。

肝の下に包丁を入れ、肝をそぎ取る。

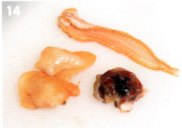
ヒモ（貝柱付き）、足、肝に分けた状態。

* この後の保存の仕方はp.59参照。刺身にする場合はp.65参照。
* 赤貝は香りが大事なので、水で洗いすぎないようにしている。
* 食べられる時期の肝（貝毒の心配もある夏場のものは、使用していない）はまとめて冷凍し、佃煮（p.73参照）などにしている。

トリ貝

マルスダレガイ目ザルガイ科
Fulvia mutica (Reeve, 1844)

【和名(漢字)】トリガイ(鳥貝)。名の由来には、足の形が鳥のくちばしに似ているから、あるいは味が鶏肉に似ているから、などの説がある。
【英名】Heart clam
【別名】オトコガイ、キヌガイ、チャワンガイ
【形態・生態】通常は寿命が1年ほどで、殻長7～9cmほどになる(中には2～3年生き、10cm以上になるものも)。雌雄同体。産卵期は春と秋の2回。丸身を帯びた形で、殻の表面に放射状の縦溝が40本ほどあり、短い毛が生えている。水深数m～数十mの内湾の泥地に生息する。
【産地・旬】日本では太平洋側の東京湾、三河湾、伊勢湾。日本海側の宮津、舞鶴、そして瀬戸内海などが産地として知られる。旬は太平洋側では春先、日本海側では夏とされる。湯引きした身の冷凍品は通年出回り、韓国や中国からの輸入も多い。天然のトリ貝は豊凶の差が激しい貝としても知られ、年によって漁獲量に大きな差がある。これを解消すべく、京都府は養殖に力を入れ、大きく育てた育成トリ貝を、「丹後とり貝」のブランド名で販売している。
【食べ方・味など】足の部分を食べる。高級寿司ネタのひとつでもあり、一般的には刺身や酢の物、和え物などに使われる。生はもちろん、さっと湯引きしたものも甘みがあっておいしい。

> 一般的には足を切り開いて湯引きしたものが流通しています。春ごろに生の殻付きが出回りますが、希少。生は磯の香りがしておいしさが格別です。(あ)

トリ貝のむき方・さばき方

一般的な二枚貝のむき方。殻が薄く、割れやすい。足の黒い部分がこの貝の特徴だが、鮮度が落ちるとどんどん色が落ちてしまう。また、まな板にすれるだけでも色が落ちるので、できればガラスなど、摩擦の少ない板の上などで行なうとよい。

1 殻の間に貝むきを入れ、隙間を広げる。

2 通常の二枚貝のむき方で、左右の貝柱の根元を切り離して、殻から取り出す。

3 ヒモが付いた部分を、足から指ではずし、

4 引っ張って取りはずす。

5 はずしたヒモと肝。

6 ヒモから肝をはずす。貝柱は付けたまま。

7 足に付いている、薄膜などを取り除く。

8 足とヒモに分けた状態。

9 ヒモの掃除をする。余分な筋を取る。

ヒモは砂をかんでいるので、水で洗い流す。

足は、色のついているほうを上にして（先の尖ったほうが左側になるように）まな板におき、

横から包丁を入れて2枚に切り分ける。

切り開いた状態。

中のワタを掃除する。

掃除の終わった足とヒモ。
＊刺し身にする場合は、まな板に叩きつけて身を硬直させてから適宜に切り分けて盛り付ける（p.64参照）。

イシガキ貝

マルスダレガイ目ザルガイ科
Clinocardium californiense (Deshayes, 1839)

もともとトリ貝の代用で流通したものですが、今や高級貝。味、食感ともひけを取りません。（あ）

貝柱

【和名（漢字）】エゾイシカゲガイ（蝦夷石影貝）。イシカゲガイに似て、北に生息する貝の意。
【英名】Bering sea cockle
【別名】エゾイシカゲガイが正式な名。イシガキガイ（石垣貝）は、市場で呼び間違えられたものがそのまま定着したもの。白トリガイと呼ばれることもある。
【形態・生態】殻長7〜8cmほど。足は薄黄色。殻は膨らみがあって43本前後の縦溝が放射状に入り、見た目がトリ貝に似ている。日本では茨城県以北に生息する。
【産地・旬】天然ものは入荷が少ない。岩手県の陸前高田市で養殖が成功し、養殖ものが出回るようになった。旬は夏。トリ貝の旬が終わるころ、入れ替わるように市場に並ぶ。
【食べ方・味など】赤貝よりも肉厚で、旨み、甘みが強い。生で刺身や寿司にして食べるのが一般的。

イシガキ貝のむき方・さばき方

◎ 一般的な二枚貝のむき方。

殻の間から貝むきを差し込み、殻の内側に沿って動かし、両側の殻の貝柱の付け根2ヵ所ずつを切り離す。

殻を開けて、取り出す。

足からヒモをはずして掃除する。

足は、尖ったほうが左上にくるようにまな板におき、横から包丁を入れて、半分に切り、

中のワタを包丁でしごき出して除く。
＊この後刺身や寿司に使う場合は、まな板に叩きつけて、硬直させてから使う。

オオマテ貝

マルスダレガイ目マテガイ科
Solen grandis (Dunker, 1862)

> 焼き貝がおいしい。独特の旨みには、根強いファンも多いです。(あ)

> 形はマテ貝に似ていますが、味と食感はまったく違います。加熱すると旨みが上がるのでおすすめです。(あ)

【和名(漢字)】オオマテガイ(大馬刀貝、大馬蛤貝)。大型のマテガイの意。マテガイの語源には、殻の両側から水管と足をのばす姿から、両手(真手)貝とした、あるいはこの貝の中国語である「馬刀(マータオ)」からなどいくつかの説がある。

【英名】Giant razor-shell, Giant jackknife clam

【別名】カミソリガイ。殻の形から。

【形態・生態】マテガイ類は、細長い長方形に近い形と、両端から足と水管をのばす姿が特徴的な貝で、日本には10種類ほどが住むという。食用にされるおもなマテガイにはマテガイ、オオマテガイ、アカマテガイ、エゾマテガイなどがある。潮干狩りなどでよく採れるのは、殻長が10～12cmほどのもの。北海道南部～九州、朝鮮半島の内海、内湾の潮間帯の砂泥底に住み、干潮時には砂泥に深くもぐっているが、潮が満ちると海底近くに上がり、水管を海底から出す。砂泥の中で素早く上下に移動することができ、この習性を利用して、マテガイのいる穴に塩を入れ、飛び出てきたところをつまんで引き抜く採り方がおもしろいと、潮干狩りでも人気がある。刺激を受けると水管の先端を自ら切り落とす(敵から逃れるため)。市場に並ぶマテガイは、ほとんどがオオマテガイ。房総半島から東南アジアに分布し、マテガイより深めの砂泥底に生息し、マテガイより大型で殻長15cm以上になる。

【産地・旬】西日本での消費が多いが、山口県、三重県、愛知県、広島県、熊本県、大分県などの産地から関東にも入荷する。春が旬。

【食べ方・味など】旨みが強く、おいしい貝。炭火焼きやバターソテー、酒蒸しやワイン蒸しなどアサリやハマグリと同様の使い方ができる。

オオマテ貝のむき方

◎ 手で簡単にむける。

1 片側の身と殻の間に親指を入れて移動させ、身をはがす。

反対側も同様に親指を移動させてはがす。

殻から取り出す。

茶色い筋は、口触りが悪いので、取り除く。

むき終わった身。殻が薄く、可食部分が多い。

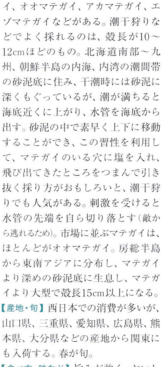

アゲマキ貝

マルスダレガイ目ナタマメガイ科
Sinonovacula constricta (Lamarck, 1818)

【和名(漢字)】アゲマキガイ(揚巻貝)。揚巻は平安時代の子供の髪型で、頭の中央から2つに分けた頭髪を、耳の上で輪の形に束ねたもの。この貝が殻の両側に水管をのばしたようすが、この髪型に似ているためという。

【英名】Jackknife clam, Chinese razor clam

【別名】チンダイガイ(鎮台貝。「鎮台」は明治時代の陸軍)、ヘイタイガイ(兵隊貝)。いずれも加熱後のこの貝の2本の水管を、兵隊の足に見立てたもの。

【形態・生態】殻長10cmほどで、角ばった楕円形。日本では有明海や八代海に分布する。泥質の干潟を好み、海底に垂直に深い穴を掘って住む。9～11月上旬に産卵し、1年で殻長4～5cmになる。マテガイ類と異なり、入水管と出水管は根元から離れていてそれぞれが海底面にのびる。現在漁獲量が激減し、韓国などからの輸入ものが多く流通している。

【産地・旬】漁期は5～9月。おもに手掘りで採る。旬は春から初夏。佐賀県では、資源回復のための開発や研究が進められ、鹿島市沖などで、毎冬稚貝の放流などを行なっているという。

【食べ方・味など】ソテー、焼き物、煮付けなどに。甘みがあり、旨みも強い。砂が多いので、砂抜きをして使用する。

シジミ（ヤマトシジミ）

マルスダレガイ目シジミ科
Corbicula japonica (Prime, 1864)

【和名(漢字)】ヤマトシジミ（大和蜆）
【英名】Japanese basket clams, Asian clam
【形態・生態】日本には、ヤマトシジミ、セタシジミ、マシジミの3種のシジミが生息しているが、シジミの漁獲量の99%以上はヤマトシジミである。海水の混じる河口や湖（汽水域）の、水深10mより浅い（通常1〜2m）砂泥地などに生息する。産卵期は5〜9月ごろ。水温が低下すると成長は鈍り、北方のものは冬季に底泥にもぐって過ごす。水温が20〜25℃になる春や秋にもっともよく成長するが、成長には時間がかかり（生息環境により異なる）、宍道湖では漁獲サイズになるのに最低2年以上はかかるという。寿命は10年以上といわれる。
【産地・旬】有名な産地としては北海道の網走湖、パンケ沼、天塩川、青森県の十三湖、小川原湖、宮城県の北上川、茨城県の涸沼川、利根川、島根県の宍道湖などがある。しかし1980年代以降国内産のシジミは減り、中国、韓国、北朝鮮、ロシアなどからの輸入シジミの割合が増えている。
【食べ方・味など】生息地の性質上、砂抜きは、1%の塩を加えた薄い塩水に浸けるとよいといわれる。

> 王道はやはり味噌汁。冷凍すると旨みが増します。（あ）

沖シジミ

マルスダレガイ目マルスダレガイ科
Cyclina sinensis (Gmelin, 1791)

【和名(漢字)】オキシジミ（沖蜆）。シジミに似ていて沖にいるという意味だが、シジミとは別種で、沖で採れるわけでもない。
【英名】Chinese dosinia
【別名】ヒメガイ（愛媛県）、ウマノツメ（大分県）
【形態・生態】殻長4〜5cm。殻の色はシジミに近い（産地によっては白い）が、全体的に丸く中心部の膨らみも大きい。千葉県の房総半島より南に分布。朝鮮半島、中国、東南アジアなどにも生息している。潮間帯下部から水深20mまでの範囲の細砂泥地に生息している。潮干狩りで、アサリなどとともに採れることも多い。
【産地・旬】三重県産、愛媛県産のものなどが流通するが、量は多くない。旬は春。
【食べ方・味など】生息している場所によっては、泥や砂を多くかんでいる。味噌汁や酒蒸しなど、アサリやハマグリなどと同様に使える。

> 水分が多く、加熱すると身は縮みます。鮮やかな朱色が美しい。（あ）

磯シジミ

マルスダレガイ目シオサザナミ科
Nuttallia japonica (Reeve, 1857)

【和名(漢字)】イソシジミ（磯蜆）
【英名】—
【別名】アケミガイ（釣り餌としての呼び名）
【形態・生態】殻長4〜5cmほどになる。殻は薄く、膨らみは弱い。右殻より左殻のほうが膨らんでいる。日本各地、朝鮮半島、中国北部に分布する。河口域や内湾の潮間帯の砂泥地に生息し、潮干狩りでも採れる。
【産地・旬】広島県産のものなどが流通する。釣り餌にも食用にもなる。旬は春。
【食べ方・味など】味噌汁や酒蒸しなど、アサリなどと同じ使い方ができる。

> シジミより大きいので、酒蒸しにしても食べやすいです。（あ）

調理のための貝図鑑［二枚貝］

牡蠣図鑑

牡蠣の養殖は日本各地で行なわれており、夏場は天然の岩牡蠣も味わえる。海外から輸入されているものもあり、オイスター・バーでは季節ごとにさまざまな牡蠣が楽しめる。ここでは、都内の人気店「フィッシュハウス・オイスター・バー」のオーナーシェフ松下さんに、店で提供している牡蠣の一部を、真牡蠣、岩牡蠣、海外の牡蠣に分けてご紹介いただいた。 ＊ ブランド名のあるものは記し、その他は産地名を記した。

日本の食用牡蠣

「牡蠣」の名は、石から「掻き」落とすところからといわれる。日本で食用にされているのは大きく分けると真牡蠣（マガキ）、岩牡蠣（イワガキ）、有明海などで採れるスミノエ牡蠣、そして絶滅が危惧されているイタボ牡蠣など。このうちもっとも多く食べられているのが真牡蠣で、そのほとんどが養殖ものである。

牡蠣の生態

牡蠣全体を受精の仕方で分類すると、メスが卵を産み、オスが精子を海中に放出して海水中で受精が行なわれるもの（雌雄異体）と、ひとつの体の中に卵と精子を持ち、体内で卵発生した幼生を産むもの（雌雄同体）に分けられる。真牡蠣はオス、メスが入れ替わる種類で、栄養をたっぷりとることができたものは繁殖期を迎えるとメスになり、栄養不足のものはオスになるという。どちらの場合も、生まれると2週間ほどの浮遊生活をし（この期間だけは足を持ち、海中を動き回ることができる）、気に入った場所を見つけるとそこに付着して、その後はその場所を離れることなく、餌である植物プランクトンを摂取して育つ。動かないため、干潟など、水から出て日光にさらされるような過酷な環境でも生きられるよう、体内に大量の水分を含むようになり、また、エネルギーの消費が少なく筋肉を発達させる必要もないため、取り入れた栄養は内臓などの成長に使われて蓄積していくことになる。こうして、栄養豊富な内臓主体の、独特の食感ができ上がるのである。

牡蠣の養殖

牡蠣の特性を利用して、さまざまな方法で養殖が行なわれている。牡蠣の養殖はヨーロッパでは紀元前から、日本では江戸時代に始まったとされる。最初は竹などの「ひび」を海中に立て、そこに牡蠣を自然に付けさせる方法がとられ、現在のような筏の下に吊るす方法は、大正時代になってから始まったという。

牡蠣の養殖で最初に行なわれるのが採苗という作業。6月～9月ごろにかけての牡蠣の産卵期に、ホタテの貝殻などを海中に吊るしておくと、浮遊している牡蠣の幼生が付着し、そこに定着して育つ。これが種牡蠣となる。これを牡蠣養殖家に出荷し、牡蠣養殖家が出荷用の牡蠣を育てる、というのが牡蠣養殖である。

日本で養殖牡蠣の収穫量が多いのは、広島県、宮城県、岡山県、兵庫県、岩手県、北海道、三重県、石川県、福岡県など。同じ種類の牡蠣であっても、育つ環境や育て方により、形や大きさ、味などが異なる。その違いを味わうのも、牡蠣の楽しみ方のひとつである。

真牡蠣

カキ目イタボガキ科マガキ属
Crassostrea gigas (Thunberg, 1793)

【和名(漢字)】マガキ（真牡蠣）
【英名】Pacific oyster
【別名】牡蠣（日本で牡蠣といえば、一般的にマガキを指す）、太平洋牡蠣、日本牡蠣、長牡蠣（北海道産の殻の長く大きいもの）

【形態・生態】殻長は5～8cm程度のものが多い（育つ環境により、もう少し大きくなるものもいる）。殻の形や大きさは一定ではないが、共通して左殻の膨らみが大きく、右殻はやや小さく膨らみも弱い。栄養状態のよい暖かい海で育つ養殖牡蠣は成長が早く、逆に水温が低い、あるいは栄養がとりにくい環境であれば、もう少しゆっくりと成長する（その他の生態については上記参照）。

【産地・旬】養殖は日本各地で行なわれている。おいしい時季は冬といわれるが、産地や養殖方法により幅がある（旬についてはp.36「真牡蠣と岩牡蠣の違い」参照）。

【食べ方・味など】生でも、加熱してもおいしい。料理はソテー、フライ、グラタン、ご飯やパスタなど幅広い。

◎ 養殖

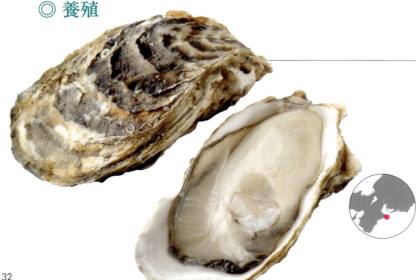

三重県 的矢牡蠣

「毎年、シーズンのいちばん初めに出てくる牡蠣です。三重県志摩市の的矢湾で生産される牡蠣で、世界的に有名なブランド牡蠣。宮城県の種牡蠣を使用し、7～8ヵ月育てて出荷しています。すっきりとして海水を感じる味。形も揃い、きれいに仕上げてくれます。」

＊ 的矢地区で牡蠣の養殖を始めたのは、水産学者の佐藤忠勇。垂下式養殖法（筏から吊り下げて養殖する方法）を採用し、産地直送方式の導入、紫外線滅菌浄化法の考案などによりブランド力を高めた。2001年に、松坂牛などとともに三重ブランドの第1号認定を受け、現在も佐藤養殖場が的矢牡蠣の生産・販売を行なっている。

兵庫県 坂越(さこし)産

「瀬戸内海東部の播磨灘(はりまなだ)には、相生(あいおい)湾、坂越(さこし)湾、室津(むろつ)湾という3つの産地があり、このうち清流の千種川(ちぐさがわ)、揖保川(いぼがわ)が流れ込む場所にあるのが坂越湾です。川の上流には広葉樹が広がる国立公園を持ち、下水処理施設もとてもしっかりしています。川から流れてきた養分が混ざり合う場所に漁場があるため、餌となる良質の植物プランクトンが豊富で、通常2年以上かかる牡蠣の育成が、1年でできてしまうのが特徴です。身が太って甘みもあるので、生牡蠣としてはもちろんですが、加熱しても身が縮みづらいので、牡蠣フライやパスタなど加熱する料理にも使っています。牡蠣は加熱すると縮むイメージがあったので、はじめて使ったときはちょっと驚きました。今、当店の主力牡蠣になっています。」

北海道 厚岸(あっけし)産マルえもん

「北海道東部に位置する厚岸湖(あっけしこ)は、砂嘴を挟んで厚岸湾に連なる汽水湖で、牡蠣にとってもっとも栄養を取り込める場所。この環境をうまく利用して育てているのが厚岸の牡蠣です。海水と淡水を行き来しながら育て、最後に厚岸湾の海水で身入れして出荷します。厚岸にはカキえもん、ナガえもん、マルえもんの3種類のブランド牡蠣があり、その中のマルえもんは、宮城県から稚貝を移入して厚岸海域で更に1〜3年ほど育成させたものです。これに対しナガえもんは、宮城県の海である程度まで育てたもの(2〜4年もの)を移入し、厚岸海域で数ヶ月間育成して身入りさせたものです。」

北海道 厚岸(あっけし)産カキえもん

「採卵から育成までを、すべて厚岸海域で行なっている、純厚岸生まれ厚岸育ちの牡蠣です。シングルシード方式(*)を採用し、海外の作り方を取り入れて、殻より身に栄養がいくよう育てられています。小ぶりで、深い丸みのあるカップが特徴で、味は濃厚。バランスのいい牡蠣です。」

＊シングルシード方式：一般的な牡蠣養殖は、ホタテの殻を海に吊るして牡蠣の幼生をまとめて付着させ、ある程度の大きさ育ったら養殖筏に移動して大きく成長させる。これに対しシングルシード方式は、幼生を付着させるために、1つの幼生しか付着できない大きさ(0.2mmほど)に砕いた牡蠣の殻を使う方法。小さな殻の粒に付着した幼生が、ある程度の大きさの稚貝になるまで水槽の中で育て、その後網籠に移して海に入れ、牡蠣の成長に合わせて何度か籠を取り換えながら育てる。籠の中で転がって育つため、厚く丸みのある殻を持つ小ぶりな牡蠣になる。

北海道 仙鳳趾(せんぽうし)産

「仙鳳趾(せんぽうし)は、厚岸湾の端に位置する漁場で、厚岸湖の反対側になります。背後に釧路湿原があり、森林から栄養豊かな河川が海に注ぎ、潮流もとても速く、昆布漁なども盛んです。牡蠣の養殖は、宮城県で育った稚貝を使用しています。海が荒いため牡蠣養殖筏は使用せず、延縄式(はえなわしき)の養殖です。厚岸湾の中で身入れのために吊るしている場所は、マルえもんとほぼ同じです。」

調理のための貝図鑑 [牡蠣図鑑]

長崎県 小長井(こながい)町産

「九州北西部、有明海の諌早(いさはや)湾の北に位置する小長井町産の牡蠣です。もともと海苔やアサリの養殖が盛んだった諌早湾は、干拓後潮流が変わり穏やかな海になったことにより、新たな養殖事業として牡蠣養殖に力を入れはじめました。平成8年から牡蠣の試験養殖がはじまり、本格的に出荷が始まったのが平成13年。有明海は潮の干満の差が激しく、潮が引くと水深は3mほどになり、それが、牡蠣が育つためにいい環境となっています。殻の大きさのわりに貝柱が大きく、甘みがあります。加熱しても身が縮みづらいので使いやすく、とても人気のある牡蠣です。」

長崎県 九十九(くじゅうく)島産

「九十九島は、長崎県佐世保市の佐世保港の外側から北へ25kmにわたり、200以上の島々が点在する海域で、観光地としても有名な場所です。水深はそこそこありますが、島が点在しているため潮の流れがそれほど速くなく、もともと真珠養殖が盛んな場所で栄養分は豊富。牡蠣の養殖にも適しています。地形の特性上、真っ直ぐ吊るしてしまうと、下のほうに栄養分が行き渡らないということがあり、生産者の方は手をかけて、光が当たりやすくするなど工夫をしています。」

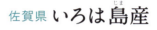

佐賀県 いろは島(じま)産

「佐賀県唐津市の伊万里湾にある無人島、いろは島周辺で養殖されている牡蠣です。伊万里湾は波が静かで、ミネラルを多く含んだ水が陸から流れ込むためプランクトンが豊富。今では珍しい天然の真牡蠣の産地としても有名です。牡蠣に適したこの環境を活かし、養殖が行なわれています。」

福岡県
糸島産みるく牡蠣

「福岡県の最西端に位置する糸島市。糸島半島の西側の、少しえぐれた場所に漁場があります。玄界灘から海流が流れ込み、また、佐賀県との境にある脊振山系から流れ出る養分をダイレクトに補える場所でもあり、牡蠣養殖に適した場所といえます。当店でお付き合いさせていただいている生産者の方は、独学で牡蠣養殖を学んだ方で、オーストラリアの手法を取り入れるなどとても研究熱心。籠に入れる牡蠣の数をコントロールしたり、吊るす場所も潮の流れを考慮するなどし、1つひとつに身がきちんと入るようにしています。殻を削りながら身に栄養を入れていくというのは、海外の牡蠣養殖では主流の考え方、手法です。最近は牡蠣を作るのにも個性を活かす時代ですね。」

大分県
中津市産ひがた美人

「大分県の中津市の北側に広がる中津干潟で、漁業再生のために始められた牡蠣養殖。同じく干潟で養殖されていたオーストラリアのコフィンベイの牡蠣（p.40参照）に学び、日本ではじめてその養殖方式を取り入れて作ったブランド牡蠣です。シングルシード方式（p.33参照）を採用し、育てた牡蠣をバスケットに入れて干潟に吊るして育てるのは同じですが、その前にFLUPSY（フラプシー。天然飼料を利用し、集中的に稚貝を育成する装置）で中間育成を行ないます。これによって稚貝は通常の1.5倍のスピードで育つため、出荷までの期間が短縮できるんです。」

熊本県
上天草産

「島原湾から八代海にかけての、潮がちょうどぶつかるところが漁場。潮が活発に動く場所で、牡蠣が育ちやすい環境です。ひじょうに育ちが早く、しかも甘みがあります。当店が取り引きさせていただいている生産者さんの養殖場所は特に潮の流れがよく、餌が豊富で、真牡蠣も岩牡蠣も、なにを食べても海の味が感じられる。すごく特徴のあるいい牡蠣です。」

岩牡蠣

カキ目イタボガキ科マガキ属
Crassostrea nippona（Seki, 1934）

【和名（漢字）】イワガキ（岩牡蠣）。岩につくところから。あるいは岩のような外見からとも。
【英名】Iwagaki oyster、Japanese rock oyster
【別名】夏牡蠣
【形態・生態】マガキ（真牡蠣）の2～3倍ほどの大きさになり、殻長20cmを超えるものもある。水深3m以上の岩礁などに生息する。
【産地・旬】日本海側の鳥取県、石川県、新潟県、山形県などが有名な産地。以前は天然もののみだったが、近年は需要が増え、天然ものより養殖もののほうが多くなっている。旬は夏。
【食べ方・味など】生で食べるのが一般的。マガキにくらべ、海の風味がより濃厚に感じられる。

真牡蠣と岩牡蠣の違い

岩牡蠣は真牡蠣にくらべてかなり大型で、寿命も長いといわれる。また、おいしい時期、旬にも違いがある。基本的には真牡蠣の旬は冬で、岩牡蠣は夏牡蠣とも呼ばれるように、夏とされる。これは牡蠣の「産卵期」が関係している。牡蠣は産卵のために栄養を蓄える時期と、産卵を繰り返していて、「旬」とはつまり、産卵に備えて栄養（グリコーゲン）を蓄えている時期にあたり、身が太り旨みも増しているというわけだ。そして産卵を終えると牡蠣は栄養を使い果たして身がやせるので、この時期の牡蠣はおいしくないということになる。この「産卵期」および産卵の仕方が真牡蠣と岩牡蠣とで少し違うため、旬が異なるのである。

牡蠣の産卵には海水温が関係する。まず真牡蠣は、9月ごろから、海水温が上がりはじめる5月ごろの産卵に向けて栄養を蓄える。よって、その前の2～3月ごろがもっともおいしい時期となる。そして海水温がある一定の温度になると、真牡蠣は一気に卵を放出し、身が一気にやせてしまう。ちなみに産卵直前の4月ごろの真牡蠣は、卵（または精子）を体内に持ちはじめているものが多く、この時期の牡蠣は味が重すぎると敬遠される傾向にあり（特に外国人に不人気という）、出回る量も少なくなる。

岩牡蠣も、海水温が上がる6月～10月ごろに産卵をするが、真牡蠣と違うのは、一気に卵を放出せず、何回かに分けてこまめに産卵するということ。つまり、身が一気にやせてしまうことがなく、栄養（旨み）を蓄えた時期が長く続き、夏でもおいしく食べられるのだ。また、天然の岩牡蠣は一部のものを除き、外洋の海底に生息していることが多く、海に潜って採らなければならない漁であるので、冬の荒れる日本海では漁が難しく、これも冬場には出回らない要因といわれる。

◎ 養殖

熊本県 上天草産

「真牡蠣（p.35）と同じ海域で育てられている岩牡蠣です。真牡蠣とは種類が違うため、もちろん味には違いがありますが、海の特徴がよく出た、味の深い岩牡蠣に仕上がっています。」

福岡県 糸島サウンド

「真牡蠣のみるく牡蠣（p.35）と同じ海域で育てられている岩牡蠣です。こちらも、その海域の特徴がよく出ており、旨みたっぷりの岩牡蠣になっています。」

石川県 能登半島産

「能登半島ではこれまで真牡蠣の養殖が、半島東側の波が穏やかな七尾西湾で行なわれていたんですが、岩牡蠣は養殖されておらず、外洋に面した側の輪島、珠洲、高浜、柴垣などで漁が行なわれてきました。よってこれは、はじめて能登で作られた養殖岩牡蠣。とても熱心な生産者さんが数年前から試験的に始められ、それがようやく出荷できるようになったものです。」

島根県 春香(はるか)

「島根県隠岐諸島で作られている、養殖岩牡蠣のはしりです。昔は天然のものしかなかった岩牡蠣ですが、近年殻付き岩牡蠣の需要が高まって、天然ものだけでは追いつかなくなったこともあり、養殖が始まりました。このブランド岩牡蠣は、現在世界中に出荷されています。隠岐は島根県本土から北へ約50kmほどのところにあり、港のある海士町以外に住宅はほとんどないため、海がきれいでノロウィルスなどの心配もいりません。安全でおいしい牡蠣を作りたいという、生産者の情熱を感じさせる岩牡蠣です。」

兵庫県 赤穂(あこう)クリスタル

「まだ出はじめたばかりのブランド岩牡蠣。珍しいのはシングルシード方式(p.33参照)が採用されていることで、岩牡蠣ではこれがはじめての試みです。加えて、まだ一度も産卵を経験していないバージンオイスターであることも特徴。産卵に栄養を使ったことがないため、小ぶりですがしっかりした味に仕上がっています。通常岩牡蠣は出荷するまでに3〜4年ほどかかり、その間に何度か産卵を迎え、いい意味での雑味も加わり味が濃くなっていくものですが、この牡蠣は岩牡蠣特有の濃厚さを持ちながら、食べやすいフレッシュさも楽しめます。」

調理のための貝図鑑［牡蠣図鑑］

◎ 天然（国産）

＊ 近年岩牡蠣も養殖ものの割合が多くなったが、天然ものも味わえる。地域によっては漁期に制限をかけ、乱獲にならないよう調整しながら採っている。牡蠣は養殖、天然に関わらず、育つ海の個性がそのまま反映されるが、天然の岩牡蠣は育つのに最低でも４年ほどかかるため、より海の状態や育ち方が、味や身の入り方などに大きく影響するといえる。

京都府 伊根湾産

「若狭湾に突き出す丹後半島の東側にある伊根湾は、舟屋の里としても知られます。三方を山に囲まれた独特の地形で、出入り口にある青島が防波堤の役目を果たしているため、静かで、潮のまわりもよく、養殖にはうってつけの湾です。牡蠣ばかりでなく、ムール貝やグジなども有名。ここで採れる岩牡蠣は、海の味をダイレクトに伝えてくれる、ザ・岩牡蠣といった独特の風味を感じさせてくれます。」

福井県 小浜湾産

「若狭湾のもっとも奥の静かな入り江に位置する小浜湾。養分に富む水質で、牡蠣の成育に適した漁場です。地場産業として、天然の岩牡蠣にも力を入れており、毎年小ぶりな食べやすいものを届けてくれています。」

徳島県 吉野川産

「徳島県を西から東に流れる吉野川。この河口付近で採れる岩牡蠣です。貝柱も大きく甘みがあり、食べ応えがあります。」

海外の牡蠣

* 海外の牡蠣には、じつは日本の牡蠣がもとになっているものが多くある。丈夫な日本の牡蠣が、アメリカやフランスの牡蠣不足の危機を救ったことも。ただ、日本と海外では牡蠣の好みや楽しみ方が異なる。日本人は、大きな牡蠣の濃厚な味をクリーミーと好むが、海外では小粒なものが好まれ、いろいろな種類を食べくらべたり、お酒の中に入れて一緒に飲んだりといった楽しみ方をする。

オーストラリア キャビアオイスター

「正式名は〈シドニーロックオイスター〉。もともと、シドニーを中心に南北400kmほどの範囲に生息している地牡蠣です。天然にあったものを畜養し、日本などにも出荷しています。小ぶりですが、出荷できるまでに3、4年かかります。地牡蠣ですから、この場所でないと育てられない。味は、最初に甘みがきて、最後にほどよいエグミを感じるひじょうに特徴的な味。牡蠣の特徴として、年数が経つと味が深くもなるんですが、エグミも出てくる。特にこんなふうに小粒のまま年数が経つと、それが強くなるんです。」

オーストラリア
コフィンベイ産

「コフィンベイは、人口400人ほどの小さな町。日本でも有名な牡蠣の産地です。海が澄んできれいなうえ、栄養分が豊富な海水が流れ込む環境で、小粒の真牡蠣をバスケットに入れて養殖しています。大分県の〈ひがた美人〉も、この養殖地を参考にして作られました。オーストラリアで最初に牡蠣の養殖が始まったときに、日本の6、7ヵ所から牡蠣をもっていったんですが、その中に熊本の地牡蠣（シカメガキ）がありました。小粒なものが人気だったので、真牡蠣をこの牡蠣に似せて作ろうとしたのが始まりです。バスケットを利用して殻を削ったり、途中で選別して殻を削りながら、カップの深い牡蠣を作ったんです。だから普通の牡蠣にくらべ殻も硬く、味も濃厚です。養殖には潮の満ち引きを利用するんですが、潮が引いているときは、海面から出ることになり、そうすると危機感を感じた牡蠣は、どんどん自分の内臓にグリコーゲン、つまり旨みをためることになる。かつ、殻も削っていくので、殻にいく養分もどんどん身のほうにいき、更に殻も分厚くなるんです。」

ニュージーランド
カイパラ湾産
（オーガニック）

「オークランドから車で1時間ほどのところにカイパラ湾があり、その反対側にマフランギ湾があります。この2つの湾は、ひじょうに厳しい基準を持つドイツのオーガニック認定機関の審査をクリアした海です。ここで育てられた牡蠣なので、当店では分かりやすく〈オーガニックニュージー〉の名をつけています。まず、波が穏やかなマフランギ湾で自然に集めた種牡蠣を、ゆっくりとある程度の大きさまで育てた後、一粒ずつに分けてバスケットに移し、山が近く養分が豊富なカイパラ湾の沖へ運び、更に半年かけて身を入れていきます。もともとは日本から育ちの早い真牡蠣の種牡蠣を入手し、これを1年で育てようということで始まったものが、そのまま根づいているのがこの牡蠣です。やはり小さめのものが好まれるので、少しずつ殻を削って成形しながら育てます。身は詰まっていますが、味はすっきりとして、食べやすい牡蠣に仕上がっています。」

ニュージーランドでは、生食できるアサリの仲間（Tua Tua）も採れる。

アメリカ クマモト

「アメリカでは、かつて地牡蠣が乱獲などによって絶滅の危機に瀕したときに、日本から真牡蠣を輸入し、やがてそれをもとにした養殖の牡蠣が、市場に流通するようになっていました。そして第二次大戦後、アメリカで再び牡蠣が足りなくなると、また日本から牡蠣を輸入しようとなったわけですが、実績のあった宮城や広島は戦争の影響で牡蠣を出荷できる状況にはなく、代わりに熊本県が名乗りをあげ、ここから輸出されるようになりました。このときアメリカで人気になったのは、大きな真牡蠣ではなく、最初は真牡蠣に交じっていた小ぶりのシカメガキ（有明海に自生していた地牡蠣）のほう。やがてこれが輸出の中心になりました。これが〈クマモト〉です。現在アメリカでは牡蠣のブランド名として定着しているクマモトですが、日本ではシカメガキがすでに流通するほど作られてはおらず、現在はアメリカから逆輸入しています。成長は遅く、食べられる大きさになるまでに3、4年かかりますが、それだけに味はしっかりとして濃厚です。」

アメリカ ピュージェット湾産

「アメリカの北西部ワシントン州にあるピュージェット湾（ピュージェット・サウンド）産の真牡蠣。日本からアメリカに渡った真牡蠣の子孫のひとつです。この牡蠣は三倍体といわれる品種で、卵を持たないため、身が太るスピードが早く、通年出荷ができるということで重宝されています。他の牡蠣と違い、殻に種牡蠣が付いた状態のものを干潟にまいて育て、育ったものを出荷するというスタイル。もともと日本からいった真牡蠣ですが、彼らは人工施設を作り、自分たちで交配をして新しい牡蠣を作りました。」

カナダ クッシ

「アメリカの人気ブランド牡蠣〈クマモト〉をまねて、カナダで作られている牡蠣です。クッシは「屈指」からきている名前です。すごく甘みがあって、特徴のある牡蠣。もとは真牡蠣の種ですが、独自のタンブリングという、バスケットを自動でゆする機械でゆすりながら殻を削っていく方法で、殻にいく旨みをどんどん身の中に入れていくように作っています。ちなみにアメリカでも、クマモトをまねた〈シゴク（至極）〉という牡蠣が作られています。」

オイスター・バーの牡蠣のむき方

真牡蠣、岩牡蠣、海外などに多い小粒で殻が厚い牡蠣。この3種のむき方のパターンを覚えておけば、だいたいどんな牡蠣でもむける。貝柱の位置はどの牡蠣も変わらず、基本的な方法は同じ。まず上の殻についた貝柱の付け根を切りはずして殻を開け、身をはがして取り出す。道具は貝むき（オイスターナイフ）を使用する。岩牡蠣には専用の刃の長いタイプのものを使うが、あとはすべて一般的な貝むきでむける。

真牡蠣

身殻（深いほうの殻）を下に、殻がつながった側（殻頂）を左にしてまな板に牡蠣をおくと、貝柱は中央よりやや右下の位置にくる。まず貝柱の上の付け根部分を目指して貝むきを入れる。

貝柱

松下さん愛用の貝むき（オイスターナイフ）。

牡蠣を左手でおさえ、上のフタ殻（平らなほうの殻）の内側に沿って貝むきを入れ、

貝むきを左右に軽くふるように動かしながら、

上の貝柱の付け根を切りはずす。

フタ殻に残っている部分をはがし取る。

殻を開け、フタ殻をはずす。

牡蠣の下に貝むきを入れ、

殻に沿わせるようにしながら貝むきを動かし、牡蠣をはがす。

流水で洗いながら牡蠣をやさしく取り出し、

裏返してきれいな面を上にして、殻に戻す。

＊店によっては、貝柱だけはがした状態でそのまま出したり、むいた牡蠣を洗わずに軽くふいて提供するところもある。当店では、一度真水で洗い流し、きれいな面を上にして提供している（p.32〜の牡蠣はすべて裏返した状態のもの）。

岩牡蠣

1. 真牡蠣同様に、身殻を下に、殻がつながった側（殻頂）を左にしてまな板におく。真牡蠣よりやや右よりのところから、岩牡蠣専用の長い貝むきを入れる。

2. 上のフタ殻（平らなほうの殻）の内側に沿って貝むきを入れ、上の貝柱の付け根を切りはずす。

3. フタ殻に残っている部分をはがし取る。

4. 殻を開け、フタ殻をはずす。

5. 牡蠣の下に貝むきを入れ、殻に沿わせるようにしながら貝むきを動かし、牡蠣をはがす。

6. 流水で洗いながら牡蠣をやさしく取り出し、

7. 裏返してきれいな面を上にして、殻に戻す。

＊殻が大きくて硬く、貝柱までも遠いので、刃の長い専用の貝むきが使いやすい。
＊岩牡蠣の殻は真牡蠣にくらべて厚いが、殻がのびていく先のほうは比較的薄いので、先端に近いほうが貝むきも入れやすい。

海外の牡蠣

1. 殻の先端（殻頂の反対側）から真っすぐに貝むきを入れ、

2. 上のフタ殻の内側に沿って、貝むきを左右にふるように動かしながら、

3. テコの原理でフタ殻を押し上げるようにすると

4. 上の貝柱の付け根が切りはずされ、同時に殻も開く。

5. フタ殻を取りはずす。

6. 牡蠣の下に貝むきを入れ、殻に沿わせるようにしながら貝むきを動かし、牡蠣をはがす。

7. 流水で洗いながら牡蠣をやさしく取り出し、

8. 裏返してきれいな面を上にして、殻に戻す。

＊殻を開けるときにテコの原理が使えるのは、小粒で殻が厚いという特徴を持つ海外の牡蠣だけ。日本の牡蠣でこれをやると殻が割れてしまう。

巻貝

調理のための貝図鑑

サザエ

Turbo sazae (Fukuda, 2017)
古腹足目リュウテン科

【和名（漢字）】サザエ（栄螺、拳螺）
【英名】Turban shell, Horned turban
【別名】—
【形態・生態】殻高10cm以上になる大型の巻き貝。小型のものは、「姫サザエ」とも呼ばれる（「ヒメサザエ」という別の種があるわけではない）。殻にトゲのあるものと、無い（短い）ものがある。潮間帯から水深30m程度までの岩礁に生息する。足は筋肉質でよく発達している。足の後方に、厚い石灰質のフタを持つ。夜行性。岩礁などに付着した海藻を歯舌で削り取って食べる。
【産地・旬】漁獲量が多いのは長崎県、山口県、三重県、石川県、島根県、千葉県、新潟県など。産卵期は夏で、旬は冬から春。
【食べ方・味など】刺身や壺焼きにすることが多い。

> 生殖巣はメスが緑色でオスがクリーム色。味の違いが楽しめます。姫サザエは殻が薄く、他の小さい貝と同様、そのままゆでるなどしてから身を取り出して食べるのがいいでしょう。（あ）

［トゲの長いもの］

［トゲの短いもの］

サザエの取り出し方

生のまま取り出す方法。身を引き出して切り落とした後、中に残った部分を取り出す。

1　フタの隙間から貝むきを一気に入れ、殻口に沿って、貝むきをぐるっと動かす。

2　貝むきを手前に返し、フタの付いた身の部分を出して、切り落とす。

3　殻の中に残った部分を取り出す。殻の内側の一部に付着している殻軸筋をはずせば、残りの部分は簡単に取り出せるので、付着している部分に指を差し入れ、指の腹で殻の内側をなぞるように動かし、殻軸筋をはがしていく。

4　はがれたら、中身がするりと出てくる。

5　先まできれいに取り出せる。渦巻き状の部分が生殖巣。クリーム色なので、このサザエはオス。

6　この後掃除をし、料理に合わせて切り分ける。＊壺焼きにする場合はp.67参照。

＊通常"肝"とも呼ばれるサザエの生殖巣は、苦いと誤解されがちだが、苦味はない。

姫サザエ

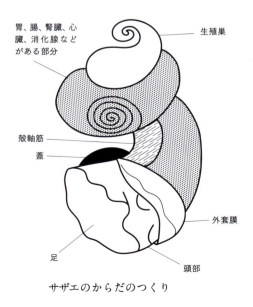

サザエのからだのつくり

調理のための貝図鑑［巻貝］　45

アワビ

原始複足目ミミガイ科の大型の巻き貝の総称（写真はエゾアワビ）
Haliotis (Linnaeus, 1758)

【和名(漢字)】 アワビ（鮑、鰒）。名の由来には、二枚貝の殻が片側にしか無いように見えるため、「殻と合わない身」という意味から、などの説がある。

【英名】 Abalone

【別名】 アービ、アオビ、オービ、アンビなど。クロアワビをオガイ（御貝）、オンガイ（雄貝）などと呼び、メガイアワビをメンガイ（雌貝）と呼ぶことがあるのは、クロアワビとメガイアワビが雌雄と考えられていたことがあるためという。

【形態・生態】 皿状の殻を持ち、大きさは殻長が10〜20cm程度のほぼ楕円形。殻の背面に、4、5個の穴を持つ。これは、水や排泄物、卵や精子を放出する際に使われる。成長は遅く、12cmになるのに5年ほどかかるという。日本に生息するアワビは、暖流系アワビ類のクロアワビ、メガイアワビおよびマガタアワビ、そして東北地方と北海道の沿岸に生息するエゾアワビ（蝦夷鮑。クロアワビの亜種）の4種。ワカメ、コンブなどの褐藻類を食べる。夜行性のものが多い。

【産地・旬】 天然ものが多く水揚げされるのは、瀬戸内海や北海道の太平洋側、宮城県など。夏に旬をむかえるのはクロアワビ、メガイアワビ。冬に旬をむかえるのがエゾアワビ。現在では純天然ものはほとんどなく、稚貝を養殖して放流するなどしている。また、産卵期を中心に禁漁期を定めるなどの制限もしている。養殖は熊本県の天草地方や三陸海岸で盛ん。天然ものは殻が黒っぽく、養殖ものは緑色をしていて（エサの違いから）、きれいなのも特徴。海外から輸入されている種もある。

【食べ方・味など】 刺身や水貝、ステーキ、酒蒸し、煮貝などが定番。コラーゲンを多く含むため、生で食べるとコリコリとした歯応えとして感じられる。加熱することによってやわらかくなるのは、コラーゲンが熱によってゼラチン化するためと考えられている。

生を刺し身にしても、コリコリとしておいしいですが、蒸したアワビは食感もよく、美味。大根と一緒に煮るとやわらかくなります。（あ）

トコブシ

古腹足上目ミミガイ科
Sulculus diversicolor supertexta (Lischke, 1870)

【和名(漢字)】 トコブシ（常節、床臥、常状）。名の由来には、海底の岩に臥したように付着している姿から、などの説がある。

【英名】 Small abalone, Tokobushi abalone

【別名】 ナガラメ、ナガレコ（足速に逃げる姿が、流れるように見えることからという）。

【形態・生態】 殻長7cmほどで、アワビの子供に似ている。アワビとは、殻にある穴の状態で見分けられる。アワビは穴が4、5個だが、トコブシには6〜8個の穴があり、また、アワビの穴は管状に盛り上がって大きいが、トコブシの穴はまわりが盛り上がっておらず、大きさも小さい。日本の固有種。北海道南部、男鹿半島以南、九州以北の日本全国の潮間帯から水深10mぐらいまでの岩礁域に生息する。アワビと同様に、コンブ、ワカメなどの褐藻類を食べる。

【産地・旬】 有名な産地は三重県・志摩半島周辺、高知県・室戸岬周辺。産卵期は夏から秋。旬は春から初夏。

【食べ方・味など】 煮たり酒蒸しにすることが多い。ソテーや焼き貝にも。

丸ごと煮付けるのがおいしい。最近は高級貝になってきました。（あ）

アワビのむき方・下処理 ◎ 中央の殻軸筋（貝柱とも呼ばれる）を切り離し、殻から取り出して部位に分ける。肝を傷つけないよう注意する。肝は、中腸腺とその先端にある発達した生殖巣で、通称"ツノワタ"とも呼ばれる。

1 アワビの身側に塩をたっぷりふり、指でもみ込むようにして汚れとぬめりを落とす。
＊塩でもむことによって身が締まり、歯応えもよくなる。

2 水でよく洗い流す。

3 殻の薄い側から、身の下にスパテラを差し入れ、スパテラを移動させながら中央の殻軸筋を切りはずす（反対側に肝があるので注意する）。

4 殻軸筋がはずれたら、殻から取り出す。

5 丸ごときれいにはずせる。

6 さっと水で洗い流す。

7 ここから部位に分け、掃除していく。

8 足の身から、ヒモや肝をはずしていく。

9 しっかりとついているので、包丁を使って切りはずしていく。

10 手ではずせるようになったら、引っ張ってはずす。

11 身に残ったヒモは、包丁で切り取る。

12 肝を切りはずす（先端の生殖巣の部分が緑色なので、これはメス。オスはクリーム色）。

13 ヒモを使う場合は、この後掃除する。

14 口は硬いので、切り取って除く。

15 口のまわりに包丁を入れると、はずしやすい。

16 切り取った口。

17

この後、使用する料理に合わせて身やヒモを切り分ける（刺身にする場合はp.65参照）。肝はペースト状にして、ソースやたれに使用してもおいしい。

マツブ貝（エゾボラ）

吸腔目エゾバイ科エゾボラ属
Neptunea polycostata (Scarlato, 1952)

- 【和名（漢字）】エゾボラ（蝦夷法螺）。蝦夷地（北海道）に多い巻き貝の意味。
- 【英名】Ezo-neptune、Whelk
- 【別名】市場などでは「マツブ」と呼ばれることが多い。「ツブ」、「ツブ貝」とは、食用にされる一部の巻き貝の通称で、その名が示す範囲はあいまいであるが、一般的に「マツブ」、「Aツブ」といえばエゾボラのこと。
- 【形態・生態】殻高15～20cmほどになる、大型の巻き貝。寒海性の貝で、おもに北海道や東北北部など水温の低い海域に生息する。漁獲サイズになるには10年、大型サイズになると15年以上といわれる。
- 【産地・旬】多くは北海道で水揚げされる。旬は夏から春先。
- 【食べ方・味など】磯の香りが強く、コリコリとした食感が特徴。エゾバイ科エゾボラ属に属する貝は、唾液腺（通称「アブラ」）に弱い毒（テトラミン）を含むため、この部分を取り除いて調理する。

> 見た目、食感ともによく、貝らしい味わいが強い貝です。刺身の人気が高く、肝もおいしい。（あ）

> 身には甘みがあり、貝らしい旨みが強い貝。熱を通しすぎると硬くなります。パープル腺という、紫色の色素を含む器官があります。（あ）

赤ニシ貝

吸腔目アッキガイ科
Rapana venosa (Valenciennes, 1846)

- 【和名（漢字）】アカニシ（赤螺）。殻口や貝殻の内側が赤いところからの名（身は白い）。
- 【英名】Veined rapa whelk
- 【別名】単にアカニシ、ニシとも呼ばれる。有明海ではケップ、コーゲ、マルケとも。
- 【形態・生態】殻高10～15cmほどになる。北海道南部から台湾、中国にかけての内湾の潮間帯から水深20mほどまでの岩礁や砂地、砂泥地に生息する。肉食性の貝で、アサリや牡蠣などの二枚貝を食べる。
- 【産地・旬】愛知県の三河地方、瀬戸内海、九州の有明海などで多く流通している。旬は春。
- 【食べ方・味など】しばしばサザエの代用品として使われてきた。生で刺身や寿司ネタにしたり、軽くゆでてから身を取り出し、煮たり焼いたりソテーしてもおいしい。

マツブ貝の取り出し方・下処理 ◎ 生のまま取り出す方法

＊取り出し方は基本的にサザエ（p.45）と同じ。貝殻を使いたい場合は、この方法で取り出すが、慣れていないと中身が残ってしまったり、殻の縁で指を切ってしまうこともあるので注意が必要。店によってはキリやドライバーで殻に穴を開けて取り出すところもある。殻を使わないのであれば、トンカチやヤットコなどで殻を割って取り出してもよい（p.58参照）。

フタの隙間から貝むきを一気に入れ、殻口に沿って、貝むきをぐるっと動かす。

フタの付いた身の部分を出して、切り落とす。

殻の中に残った部分を取り出す。殻の内側の一部に付着している殻軸筋をはずせば、残りの部分は簡単に取り出せるので、付着している部分に指を差し入れ、指の腹で殻の内側をなぞるように動かし、殻軸筋をはがしていく。

はがれたら、

中身を回すようにしながら引き出す。

先まできれいに取り出せる。

取り出した中身。

身の中に、白い脂肪の塊のように見える唾液腺（通称「アブラ」）があるので、これを取り除く。

指で簡単に取れる。

身はフタを取った後流水にあてながらもみ、表面のぬめりを洗い流す。

先端の肝をちぎり取る。

殻軸筋やヒモなど残りの部分も流水にあてながらもみ、表面のぬめりを洗い流す。

10と**11**を手のひらにのせ、塩をふってもみ、表面のぬめりを取る。

手のひらで、軽く挟むようにしながらもむ。この後流水でぬめりを洗い流し、水気を取って、料理に合わせて切り分ける。

＊肝は酒を加えた湯でゆでてから、さまざまな料理に使用している。貝の肝は生で食べられるものと、火を入れたほうがよいものがある。ツブ貝の肝は完全に火を入れたほうがよく、味もよくなる。

白バイ

吸腔目エゾバイ科エゾバイ属
エッチュウバイ：Buccinum striatissimum
(Sowerby, 1899)

【和名(漢字)】シロバイ(白貝)。「白バイ」は流通名。エゾバイ科エゾバイ属の一部の貝の総称で、エッチュウバイ、アニワバイ、ツバイなどの白っぽいバイ貝をいう。「バイ」は「貝」の音読みで「白バイ貝」というのは「貝」が重複した形だが、呼び名としてよく使われている。

【英名】Finely-striated buccinum

【別名】エッチュウバイ(越中貝)他

【形態・生態】エッチュウバイは殻高10cm前後。能登半島以西の日本海の、水深200～500mの寒冷な海域の砂泥底に生息する。また、おもに石川県や富山県の北陸から北海道に生息するものはカガバイ(加賀貝)と呼ばれる。肉食性。

【産地・旬】能登半島、島根県、山口県での漁獲量が多い。エッチュウバイの旬は11～2月。

【食べ方・味など】煮付けや塩ゆで、味噌汁などにすることが多い。殻は薄く、割れやすい。近縁のエゾバイ属(マップ貝)のように有毒な唾液腺を持たないので、ゆでた身は全体を食べることができる。

> 身がやわらかく、煮付けはもちろん刺身もうまいです。(あ)

エゾバイ(イソツブ貝)

吸腔目エゾバイ科エゾバイ属
Buccinum middendorffi
(Verkrüzen, 1882)

【和名(漢字)】エゾバイ(蝦夷貝)

【英名】Middendorff's whelk

【別名】市場ではイソツブと呼ばれる。

【形態・生態】殻高5cm前後。白バイより殻は厚みがあり、膨らんでいる。色は黒っぽいものや灰色っぽいものなどさまざま。東北以北の潮間帯の岩礁域に生息する。

【産地・旬】おもな産地は北海道。通年出回る。

【食べ方・味など】小型の貝なので、殻のまま煮付けてから楊枝などで取り出す食べ方が多い。

＊"バイ"と"ツブ"はどちらもエゾバイ科の巻貝だが、種類が多く、互いに似ているため、区別されないことがある。

> 醤油味と相性がよいです。中身は丸ごと食べられるので突き出しなどに便利。クセがなく誰でも好き嫌いなく食べられます。(あ)

マガキ貝

盤足目ソデボラ科ソデボラ属
Strombus luhuanus
(Linnaeus, 1758)

【和名(漢字)】マガキガイ(籬貝)。籬は竹などで粗く編んだ垣根のこと。貝殻の表面の色や模様が似ているところからの名。

【英名】Strawberry conch

【別名】高知県などではチャンバラ貝と呼ばれる(この貝の動きからの呼び名)。その他トネリ(静岡県)、ピンピンガイ(三重県)、トッコロ(和歌山県)などいろいろな名で呼ばれる。

【形態・生態】殻高6cmほどの逆円錐形。日本では、房総半島以南で見られる。

【産地・旬】高知県では通年、和歌山県では資源保護のため6～8月ごろに漁獲される。三重県、沖縄県、宮崎県などでも水揚げされる。

【食べ方・味など】塩ゆでにしたり、煮付け、炒め物などにする。

> 甘みがあり、貝臭さがない食べやすい貝で、いいつまみになります。殻からも取り出しやすい。(あ)

ツメタ貝

吸腔目タマガイ科ツメタガイ属
Glossaulax didyma (Röding, 1851)

加熱するととても硬くなります。長時間煮るか、圧力鍋で煮るといいです。(あ)

- 【和名(漢字)】ツメタガイ(砑螺貝、津面多貝)
- 【英名】Bladder moon shell
- 【別名】イチゴ(千葉県内房、東京湾)、チビタ、ツベタ(千葉県船橋市)、ウンネ(愛知県知多半島)
- 【形態・生態】殻径6cm程度になる。日本では北海道以南から沖縄にかけての、潮間帯から水深10〜50cmの砂地の浅海に広く分布する。肉食性の貝で、アサリなどの二枚貝を捕食する。殻から大きく出た軟体部を動かしながら移動し、アサリなどに覆いかぶさって捕獲すると、酸の一種を分泌し、アサリの貝殻をやわらかくしながら2mmほどの穴を開け、中身を食べる。
- 【産地・旬】日常的に食べる地域は、愛知県、三重県、千葉県の一部など限定的。旬は春。アサリ漁の網に、アサリに交じって捕獲されることが多い。
- 【食べ方・味など】煮る。ゆでてから和え物にするなど。歯応えがある。

マツバ貝

カサガイ目ヨメガカサ科
Cellana nigrolineata (Reeve, 1854)

- 【和名(漢字)】マツバガイ(松葉貝)
- 【英名】—
- 【別名】ウシノツメ(牛の爪)。形が牛の蹄に似ているところから。
- 【形態・生態】殻長5〜8cmほど。殻の形が、頭にかぶる笠に似ている。成長がひじょうに遅く、1cm大きくなるのに数年かかる。男鹿半島、房総半島以南の本州、四国、九州、朝鮮半島に分布する。岩礁海岸の潮間帯上部に生息するが、外洋に面したきれいな海岸を好み、内湾には少ない。岩に付いた小さな藻類を、歯舌で削り取って食べる。
- 【産地・旬】おもに地元で食べられる。ほとんど流通はしていない。
- 【食べ方・味など】ゆでる、焼く。味噌汁やご飯にも。

刺身にしても歯応えがよく、肝もおいしいです。口からのびる白い唾液腺は硬いので、取り除きます。(あ)

マツバ貝のむき方 ◎ 指で簡単に取り出せる。

1 親指で身をはがす。

2 殻から取り出す(唾液腺は取り除く)。

3 身は食べやすく切り分け、

4 肝は包丁で叩き、肝醤油にして添える。身をつけて食べるとよい。

クマノコ貝

ニシキウズガイ上科クボガイ科クボガイ属
Chlorostoma xanthostigma (A.Adams, 1853)

- 【和名(漢字)】クマノコガイ（熊の子貝、熊子貝、熊児貝）。殻の上面の質感が、熊の毛皮を思わせるところから。
- 【英名】—
- 【別名】クマノコ、クロニナ、クロビナ、クロメ
- 【形態・生態】殻高、殻径ともに35mm前後になる。やや丸みを帯びた円錐形で、殻は黒色。房総半島以南の日本各地、台湾までの岩礁海岸に見られる。満潮時には石の上にいて、干潮時には海水のない石の下に隠れている。
- 【産地・旬】春の磯遊びでよく採れる。
- 【食べ方・味など】塩ゆで、味噌汁、醤油と砂糖で甘辛く煮付けるなど。

> 小さい貝なので、突き出しなどに使うのに便利です。(あ)

ナガラミ

古腹足目ニシキウズガイ科サラサキサゴ属
Umbonium giganteum (Lesson, 1831)

> 火を通しすぎると硬くなります。軽く煮て、すぐに火を止め、あとはそのまま常温まで冷まし、余熱で火を入れるようにするとやわらかく仕上がります。(あ)

- 【和名(漢字)】ダンベイキサゴ（團平喜佐子）。ダンベイは、荷物を運ぶ頑丈な船のこと。キサゴとは、木目のこと。
- 【英名】—
- 【別名】関東の市場では、同じニシキウズガイ科のキサゴとともに「ナガラミ」の名で呼ばれている。その他キシャゴ、マイゴ（高知県）など。
- 【形態・生態】殻径3〜4cmほど。殻の高さはあまりない。貝殻の表面がなめらかでつやがあり、黒っぽいものの他、白、薄茶、縞模様入りなどのものもある。本州、四国、九州の沿岸、水深2〜10m程度の比較的浅い海の砂底に生息する。
- 【産地・旬】鹿島灘〜九十九里浜、相模湾、駿河湾などで食用に漁獲される。旬は春から夏。
- 【食べ方・味など】殻のままゆでる、煮付けるなど。砂を多く含むため、しっかりと砂抜きをして使用する。

シッタカ

クボガイ科コシダカガンガラ属
Omphalius pfeifferi pfeifferi (Philippi, 1846)

- 【和名(漢字)】バテイラ（馬蹄螺）。形が馬の蹄に似ているところから。
- 【英名】—
- 【別名】市場では、近縁種と合わせて「シッタカ」の名で呼ばれることが多い。シッタカは「尻高」の意で、殻頂が高いことから。他にサンカクミナ、カジメダマなど。
- ＊他の小型の巻き貝とともに「ニナ貝」「ミナ貝」「ビナ貝」などと呼ばれることもある。
- 【形態・生態】殻は円錐形で、殻高5cmほどになる。殻の底面は平坦で、横から見るとほぼ正三角形に見える。北海道南部から九州にかけての太平洋沿岸の岩礁海岸に生息する。岩の表面の藻や、アラメ、カジメなどの大型褐藻類をエサにしている。
- 【産地・旬】千葉県、神奈川県、静岡県、和歌山県他。旬は春から夏。
- 【食べ方・味など】殻のまま塩ゆで、味噌汁、煮付けなどに。

> 磯の小型巻貝の代表格で、人気が高いです。最近高価な貝になってきました。(あ)

夜光貝

古腹足目リュウテン科リュウテン属
Turbomarmoratus (Linnaeus, 1758)

【和名(漢字)】ヤコウガイ（夜光貝）。もともとはヤクガイと呼ばれており、「夜久貝」「夜句貝」「屋久貝」などと表記されていた。7世紀以前の「ヤク」は、奄美大島を含む広い範囲を示す言葉であったと考えられ、ヤクガイの名はここからきているという説もあり、「夜光貝」はヤクガイの当て字のひとつで、ここからヤコウガイという読みに転じた可能性があるという。

【英名】Great green turban

【別名】ヤクゲーまたはヤックゲ（奄美群島）、ヤクゲーまたはヤクンガイ（沖縄・先島諸島）

【形態・生態】成体の重さは2kgを超える巨大な巻き貝。殻径20cm以上になるものもある。殻の内側に真珠層を持ち、貝殻が螺鈿細工や貝ボタンの材料となる。熱帯から亜熱帯域のインド・太平洋区に分布し、日本近海では屋久島・種子島以南の温かい海域の、水深30mぐらいまでの岩のくぼみなどに生息し、海藻などを餌としている。

【産地・旬】沖縄県。鹿児島県。旬は不明。

【食べ方・味など】刺身、ソテーなど。コリコリとした食感が特徴。加熱すると身が硬くなる。

> サザエに似た味わい、食感です。軽く湯通しすると甘みが増します。（あ）

調理のための貝図鑑［巻貝］ 53

貝に似たもの

調理のための貝図鑑

＊いずれも貝ではないが、貝と同じような感覚で扱われることの多いものである。

カメノテ

有柄目ミョウガガイ科カメノテ属
Pollicipes mitella (Linnaeus, 1758)

【和名（漢字）】カメノテ（亀の手）。見た目が亀の手に似ているところからの名。
【英名】Japanese goose barnacle
【別名】タカノツメ、セイ、セイガイ。スペインでは近縁種がペルセベ（percebe）と呼ばれ、高級食材となっている。
【形態・生態】まさに亀の手のような形状で、長さは通常3～4cm（もう少し大きいものもある）。外側がウロコ状になった褐色の柄の部分の先に、爪のように見える部分を持つ。エビやカニと同じ甲殻類の仲間だが、岩などに固着し、移動はできない。北海道南西部からマレー諸島までに分布し、潮間帯の岩礁の割れ目やテトラポットなどに群生する。爪のように見える部分の中から蔓脚（蔓状の脚）を出し、海水中のプランクトンなどを食べている。
【産地・旬】千葉県、静岡県、愛知県、和歌山県、山口県、長崎県など各地。旬は春から夏。
【食べ方・味など】塩ゆでして、茶色の柄の部分の皮をむき、中の筋肉部分をおもに食べる。カニやエビ、貝を合わせたような味。

> 塩ゆでにしたものは、いい肴になります。バター焼きも美味。小型のものはだしをとるのにいいでしょう。おいしいだしがとれます。ラーメンのスープにしても。（あ）

［カラスボヤ］　　［マボヤ］

ホヤ

脊索動物門尾索動物亜門ホヤ綱に属する動物の総称。
マボヤ：*Halocynthia roretzi* (Drasche, 1884)
カラスボヤ：*Pyura vittata* (Stimpson, 1852)

【和名（漢字）】ホヤ（海鞘）
【英名】マボヤ：Sea pineapple、Sea squirt
【形態・生態】ホヤはホヤガイと呼ばれることもあるが、貝ではない。大きくいえばヒトと同じ「脊索動物門」に属する。一般的に食用のホヤといえばマボヤを指すが、他にもアカボヤ、カラスボヤなどいくつかの種類がある。多くのホヤは海水中のプランクトンなどを濾過して食べる。
【産地・旬】マボヤは日本各地に生息し、三陸海岸では養殖もされている。アカボヤは天然もので、おもに北海道で採れる。カラスボヤは温帯域の海で採れる。旬は春。
【食べ方・味など】生で食べるのが一般的。独特の苦みがある。カラスボヤはマボヤより甘みが強く、エグミもない。

カラスボヤのさばき方　◎　半分に切り、中のオレンジ色の身を取り出し、ワタを掃除する。

真ん中から半分に切る。

半分に切った状態。

オレンジ色の身をはがす。

中のワタを包丁でこそげ取る。

- 【和名(漢字)】ミネフジツボ(峰富士壺)
- 【英名】Acorn barnacle、Rock barnacle
- 【別名】カキ(青森県)、ツボガキ、イワガニ
- 【形態・生態】太平洋岸では相模湾以北と浜名湖、三河湾。日本海側では対馬海流以北。瀬戸内海にも分布する。エビやカニと同じ甲殻類の仲間で、雌雄同体。カメノテと同様固着生物で、移動はできない。石や貝殻、船底などに付着する。噴火口のような穴の中に4枚の嘴のような形のものがあり、この中から蔓脚を出してプランクトンなどを食べる。ミネフジツボはフジツボの中では大型の種で、高さは5cmほどになる。
- 【産地・旬】おもに青森県から出荷され、養殖もされている。夏が旬。
- 【食べ方・味など】塩ゆで、酒蒸し、味噌汁など。カニのような味がする。歩留まりが悪いのが難点。

ミネフジツボをゆでて取り出す

◎ あまり長い時間ゆですぎないように。ゆで汁はだしとして使用する。

1 ひたひたの水とともに鍋に入れ、塩を加えて火にかける。

2 途中でアクを取る。

3 沸騰後火を弱め、3分ほどゆでたら、火を止める。70℃ほどの温度を保ってしばらくおく。

4 まわりの殻をヤットコでおさえ、

5 割りながら取り除いていく。

6 手ではずせるようになれば、はずしていく。

7 中の身を取り出して食べる。

ミネフジツボ
無柄目フジツボ科フジツボ属
Balanus rostratus (Hoek, 1883)

生でも、ゆでてもおいしい。ゆで汁はいいだしになります。(あ)

調理のための貝図鑑 [貝に似たもの]

専門店の基礎知識・基本技術と料理

◎ 新鮮な貝の見分け方

ウチムラサキ貝

左が新鮮な貝。殻の隙間からヒモが見える。右が鮮度の落ちた貝。水管がだらりとし、殻の隙間が広く開いてしまっている。

新鮮な貝（左）は、殻の間がヒモでふさがれ、持つとずしりとした重みがある。

アオヤギ

左が新鮮な貝。右が鮮度の落ちた貝。殻がきちんと閉じられず、中が見える。

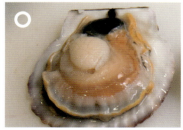

鮮度の落ちた貝（右）は、手で触れても殻を閉じない。

帆立貝

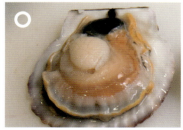 

殻の隙間からのぞいても触ってみてもヒモが動かなければ、死んでいる。左が鮮度のいい貝。貝柱にハリがある。右が鮮度の落ちた貝。全体的にハリがない。
＊鮮度の落ちた貝でも、火を入れれば充分に食べられるので佃煮などにする。場合によっては酒その他の調味料の量を少し増やすとよい。

サザエ

鮮度が落ちるとフタのまわりの隙間が広がってくる。また、殻を持ってふったときにカタカタと音がする場合は、貝が弱っている。

マツブ貝

鮮度のいい貝。身が殻の中に引っ込んでいる。見た目もみずみずしい。

身が殻から出ていても、指で触ると殻の中に引っ込む。身を指で押してもはね返るような弾力があり、色が落ちることもない。

鮮度の落ちた貝。身がきちんと殻に収まっていない。

身を指で押しても殻の中に引っ込むことができず、触ると表面の色が落ちて指についてしまう。

◎ 貝（アサリ）の砂抜き

＊砂泥にもぐっている貝は体内に砂を持っていることが多く、砂抜きをしてから使用する。生息していた場所の環境に近い状態を作り、砂をはかせる。

平らなザルに、アサリを重ならないように入れ、バットの上におく（重なると、上のアサリが吐き出した砂を下のアサリが吸ってしまうため）。アサリがひたひたに浸かる程度に、3％食塩水（水500ccに対して大さじ1の塩〈約15g〉を加えたもの）を注ぐ。

新聞紙などをかぶせて暗くし（海にいるときに近い環境にする）、そのまま1時間ほど（できれば2〜3時間）おいておく。この後アサリを水で洗って使用する。

＊砂抜き後、水から上げたアサリを1〜3時間常温（夏場は冷蔵庫）においておくと、旨みがアップする（旨み成分のコハク酸が数倍に増える）。

◎ 巻貝の殻を割って取り出す

＊生のまま殻から取り出す簡単な方法。殻を料理や盛り付けに使用しない場合は、この方法で取り出すとよい（殻をきれいに残したい場合はp.45、49参照）。

1 巻き貝（写真はマツブ貝）を片手に持ち、

2 殻の膨らんだところ（殻が薄くて割れやすく、肝もつぶれないため。上のほうにいくほど殻は硬くなる）に、ヤットコなどを打ちおろす。

3 割る位置を横にずらしながら、ヤットコを何度か打ち付けて、割り広げる。

4 残った殻と、貝の身を左右の手でつかみ、

5 先端のらせん形に合わせるように殻と身を反対方向に回しながら、肝の部分を取り出す。

6 きれいに取り出した状態。

◎ 貝の保存の仕方

＊貝は鮮度が命なので、できるだけ新鮮なうちに使い切るようにする。むき身も適切な方法で保存することにより、鮮度に差が出る。

殻付きの貝の保存

仕入れた殻付きの貝は、バットに並べてぬれ布巾をかけ、冷蔵庫で保存する。

＊この状態で保存できるのは、せいぜい2、3日程度である。

切った貝の保存

＊水管の中には水分があり、そのままにしておくとどんどん身が締まり（あるいはブヨブヨになり）食感が悪くなるので、切り開いて中の水分をしっかり取ってから保存する。

白ミル貝

水管とそれにつながる身を切り分ける。

水管を横半分に切り開く。

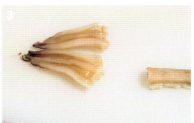
切り開いた状態。

水管の中の水分を、キッチンペーパーでよくふき取る。

キッチンペーパーを敷いた保存容器に入れ、密閉して冷蔵庫で保存する。

平貝

掃除した平貝の貝柱は、キッチンペーパーで水気をよくふき取る。

キッチンペーパーを敷いた保存容器に入れ、密閉して冷蔵庫で保存する。

赤貝

掃除した足の身は、キッチンペーパーで水気をよくふき取る。赤貝は香りを大切にしたいので、あまり水で洗いすぎないようにしている。

ヒモは砂をかんでいるので、流水で洗い流した後水分をふき取る。

キッチンペーパーを敷いた保存容器に入れ、密閉して冷蔵庫で保存する。

◎ 小さい貝をゆでる

* ナガラミ、シッタカなどの小粒の貝は、殻のまま塩ゆでにしたり醤油や砂糖で甘辛く煮て、そのまま突き出しとして提供したり、料理に使うなどしている。
* 小さい貝は特に火の入れ方に注意が必要である。強火で急激に温度を高めると、身が殻の奥に入ってしまい、硬くなる。ゆっくりと火を入れると身が奥に入らず、やわらかくゆでることができる。

ナガラミ
* 塩ゆでにしておくと料理にも使いやすい。醤油味にする場合は、塩の代わりに醤油と砂糖を加えて同様に煮る。

砂抜きしたナガラミをボウルに入れ、塩をふって手でもむ。

水を加えて洗い、汚れを落とす。

鍋に入れ、かぶるくらいの水を加えて弱火にかけ、適量の酒を加える。ゆっくり火を入れていく。

アクをすくい取り、

適量の塩を加える。ほぼ火が入ったら火を止める（小さい貝なので、すぐに火は入る。ひとつ食べてみて確認するとよい）。

保存容器に移し、あとは余熱で火を入れる。冷めたらこのまま冷蔵庫で保存する。

ゆでた貝の取り出し方

身に爪楊枝を刺し、

貝殻のほうを回して身を取り出す。

先端まできれいに取り出せる。身に付いているフタは取り除く。

シッタカ　＊ナガラミ（前頁）同様にゆでる。

ゆでた貝の取り出し方

1 ナガラミよりやや大きいので、長い串が使いやすい。身に串を刺し、

2 貝殻のほうを回して

3 身を取り出す。

4 先端まできれいに取り出せる。

5 生殖巣の色が雌雄で異なる。オスは白く、メスは緑色。

6 身に付いているフタは取り除く。

◎ アワビを蒸す

＊仕入れたアワビは、刺身にするもの以外、すぐに酒蒸しにして保存し、これを料理に使用している。蒸し汁もだしとして使用できる。

＊アワビは大根と一緒に蒸すとやわらかくなる（大根に含まれる酵素であるアミラーゼの効果）ともいわれるが、鮮度のよい養殖のアワビは蒸してもやわらかくなりやすいため、大根は加えずに蒸している。

1 殻付きのアワビの身に塩をふってもみ、水で洗い流す（p.47写真**1、2**参照）。ボウルに入れて酒をひたひたに注ぎ、蒸気の上がった蒸し器に入れて、中火で蒸す。

2 2時間ほどでやわらかく蒸し上がる。

3 蒸し汁ごと密閉容器に移し、そのまま冷ます。冷めたら冷蔵庫で保存する。

◎ 味噌漬け

* 白粒味噌に、煮切り酒と砂糖を加えてのばした味噌床に貝を漬け込む。漬けた貝は軽くあぶって提供する（p.249「貝の味噌漬け」参照）。
* 生で漬けるかゆでたものを漬けるかは、貝による。たとえばツメタ貝などは生のまま漬けると硬くなるので、ゆでたものを漬けたほうがよい。

味噌床（作りやすい量）

西京粒味噌 … 2kg
砂糖 … 300g
煮切り酒 … 90cc

味噌に砂糖と煮切り酒を加えて練る。

保存容器の底に味噌床を敷き詰め、ガーゼを敷き、その上にむいた貝を並べる。

貝の上にもガーゼを敷き、味噌床をヘラで塗るようにしてのせる。冷蔵庫に入れておく。1～3日ほど漬ければよい。あまり長く漬けると塩辛くなるので注意。

◎ 白ミル貝の水管の皮の使い方

* 白ミル貝の水管の皮は、ほとんど捨てられてしまっているが、当店ではこれを干して料理に使用している。薄い昆布のような、磯風味のシートができ上がる。そのまま広げて干しても、酒と醤油で味をつけてから干してもよい。

味つけせずに、広げてそのまま干したもの。砕いて揚げものの衣にしてもよい（p.172「ミル貝のすべて」参照）。

味つけをして干す場合

むいた白ミル貝の水管の皮の端を切り落とす。

酒と醤油を合わせた中に、少し浸けておく。

タオルの上に広げ、

タオルで挟んで余分な汁気を取る。

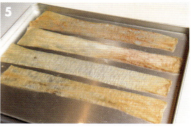

バットに平らに広げて一晩おき、乾燥させる。

使用例）
帆立と平貝のミルフィーユ

貝柱とクリームチーズを重ね、貝の肝の味噌やカツオの酒盗で塩味を加える。上にのせた白ミル貝の水管の皮が、いいアクセントになっている。

材料（作りやすい量）
ホタテ貝柱 … 2個
平貝（貝柱）… 1/2個
クリームチーズ … 適量
貝の肝味噌（p.70参照）… 少量
カツオの酒盗 … 少量
乾燥ミル貝の皮（p.62参照。
　味つけをせずに干したもの）… 適量

1 ホタテ貝柱は横半分に切り、平貝の貝柱は縦5mm厚さに切る。
2 乾燥させた白ミル貝の皮は、5cmほどの幅に切る。
3 器に**2**の皮を4枚敷く。
4 **1**のホタテと平貝の貝柱、それぞれ2枚ずつでクリームチーズを挟み、**3**の上に盛り付ける。ホタテのほうには貝の肝味噌を、平貝のほうにはカツオの酒盗をのせ、上にも**2**の皮をのせる。

◎ 燻製

＊ 貝は燻香とも相性がよい。いろいろな貝で試してみるとよい。
＊ 当店では特注の燻製器を使用しているが、中華鍋などを使っても簡単に作れる。
＊ 燻製にした貝は、このまま食べる他料理にも使用できる（p.229「白ばい貝の燻製とトマトとマスカットのサラダ」参照）。

貝は塩ゆでにし（または蒸して）殻から取り出す。燻製器（または中華鍋）に燻製用のチップ（桜）を入れて加熱し、むいた貝をのせた網を上にのせ、煙が出てきたら蓋をする。30分間ほど燻せばでき上がり。

専門店の
定番料理

◎ 刺身

貝といえば、まず刺身。
数種類を食べくらべて、味や食感の違いを
楽しむのも醍醐味である。
赤貝やトリ貝などの身は、
まな板に叩きつけて身を硬直させると、
食感がよくなる。

平貝　＊むき方はp.15参照。

1. 下処理をした貝柱。
2. 繊維を断ち切るように、縦に切る。

トリ貝　＊むき方・さばき方はp.28参照。

3. 掃除した足の身は、まな板に叩きつけて硬直させてから、食べやすく切り分ける。ヒモも食べやすく切り分けて、足の身と合わせて盛り付ける。

＊さっと湯引きをする方法もあるが、当店では生で提供している。

ホッキ貝　*むき方・さばき方はp.20参照。

1 掃除した足の身を沸騰させた湯に入れ、ピンク色になったら氷水に落とす。

2 ヒモもさっとゆでて、氷水に落とす。

3 氷水に浸けた足の身とヒモ。冷えたら水気を切る。
＊足の身を生で食べるのを好む方もいるが（磯の香りを強く感じる）、さっと火を通すと甘みが増すので、湯引きすることが多い（貝柱は生で使う）。

赤貝1　*むき方・さばき方はp.26参照。

1 半分に切った足の身の片端に、切り込みを入れていく。

2 まな板に叩きつけて硬直させる。

赤貝2

1 端を切り落とさないように半分に切り開いた足の身の表側に、縦に細かい切り目を入れる。

2 1と垂直になるように切り目を入れ、格子状にする（鹿の子切り）。この後まな板に叩きつけ、身を硬直させる。

アワビ　*むき方・下処理はp.47参照。

1 包丁をやや右にねかせぎみにし、刃をうねらせながらそぎ切りにする。

2 断面に、細かいギザギザの波ができる。

＊身が硬く弾力性のあるアワビは、断面に細かい波ができるよう切る「波切り」にすると、箸でつかみやすく、醤油もからみやすくなる。

専門店の基礎知識・基本技術と料理　65

◎焼き貝

刺身と並んで人気なのが、焼き貝。
シンプルな料理だが、
貝のおいしさが存分に楽しめる。
簡単な調理法だけに、
貝の下処理や焼き方により
仕上がりに差がつく。

貝を切り分けて、殻に詰めて焼く方法

ウチムラサキ貝　＊むき方・さばき方はp.24参照。

丸ごとすべて食べられる貝なので、殻から取り出した後そのまま殻に戻して焼いてもよいが、砂をかんでいることが多いので、当店では食感の悪い部分を掃除して、食べやすく切り分けてから殻に戻し、焼いている。

1 足の身＋肝、貝柱、ヒモ＋水管に分けた状態。

2 流水で、残っている砂を洗い流す。

3 貝柱はそのまま殻に入れ、足の身は肝ごと食べやすい大きさに切り、

4 ヒモと水管も食べやすい大きさに切り、

5 殻に入れる（営業前にここまで仕込んでおく）。これを、炭火の焼き台の網にのせて焼いていく。7～8割火が入ったら、貝だし（p.74参照）を加えて仕上げる。

生海苔のせ焼き

焼き上がる直前に生海苔をのせてもおいしい。醤油をたらして食べていただく。

サザエ（壺焼き） ＊殻からの取り出し方は、p.45参照。

殻から取り出したサザエ。

身の端に赤い口が付いている。口触りが悪いので取り除く。

指で引きちぎるようにして取り除く。

はずした口。

この黄色い筋は苦みの原因のひとつにもなるので気になるようなら焼いた後に取り除くとよい（生でははずせない）。

身と生殖巣の間のこの部分は、胃や腸などの内臓がある部分（＊）。

まず手でちぎるようにして、生殖巣を取りはずす。

生殖巣の根元部分にも砂状のものが含まれていることがあるので、指で確認しながら出す。

殻軸筋に付いている、ひらひらした通称「はかま」と呼ばれる部分（外套膜）は取り除く。

殻軸筋を流水で洗う。

食べられる内臓の部分を食べやすい大きさに切り分ける。

身からフタを切り落として除き、身を食べやすい大きさに切る。

10、11、12をサザエの殻に詰める（営業前にここまで仕込んでおく）。

＊胃などにはさまざまな不純物が含まれ、ジャリっとすることがあるので、ここは取り除く。

そのまま焼いて殻を開ける方法

ハマグリ
* 火を入れすぎると食感が悪くなるので注意する（貝は味もさることながら、食感と香りが大事）。
* 焼く前に蝶番（ちょうつがい）部分にある靭帯（じんたい）を切り落としておくと、靭帯の殻を引っ張る働きがなくなり、焼いても殻は開かなくなる。ただし、殻が開かないので焼き上がりの見極めが肝心になる。
* 焼けたら、一口で食べられる大きさに切り分けて提供している。

1 靭帯をハサミで切り落とし、炭火にかけた網にのせる。あまり強火で加熱すると、火が入りすぎて焦げてしまうこともあるので注意する。

2 少しグツグツとして泡が出はじめたら、

3 殻の間にハサミを入れ、

4 下の殻をヤットコで押さえながら殻を開く（下から加熱して焼くと下の貝柱がはずれ、身は上の殻に付く）。

5 下の殻の汁をこぼさないようにしながら完全に殻を開き、

6 殻の連結部分をハサミで切り離す。

7 下の殻をヤットコで持ち上げ、中の汁を貝に半分ほどかける。

8 徐々に火が入ってくるのでそのまま焼き続ける。

9 箸で貝柱をはがし、途中で身を裏返す。

10 殻に残った汁には酒を入れ、ハマグリ酒にする。

11 貝にちょうどよく火が入ったら、

12 一度殻から取り出して食べやすく半分に切り、殻に戻す。**10**のハマグリ酒を添えて提供する。

白貝

* 半生では生臭く、火を入れすぎると硬くなる。火加減が難しい貝である。

1 炭火にかけた網にそのままのせて、ゆっくり火を入れていく（殻は勢いよく開かないので、靭帯を落とさなくてもよい）。

2 ハマグリ同様に、ハサミとヤットコを使って殻を開き、殻の連結部分を切り離す。

3 箸で貝柱をはがし、

4 身を裏返す。

5 殻の中で、ハサミを使って食べやすく切り分ける。醤油を1滴たらして提供する。

◎ 帆立のなめろう

通常アジなどの青魚で作るなめろうを貝で作った。ここではホタテを使用したが、他の貝で作ることもできる。

1 貝の肝味噌はあらかじめ作っておく。ゆでた貝の肝(平貝、白ミル貝、赤貝のもの)を包丁で叩き、味噌、オイスターソース、砂糖、ニンニク(みじん切り)、生姜(みじん切り)、長ネギ(みじん切り)などを加えて混ぜ合わせる。

2 長ネギを5mm角に切る。

3 ホタテ貝柱を1cm角に切る。

4 2と3をボウルに入れ、1の肝味噌を適量加えて、

5 混ぜ合わせる。

◎ ムール貝の酒蒸し

貝の酒蒸しは、定番中の定番料理。ワイン蒸しにすることの多いムール貝だが、もちろん日本酒で蒸してもよい。酒を多めに使い、おいしい味の出た蒸し汁もたっぷり味わえるようにしている。

洗ったムール貝を鍋に入れ、日本酒をたっぷり加え、蓋をして火にかける。

途中で汁を貝にかけ、

出たアクを取り除く。

殻が開いたら、ヒゲ（足糸）を魚用の骨抜きなどで引き抜く（火を入れる前に取るより簡単に取れる）。鍋に戻し、大きめに切った野菜を入れて一煮立ちさせ、器に盛る。

◎ 貝酒

貝の旨みと香りを加えた酒。ふぐのひれ酒の貝バージョンといったところ。貝は見た目も絵になるトリ貝がおすすめ。

材料
トリ貝（開いた足の身を
　一夜干しにしたもの）… 適量
日本酒 … 適量

一夜干しにしたトリ貝を軽くあぶって器に入れ、熱燗にした日本酒を注ぐ。

◎ トコブシの山椒煮

トコブシは煮るのにむいている貝。弱火で30分ほど煮た後
火を止めてそのまま冷まし、やわらかく仕上げる。

材料（作りやすい量）
トコブシ … 2kg
水 … 2ℓ
A ┌ 酒 … 500cc
　├ 濃口醤油 … 250cc
　├ たまり醤油 … 250cc
　└ 砂糖 … 550g
有馬山椒 … 20g

トコブシは水で洗った後、分量の水とともに鍋に入れて強火にかけ、Aの調味料を加える。

沸いたらアクを取り、

弱火にし、有馬山椒を加えて30分煮る。

火からおろしてそのまま冷ます。冷めたら、食べやすい大きさに切り、殻とともに器に盛って、地を注ぐ。

◎ 赤貝の肝と海苔の佃煮

佃煮にすれば2〜3週間は日持ちがするので、食べられる時期の肝（夏場以外のもの）を冷凍しておき、ある程度の量をまとめて作っている。肝だけで作る場合と、海苔を加えて作る場合がある。

材料（作りやすい量）
赤貝の肝 … 20個分
A ┌ 水 … 300cc
  │ 酒 … 150cc
  │ 醤油 … 50cc
  │ たまり醤油 … 100cc
  └ 砂糖 … 200g
焼き海苔 … 10枚

赤貝の肝は一度ゆでこぼしアクを取った後、鍋に入れ、

Aを加えて火にかける。

少し煮詰まってきたら、焼き海苔をちぎって加える。

ときどきかき混ぜながら更に煮詰め、

煮汁がほぼなくなったらでき上がり。

◎ 貝だし

だしは、アサリでとったものを使用している。多めのアサリを使って比較的短い時間で濃いだしをとると、アサリの身も縮まず、パスタの具にするなど、料理に使用できる。

1 砂抜きしたアサリをしばらく常温においておく（旨みが増す）。

2 1を鍋に入れてかぶるくらいの水を加えて強火にかけ、適量の酒を加える（多めアサリに少なめの水分を加え、短時間加熱することによって濃いだしをとる）。

3 沸いたら全体を軽く混ぜ、

4 途中でアクを取り除く。

5 火を止めて、適量の塩を加える（使いやすい塩加減にしておく）。

6 ザルで漉す。

アサリの身の取り出し方
＊だしをとった（ゆでた）後のアサリを、貝柱を残さずに殻からきれいに取り出す方法。

1 殻の中のアサリの身は、殻の片側に寄っていることが多い（片方の貝柱がはずれ、残っている貝柱のほうへ身が寄ったため）。

2 身が寄ったほうに親指をあて、反対側の殻の縁に向けて押し出すようにすると、簡単にきれいに取り出せる。

2 貝料理バリエーション

さまざまなジャンルのシェフたちに、それぞれの貝の持ち味を活かす料理をご紹介いただいた。

	帆立貝・ヒオウギ貝	76
	平貝	96
	牡蠣	104
	ハマグリ・ホンビノス貝	132
	アサリ	148
	ホッキ貝	160
	白ミル貝・本ミル貝	169
	赤貝	177
	トリ貝	184
	マテ貝	188
	ムール貝	192
	シジミ・沖シジミ	200
	サザエ	208
	アワビ・トコブシ	213
	ツブ貝・バイ貝・シッタカ	228
	ツメタ貝・アコヤ貝・夜光貝	240
	ミックス	244
	貝の肝	256
	貝のだし	261

料理　延田然圭(焼貝あこや)／笠原将弘(賛否両論)／掛川哲司(Āta)／宮木康彦(mondo)／松下敏宏(福嶌博志(Hiroya)／田村亮介(麻布長江 香福筵)／足立由美子(マイマイ)／フィッシュハウス・オイスター・バー)

帆立貝・ヒオウギ貝

ハニーホタテとザクロの白和え
ハチミツに漬けた、ほんのりと甘いホタテを使った白和え。
生のホタテにはない独特の食感がおもしろい。
熱燗によく合う。

帆立紹興酒漬け
とんぶり和え
紹興酒の風味がホタテとよく合う。
ホタテと対照的な、とんぶりの
プチプチした食感もきいている。
大葉でくるんで食べるのもおすすめ。

天然帆立とアスパラのムース
このきれいなピンク色は、
天然ホタテの卵巣の自然な色。
とろみも自然なとろみである。

帆立貝・ヒオウギ貝

帆立真薯椀
(しんじょう)
白身魚のすり身をベースにした真薯地に、ホテテ貝柱の食感と旨みを加える。

ハニーホタテとザクロの白和え
〔焼貝 あこや　延田〕

材料(作りやすい量)
ホタテ貝柱(刺身用)… 適量
ハチミツ… 適量
花豆… 適量
砂糖… 適量
白和え衣
　┌ 絹ごし豆腐… 1丁
　└ 砂糖、練りゴマ(白)、薄口醤油… 各少量
桜の花の塩漬け… 少量
ザクロ(実)… 適量
花穂紫蘇… 少量
黒コショウ(粗挽き)… 少量

1　ホタテ貝柱は、全体が浸るくらいのハチミツに浸けて一晩おく。

2　花豆は、水に一晩浸けておいたものを一度ゆでこぼし、鍋に入れて水を加え、火にかける。花豆の2/3量の砂糖を3回に分けて加えながら、甘く煮る。

3　白和え衣を作る。水をはった鍋に、崩した絹ごし豆腐を入れて火にかける。沸騰したらザルにあけて水気を切る。すり鉢に入れてなめらかになるまですり混ぜながら、砂糖、練りゴマ、薄口醤油で味を調える。

4　桜の花の塩漬けは、流水で少しもんで塩抜きし、細かく刻む。

5　**1**と**2**を食べやすい大きさに切り、ザクロの実と**4**を加えて**3**の白和え衣で和える。

6　器に盛り、花穂紫蘇と黒コショウをふる。

帆立紹興酒漬け　とんぶり和え
〔賛否両論　笠原〕

材料(4人分)
ホタテ貝柱… 8個
とんぶり… 1パック
穂紫蘇… 適量
大葉… 2枚
スダチ(絞りやすく切る)… 1個分
A ┌ 醤油… 200cc
　│ 紹興酒… 100cc
　│ 砂糖… 小さじ1
　│ だし昆布… 3g
　└ 生姜… 5g

1　ホタテ貝柱は掃除して、水気をしっかりふき取る。

2　Aを混ぜ合わせ、**1**を20分浸ける。

3　**2**を一口大に切って、とんぶりで和え、器に盛る。穂紫蘇を散らし、大葉とスダチを添える。

天然帆立とアスパラのムース
〔焼貝 あこや　延田〕

材料（1個分）
天然ホタテ貝の卵巣 … 4個分
牛乳 … 200cc
グリーンアスパラガス … 4本
貝だし（p.74参照） … 200cc
板ゼラチン（水に浸けて戻しておく） … 1枚（10g）
塩 … 適量
ホタテ貝柱 … 1個
ホタテのヒモ（醤油と酒を同割にした地に1時間漬け込んだ後、天日で干したもの） … 1本

1 アスパラガスは硬い部分を切り落とし、適当な長さに切って、塩ゆでする。

2 1の水気を切り、貝だしと合わせてミキサーにかけて、裏漉す。

3 2を鍋に移して火にかけ、戻した板ゼラチンを入れて溶かす。粗熱が取れたら器に流し、冷蔵庫で冷やし固める。

4 天然のホタテの卵巣をさっと霜降りし、中の泥などをきれいに掃除した後鍋に入れ、かぶるくらいの牛乳を加えて火にかける。火が入ったらすべてミキサーにかけて、裏漉す。冷蔵庫で冷やしておく（冷めたら自然なとろみがつく）。

5 3の上に4を流し、食べやすく切って軽く塩をしたホタテ貝柱と、塩ゆでしたアスパラガスの穂先部分（分量外）をのせ、干したホタテのヒモを添える。

帆立真薯椀
〔賛否両論　笠原〕

材料（4人分）
ホタテ貝柱 … 100g
A（作りやすい量。真薯約25個分）
　白身魚のすり身 … 1kg
　煮切り酒 … 450cc
　卵白 … 1個分
　塩 … 少量
シイタケ … 4枚
ワカメ（塩蔵を戻したもの） … 適量
木の芽 … 少量
片栗粉 … 適量
吸い地（※） … 適量
薄口醤油、みりん、酒、塩 … 各少量
※吸い地：一番だし1ℓ、酒大さじ2、薄口醤油小さじ2、粗塩小さじ1/2を合わせてひと煮立ちさせる。

1 Aの白身魚のすり身をすり鉢に入れ、煮切り酒と卵白を加えてすりのばし、少量の塩で味つけする。

2 ホタテ貝柱は掃除して水気を切り、一口大に切って片栗粉をまぶす。

3 1を240g取って、2をすべて入れ、4等分にして丸める。蒸し器で蒸して火を入れる。

4 シイタケは軸を切り落とし、酒と塩をふって、網で焼いておく。

5 ワカメはざく切りにし、鍋に吸い地、薄口醤油、みりんを合わせて熱した中に入れ、さっと炊いておく。

6 3、4を（1人分1個ずつ）椀に入れ、5を添えて、温めた吸い地を注ぎ、木の芽をのせる。

ホタテとキノコのコキール
ホタテとキノコをベシャメルソースで
まとめて焼いたグラタン。
ホタテの殻は、焼き皿としても使える。

帆立のさつま揚げ
ホタテをベースにした生地で作った、
贅沢なさつま揚げ。

帆立貝・ヒオウギ貝

貝チップス　酒盗ソース

鶏ササミとホタテを合わせ、
つまんで食べられるチップスに。
酒盗風味のソースをつけることで、
日本酒にもよく合うおつまみになる。

帆立の伊達巻き

魚のすり身の代わりにホタテを使った伊達巻き。
あまり焼き時間をかけすぎると水分が抜け、
ふわふわ感がなくなるので注意する。
火加減を調節しながら、できるだけ短時間で焼き上げる。

ホタテとキノコのコキール
〔賛否両論　笠原〕

材料(8個分)
ホタテ貝(殻付き)…8枚
玉ネギ…1個
キノコ
　┌ シメジ…1パック
　├ シイタケ…6枚
　└ エノキ…1パック
サラダ油…大さじ2
塩、コショウ、酒、薄口醤油…各少量
ベシャメルソース
　┌ バター…100g
　├ 薄力粉…100g
　└ 牛乳…500cc
パン粉…少量
粉チーズ…少量

1　ホタテは殻から取り出して貝柱、卵巣(または精巣)、ヒモに分けて掃除し、それぞれ食べやすく切り分ける。

2　玉ネギは薄切りにし、キノコは根元を切り落として食べやすく切る。

3　フライパンにサラダ油を熱し、**1**、**2**を入れて炒め、塩、コショウ、酒、薄口醤油で味つける。

4　ベシャメルソースを作る。別鍋にバターを入れて火にかけ、薄力粉を入れ、焦がさないように炒める。牛乳を少しずつ加え、ダマにならないように練る。

5　**3**と**4**を混ぜ合わせて塩、コショウで味を調え、ホタテの殻に詰めて、パン粉、粉チーズをふり、オーブントースターで焼き目がつくまで焼く。

帆立のさつま揚げ
〔焼貝 あこや　延田〕

材料(10個分)
A ┌ ホタテ貝柱…500g
　└ 白身魚のすり身…100g
卵の素(※)…50g
B ┌ ゴボウ、ニンジン、枝豆、キクラゲ…各適量
　└ 吸い地(※)…適量
揚げ油…適量
生姜のタルタルソース(※)…適量

※卵の素:卵黄に、サラダ油を加えながら泡立て器で混ぜて作る。マヨネーズから酢を抜いたようなもの。
※吸い地:だしに塩、酒、薄口醤油などで、飲むのにちょうどよい加減に味つけた汁。
※生姜のタルタルソース:マヨネーズに、みじん切りの生姜と生姜の絞り汁を適量加えて混ぜ合わせる。

1　**B**のゴボウ、ニンジン、キクラゲは細切りにし、枝豆も合わせてさっと塩ゆでした後、吸い地に浸けておく。

2　**A**を合わせてミキサーにかけ、すり鉢に移す。卵の素を加えてすり鉢ですり、汁気を切った**1**を加えてゴムベラで混ぜる。

3　**2**を適量ずつ丸めてさつま揚げ形にし、170℃に熱した油に入れて揚げる。油を切って器に盛り、生姜のタルタルソースを添える。

貝チップス　酒盗ソース
〔焼貝 あこや　延田〕

材料（36〜40枚分）
鶏ササミ … 1本
ホタテ貝柱 … 2個
片栗粉 … 少量
揚げ油 … 適量
酒盗ソース
　┌ 酒 … 100cc
　│ カツオの酒盗 … 20g
　│ 卵黄 … 4個
　└ マスカルポーネ・チーズ … 適量

1　鶏ササミとホタテ貝柱は適宜に切り、片栗粉を加えながら麺棒で叩く。
2　1を、片栗粉で打ち粉をしたまな板にのせ、麺棒で薄くのばし、マッチ箱程度の大きさに切り分けて、油で揚げる。
3　酒盗ソース：酒と酒盗を鍋に合わせて煮詰め、裏漉してボウルに入れる。卵黄を加え、湯煎にかけながら泡立て器でかき立て、マスカルポーネを加えて混ぜる。
4　2の貝チップに3のソースをつけて、器に盛る。

帆立の伊達巻き
〔焼貝 あこや　延田〕

材料（1本分）
　┌ 卵 … 3個
　│ ホタテ貝柱 … 3個
A│ みりん … 20g
　│ 砂糖 … 15〜20g
　└ 薄口醤油 … 少量
サラダ油 … 少量

1　ホタテ貝柱は適宜に切り、他の**A**の材料とともにミキサーにかける（なめらかになるまで5分ほど回す）。
2　サラダ油を薄くひいた卵焼き器に**1**の生地を流し、卵焼き器全体にアルミホイルを巻きつけて密閉する。火にかけて、中に火が通るまで焼く（生地が膨らんでアルミホイルを押すようになるのが目安）。
3　アルミホイルをはずして生地を裏返し、表面に焼き目をつける。
4　**3**が熱いうちに、巻きすで巻き、冷蔵庫でやすませた後、食べやすい大きさに切る。

ホタテ貝と豚の背脂、きのこ、イクラの組み合わせ

貝と豚の脂は相性がいい。
脂身によって、味に膨らみが出る。
ホタテやキノコなどふんわりとした味の素材は、
最後に辛みや軽い酸味を加えて締めるとよい。
また、バジルなどのハーブを加えると、
口直しにもなり食べ飽きない。

ホタテと大根のフリット

ホタテに大根を組み合わせてジューシーに。二度揚げする
ことで、水分の多い大根と合わせてもカリッと揚がる。
また、ホタテにもちょうどよい状態に火が入る。

帆立貝・ヒオウギ貝

帆立貝のスパゲッティ

ホタテをヒモまですべて使った、
ホタテづくしの一皿。
硬めにゆでたパスタに
ホタテの旨みを吸わせることで、
上にのせたタルタルとの一体感も生まれる。

ホタテのパイ

チョリソーやウドを加えることで、
味や食感にメリハリをつけた。
殻の形に作ったパイに詰めて、
楽しい仕立てに。

ホタテ貝と豚の背脂、きのこ、イクラの組み合わせ
〔Hiroya　福嶌〕

材料(1人分)
ホタテ貝柱 … 1個
キノコ
　┌ シメジ、ナメコ、平茸、
　└ カキノキ茸 … 各適量
塩、オリーブ油 … 各適量
シイタケのソース
　┌ (作りやすい量)
　│ シイタケ(薄切り)
　│ 　…6枚分
　│ 玉ネギ(薄切り)
　└ 　…1/2個分
オリーブ油 … 適量
鶏のだし(p.166参照)
　… 約200cc
塩 … 少量
豚の背脂の塩漬け(※)
　… 少量
イクラ(※) … 適量
バジル … 少量
レモン果汁 … 少量

※豚の背脂の塩漬け:豚の背脂を岩塩に6時間ほど漬けた後、まわりの塩を落とし、薄切りにしたもの。
※イクラ:スジコを70℃の湯に浸けて、湯を箸で混ぜ、イクラにする。これを日本酒、水、醤油、みりん、味噌を適量ずつ合わせた漬け地に漬け込む(1時間程度で味が入る)。

1 シイタケのソース:鍋にオリーブ油をひき、玉ネギとシイタケを入れてゆっくり炒める。しっかり炒まったら鶏のだしを加えて少し煮て、塩で味を調える。ミキサーにかける。

2 豚の背脂の塩漬けは、フライパンでゆっくりカリカリに焼く。

3 ホタテ貝柱は両面に格子状の切り目を入れ、塩とオリーブ油をまぶし、強火にかけたフライパンで表面をさっと焼いて色づける。食べやすい大きさに切る。

4 キノコは掃除をし、オリーブ油でソテーする。

5 温めた**1**のソースを適量器に敷き、**3**と**4**とイクラを盛り付け、**2**の背脂とバジルを散らす。レモン果汁を軽くふる。

ホタテと大根のフリット
〔Hiroya　福嶌〕

材料(1人分)
ホタテ貝柱 … 2個
大根(アルミホイルで包んで蒸し焼きにしたもの)
　… 適量
塩 … 適量
焼き海苔 … 適量
小麦粉 … 適量
フリット生地(小麦粉、炭酸水、卵を混ぜ合わせた生地に、すりおろしたニンニクを加えたもの)
　… 適量
揚げ油 … 適量
トマトのソース
　┌ トマト(塩とオリーブ油をまぶして、ローストしたもの)、ニンニク(ローストしたもの)、アーモンド(ローストしたもの)、オリーブ油 … 各適量
　└ *合わせてミキサーにかけ、裏漉す。
キャベツの蒸し焼き(下記参照) … 適量
アンディーブ、アマランサス … 各少量

1 ホタテ貝柱は、両面に格子状に切り目を入れておく(身が縮みづらくなる)。

2 蒸し焼きにした大根を、ホタテと同様の大きさ、半分ほどの厚さに切る。

3 **1**のホタテに塩をして、**2**の大根と重ねる。全体に海苔を巻き、爪楊枝でとめる。

4 小麦粉、フリット生地の順につけ、180℃の油で二度揚げする。

5 皿にトマトのソースを敷き、レモン果汁で味を調えたキャベツの蒸し焼きと、食べやすく半分に切った**4**を盛り、適宜に切ったアンディーブとアマランサスを散らす。塩を添える。

キャベツの蒸し焼き

オリーブ油につぶしたニンニクを入れて熱し、香りを移したら、ローリエと適宜に切ったキャベツを入れ、軽く塩をして混ぜて、蒸し焼きにする。ほどよく火が入ったら、氷に底をあてたボウルに取り出しておく(提供時にレモン果汁を加えて味を調える)。

帆立貝のスパゲッティ
〔mondo 宮木〕

材料(1人分)
スパゲッティーニ(乾燥) … 40g
岩塩 … 適量(水の1.5％量)
ニンニク(みじん切り) … 1カケ分
オリーブ油 … 適量
ホタテのだし(p.266参照) … 80cc
ホタテのタルタル
┌ ホタテ貝柱 … 1個
│ レモン果汁 … 少量
│ 塩 … 適量
└ E.V.オリーブ油 … 適量
青唐辛子(小口切り) … 1本分
E.V.オリーブ油 … 適量
ホタテのチュイル(p.266参照) … 1枚

1 水に1.5％の岩塩を入れて沸かし、スパゲッティーニを入れてゆではじめる。

2 フライパンにニンニクとオリーブ油を入れ、軽く色づくくらいまで炒める。ホタテのだしを80cc加えて弱火で少し煮詰める。

3 パスタをゆでている間にホタテのタルタルを作る。ホタテ貝柱を5mm角ほどに切り塩、レモン果汁少量、E.V.オリーブ油で味つける。

4 少し硬いゆで加減で**1**のスパゲッティーニを湯から上げて**2**の鍋に入れ、だしをスパゲッティーニに吸わせながら全体になじませていく。スパゲッティーニの火の通り加減がちょうどよくなったら、水分を調整しながら、青唐辛子とE.V.オリーブ油を加えて仕上げる。

5 皿に**4**を盛り、上にホタテのチュイル、**3**のホタテのタルタルの順にのせる。

ホタテのパイ
〔Äta 掛川〕

材料(1人分)
パイシート … 1枚
ホタテ貝(殻付き) … 2枚
パースニップ … 30g
チョリソーソーセージ(乱切り) … 1本分
ウド(皮をむいて乱切り) … 50g
エシャロット(みじん切り) … 3g
オリーブ油 … 適量
塩、コショウ、無塩バター … 各適量
生クリーム … 30g
白ワイン … 10g
パセリ(みじん切り) … 少量
ソース・ヴァンブラン(p.266参照) … 適量
サラダ … 適量

1 パイシートをホタテの殻のように成形し、オーブンで焼いておく。

2 パースニップは皮をむいて適宜に切り、やわらかくなるまでゆでる。裏漉して、鍋に入れて火にかけ、ヘラで混ぜながら水分を少し飛ばす。塩、生クリーム、バターを加えて混ぜる。

3 ホタテは殻を開けて、貝柱と卵巣(オスの場合は精巣)をはずす。貝柱は3等分のそぎ切りにする。

4 フライパンにオリーブ油を熱し、チョリソーとウドを入れて炒める。**3**の貝柱と卵巣を入れて炒め、エシャロットを加え、白ワイン、パセリ、コショウを少量加える。

5 ソース・ヴァンブランは軽く温め、塩で味を調えておく。

6 **1**のパイの厚みを半分に切って開く。下側のパイの中に**2**を敷き、**4**を盛り、**5**のソースをかけて、上のパイをのせる。サラダを添える。

花切り帆立貝柱とオレンジ白菜の煮込み（熬黄白菜貝花）
_{アオファンパイツァイベイファ}

ホタテに火を通しすぎないのがポイント。
格子状に入れる切り目には、見た目の美しさばかりでなく、
味がからみやすく、火が通りやすくなるなどすぐれた点がいっぱい。

帆立貝柱の翡翠玉炒め（翡翠玉扇貝）
_{フェイツィユイシャンベイ}

藤椒油（四川の山椒オイル）の風味が爽やか。
ホウレン草で作る翡翠玉の鮮やかな緑色も美しい。
中国では昔から翡翠は高貴なものとされ、不老不死の象徴でもあり、
翡翠と名のつく料理が数多くある。

焼きホタテのネギ油ピーナッツのせ

ベトナムのホタテは小ぶり。
大きい場合は火が通ったホタテを刻んでも。
貝料理のお店の定番中の定番。
いろいろな貝で作る。

帆立貝柱の麺仕立て
龍井茶のスープで
（龍井湯扇貝麺）
ロンジンタンシャンベイミェン

龍井茶（ロンジン茶）は中国の代表的な緑茶。
ホタテの甘みとお茶の香りがよく合う。

帆立貝柱の翡翠玉炒め（翡翠玉扇貝_{フェイツィ ユイシャンベイ}）

〔麻布長江 香福筵　田村〕

材料(2人分)
ホタテ貝柱…3個
片栗粉…適量
油通し用油…適量
長ネギ(みじん切り)…大さじ1
合わせ調味料
┌ 塩…1.5g
├ 酒…10g
├ 醪糟(※)_{ラオザオ}…10g
├ 藤椒油(※)_{タンジャオヨウ}…3g
├ 米酢…5g
├ 水溶き片栗粉…5g
├ 鶏ガラスープ…10cc
└ 翡翠玉(下記参照)…40g
＊すべてを合わせておく。

※醪糟(酒醸_{チューニャン})：もち米と麹を発酵させて作る中国の天然調味料。
※藤椒油：生の青山椒(藤椒)を低温の菜種油でじっくりと煮詰め、香りを移したオイル。四川料理でよく使われる調味料。

1　ホタテ貝柱を横半分に切り、片栗粉をまぶす。
2　**1**を160℃の油で油通しする。
3　油をあけた**2**の鍋に、長ネギのみじん切りを入れて炒め、**2**のホタテを入れ、合わせ調味料を加えて強火で炒める。
4　**3**を器に盛り、生のホウレン草(分量外)を添える。

翡翠玉(作りやすい量)

ホウレン草…100g
A ┌ 塩…10g
　└ トレハロース…45g
B ┌ 卵白…1個分
　├ コーンスターチ…25g
　└ 水…25cc
揚げ油…適量

1　ホウレン草の根を切り落とす。
2　1.5ℓの湯を沸かしてAを入れ、**1**のホウレン草をゆでる。氷水に落とし、しっかりと水気を切る。
3　フードプロセッサーに**2**のホウレン草とBの材料を入れてしっかりと回し、ペースト状にする。
4　120℃に熱した油に**3**のペーストを細く入れながら、お玉で油を絶えず手早く混ぜる。すべてが細かい玉状になれば取り出す。
5　**4**を沸騰した湯で一度ゆでた後水気を切り、再び新しい湯でゆでて油を抜き、水気を切る。

花切り帆立貝柱とオレンジ白菜の煮込み（熬黄白菜貝花_{アオファンバイツァイベイファ}）

〔麻布長江 香福筵　田村〕

材料(2人分)
ホタテ貝柱…2個
干し貝柱(たっぷりの水に一晩浸した後、1時間蒸して、
　ほぐしたもの)…10g
オレンジ白菜(芯に近い白い部分)…70g
オレンジ白菜(葉の部分)…80g
A ┌ 鶏ガラスープ…600cc
　├ 白湯_{バイタン}(中国料理の白濁スープ)…200cc
　├ 長ネギ(1cm角薄切り)…少量
　└ 生姜(1cm角薄切り)…少量
油通し用油…適量
塩、水溶き片栗粉…各少量
ピンクペッパー…少量

1　オレンジ白菜は、食べやすく切った後、低温の油でさっと油通しする。油を切り、沸騰した湯に入れて油を抜く。
2　鍋にAと**1**の白菜を入れて蓋をし、中火で7～8分煮込む。

3 2に戻した干し貝柱を入れ、少量の塩で調味する。

4 ホタテ貝柱は片面を花切り(深い格子状の切り目を入れる)にし、**3**に入れる。5割ほど火が通ったらホタテだけ鍋から取り出す。

5 **4**の鍋に水溶き片栗粉を少量加えて軽くとろみをつけ、器に盛る。**4**のホタテ貝柱を入れ、ピンクペッパーを散らす。

焼きホタテの
ネギ油ピーナッツのせ
〔マイマイ　足立〕

材料(4個分)
ホタテ貝(殻付き) … 大4枚
サラダ油 … 大さじ1
ネギ油(作りやすい量)
　┌ 万能ネギ(小口切り) … 大さじ3
　│ サラダ油 … 大さじ3
　└ 塩 … ひとつまみ
黒コショウ … 適量
フライドオニオン … 適量
ピーナッツ(刻んだもの) … 適量

1 ホタテは殻からはずす。殻も取りおく。

2 ネギ油を作る。耐熱の器に万能ネギと塩を混ぜて入れ、熱したサラダ油を加えて混ぜる。

3 フライパンにサラダ油をひき、ホタテを入れて焼く。

4 ホタテに火が通ったら、殻に戻して器に盛り、上から**2**のネギ油、黒コショウ、フライドオニオン、ピーナッツを適量ずつかける。

帆立貝柱の麺仕立て
龍井茶のスープで
(龍井湯扇貝麺)
ロンジンタンシャンベイミェン

〔麻布長江 香福筵　田村〕

材料(1人分)
帆立貝柱麺(作りやすい量)
　┌ ホタテ貝柱 … 150g
　│ 水 … 50cc
　│ 卵白 … 20g
　│ 片栗粉 … 15g
　└ 塩 … 5g
龍井茶スープ
　┌ 龍井茶葉(ロンジン茶。中国の緑茶) … 1g
　└ 清湯(中国料理の澄んだスープ) … 200cc
　　チンタン
髪菜(※水に浸けて戻し、ゆでたもの) … 2g
ファーツァイ
※髪菜:中国料理に使われる藍藻の一種。乾燥地に群生し、髪の毛状になる。

1 帆立貝柱麺の材料をすべてフードプロセッサーに入れてしっかりと回し、すり身にする。

2 **1**のすり身を小田巻(菓子の練り切り用の絞り出し器)に入れる。

3 鍋に沸騰させた湯に、**2**の小田巻からゆっくりとすり身を押し出して入れ(写真**1**)、1分ほどゆでて取り出す(写真**2**)。

4 龍井茶スープを作る。清湯を沸かし、茶葉を入れて3分ほど煮出して漉す。

5 ゆでた髪菜と、**3**の帆立貝柱麺60g、**4**の龍井茶スープを小鍋に入れてさっと温める。塩を少量(分量外)加え、器に盛る。

帆立貝柱ボンボン（蛋心扇貝球）
<small>ダンシンシェンベイチュウ</small>

丸くて白い、温泉卵のように見える楽しい仕立て。割ると中にウズラの卵で作った本当の温泉卵が。下に敷いたカリカリの貝柱もきいている。

緋扇貝の湯引き　香川県オリーブと葱のソース
<small>ガンランツォンヨウファグェイヅフォンシャンベイ</small>
（橄欖葱油花貴櫛孔扇貝）

ヒオウギ貝は小粒だが旨みの強い貝。
ヒモのコリコリとした食感も、おいしいアクセントになっている。

 帆立貝・ヒオウギ貝

**緋扇貝煎り焼き雑炊仕立て
甜醤油ソース**（花貴櫛孔扇貝泡飯）

小麦粉をつけて表面を煎り焼くと、
調味料がからみやすくなる。
美しい色の殻は、盛り付けに重宝。

貝料理バリエーション　93

帆立貝柱ボンボン（蛋心扇貝球）

〔麻布長江 香福筵　田村〕

材料
ホタテ貝柱すり身（作りやすい量）
- ホタテ貝柱…130g
- 無糖練乳…10g
- 卵白…15g
- 塩…1g
- 酒…10g
- 片栗粉…10g

ウズラの卵…適量（作る個数分）
カリカリ貝柱（右記参照）…適量
芽ネギ…適量

1 ホタテ貝柱すり身の材料をすべてフードプロセッサーに入れ、しっかりと回してすり身にする。

2 温泉ウズラ卵を作る。常温のウズラの卵を68℃の湯で8分ゆでた後、氷水に落とし、殻をむく。

3 ボンボンを作る。ラップフィルムの上に**1**のすり身30gをおき、中心に**2**の温泉ウズラ卵を1個おく（写真**1**）。ラップフィルムで包んで茶巾にし、輪ゴムでとめる（写真**2〜4**）。85℃の湯で2分ゆでる（写真**5、6**）。

4 **3**のボンボンをラップから取り出して、カリカリ貝柱を敷いた器に盛り付け、上に芽ネギをのせる。

カリカリ貝柱（作りやすい量）

干し貝柱100gにたっぷりの水を加え、一晩おく。貝柱を手で細かくほぐしてしっかりと水気をふき取る。200℃の油に入れて3秒で取り出し、油をふき取る。

緋扇貝の湯引き 香川県オリーブと葱のソース
（橄欖葱油花貴櫛孔扇貝）

〔麻布長江 香福筵　田村〕

材料（4個分）
ヒオウギ貝 … 4個
オリーブと葱のソース
　┌ 香川県オリーブの新漬け
　│　（※種を取りみじん切りにしたもの）… 大さじ2
　│ 長ネギ（みじん切り）… 大さじ2
　│ 葱油（ネギの香りを移した香味油）… 小さじ2
　│ 塩 … 少量
　└ 米酢 … 少量
ピンクペッパー … 4粒

※香川県オリーブの新漬け：
香川県のオリーブ生産者に、薄い塩味で漬けてもらっているもの。イタリアのものより繊細で、さっぱりとした風味。

1 ヒオウギ貝の殻を開き、貝柱、ヒモを取り出す（ウロ、生殖巣は取り除く）。塩水で洗い、水気を切る。貝柱は縦2等分に切り、ヒモは1cm幅に切る。

2 オリーブと葱のソースを作る。ボウルにみじん切りのオリーブと長ネギを入れ、180℃に熱した葱油を小さじ2加えて香りを出す。塩と米酢を加えてよく混ぜる。

3 沸騰した湯で**1**の貝柱をさっとゆで、水気をふく。ヒモと貝柱を和えて、ヒオウギ貝の殻に盛る。

4 貝柱の上に**2**のソースを添え、ピンクペッパーをのせる。

緋扇貝煎り焼き雑炊仕立て 甜醤油ソース（花貴櫛孔扇貝泡飯）

〔麻布長江 香福筵　田村〕

材料（4個分）
ヒオウギ貝 … 4個
干し貝柱（水に一晩浸ける）… 2個
ご飯 … 60g
鶏ガラスープ … 200cc
バター … 少量
塩 … 少量
小麦粉 … 適量
長イモ（すりおろし）… 15g
香菜 … 適量
甜醤油（テンジャンユ）… 適量
大豆油（またはサラダ油）… 適量

1 ヒオウギ貝の殻を開き、貝柱、ヒモ、生殖巣、ウロを取り出す。塩水で洗い、水気を切る。

2 鍋に鶏ガラスープとご飯、**1**のヒモ、バターを入れて弱火で5分ほど煮る。ヒモからだしが出たら、ヒモを取り出す。塩を少量加え、長イモを加えてとろみづけする。

3 水で戻した干し貝柱を手で細かくほぐす。200℃の油（分量外）にさっと通し、カリカリにする。

4 **1**の貝柱と生殖巣、ウロに塩を少量ふり、小麦粉をまぶし表面を大豆油で煎り焼く。

5 ヒオウギ貝の殻に**2**の雑炊を盛り、上に**4**の貝柱、生殖巣、ウロを盛る。甜醤油を適量かけ、**3**のカリカリの貝柱を散らし、香菜を添える。

# 平貝

平貝と焼きなすの昆布締め
昆布締めや煎り酒は、古くからある日本料理の仕事。
繊細な貝によく合う。

平貝のおかき揚げ
やわらかい貝柱に、サクサクの衣を加えると、
食感に変化がついてまた違ったおいしさに

平貝の味噌漬け
貝を味噌漬けにすると、水分が適度に抜けて
ムチッとした食感が加わる。
焼くときは、焦げやすいので注意する。

**平貝、甲いかの醪糟炒め
菊花仕立て**（醪糟菊花双鮮）
_{ラオ ザオ ジュ ファ ワン シェン}

醪糟（もち米と麹を発酵させて作る中国の天然調味料）を
使用し、平貝の甘みと旨みを引き立てる。

平貝と焼きなすの昆布締め
〔賛否両論　笠原〕

材料(4人分)
平貝(貝柱)…2個
ナス…4本
昆布…適量
キュウリ(よりキュウリにする)…1/2本分
わさび(すりおろし)…少量
花穂紫蘇…適量
煎り酒(下記参照)…適量
酒…少量

1 平貝の貝柱は掃除して、厚みを半分に切る。
2 ナスは直火で焼いて、水に落とし、皮をむいて焼きナスにする。
3 酒でふいた昆布で、**1**と**2**を挟んで半日おく。
4 **3**の平貝とナスを食べやすく切って器に盛り、よりキュウリ、おろしわさび、花穂紫蘇、煎り酒を添える。

煎り酒(作りやすい量)

A ┃ 水…200cc
　 ┃ 酒…400cc
　 ┃ 梅干し(塩分10%ほどのもの)…5粒
　 ┃ 粗塩…小さじ1
　 ┃ だし昆布…10g
薄口醤油…大さじ2
かつお節…10g

Aを鍋に入れて火にかけ、沸いたら弱火にして10分煮る。薄口醤油とかつお節を加え、ひと煮立ちさせる。冷ましてから漉す。

平貝のおかき揚げ
〔賛否両論　笠原〕

材料(2人分)
平貝(貝柱)…2個
柿の種(米菓)…200g
卵白…適量
薄力粉…適量
インゲン…8本
塩…少量
スダチ…1個
揚げ油…適量

1 平貝の貝柱は掃除して、一口大に切る。
2 インゲンはヘタを切り落とし、半分の長さに切る。
3 柿の種は、フードプロセッサーで細かく砕く。
4 **1**に薄力粉、卵白、**3**の順に衣をつけ、170℃に熱した油でさっと揚げる。**2**のインゲンは素揚げする。
5 器に盛り、塩、切ったスダチを添える。

平貝

平貝の味噌漬け
〔賛否両論　笠原〕

材料(2人分)
平貝 … 2枚
わさび(すりおろし) … 適量
焼き海苔 … 適量
酒 … 適量
A ┌ 味噌 … 100g
　├ 酒 … 40cc
　└ 砂糖 … 40g

1 平貝は殻からはずし、貝柱とヒモに分けて掃除し、貝柱は厚みを半分に切る。
2 Aを混ぜ合わせて、**1**を一晩漬ける(ヒモはガーゼに挟んで漬ける)。
3 海苔は手でちぎり、酒で和える。
4 **2**の味噌を洗い流して、水気をふき取り、網にのせて直火であぶる。一口大に切る。
5 **4**を器に盛り、**3**とおろしわさびを添える。

平貝、甲いかの醪糟炒め 菊花仕立て (醪糟菊花双鮮)
〔麻布長江 香福筵　田村〕

材料(2人分)
平貝 … 2枚
甲イカ … 1/2パイ
食用菊花(黄・紫) … 適量
合わせ調味料
　┌ 塩 … 1.5g
　├ 醪糟(※) … 25g
　├ 酒 … 10g
　├ 鶏ガラスープ … 12g
　├ 水溶き片栗粉 … 5g
　└ ＊すべてを合わせておく。
葱油(ネギの香りを移した香味油) … 大さじ1
長ネギ(みじん切り) … 大さじ1
※醪糟(酒醸):もち米と麹を発酵させて作る中国の天然調味料。

1 平貝は殻からはずし、ヒモやワタを取り除き、貝柱を取り出す。粘膜も取り除いて横半分に切り、片面を花切りにする(縦に2/3の深さまで細かい切り目を入れ、更にそれと交差するように斜めの切り目を入れる)。裏返し、一口大に切り離す。
2 甲イカもきれいに掃除し、平貝と同じように内側を花切りにし、一口大に切り離す。
3 沸騰した湯で**1**の平貝、**2**の甲イカをさっとゆでて取り出し、水気をふく。
4 中華鍋に葱油を入れ、みじん切りの長ネギを入れて香りを出す。**3**の平貝と甲イカを入れ、合わせ調味料を加えて強火で炒め、器に盛る。菊花を散らす。

平貝とシャキシャキ野菜の
香り醤油炒め（江珧口口脆菜）
<small>ホンヤオコウコウツイツァイ</small>

野菜も貝も、火を入れすぎないのがポイント。
平貝は、あらかじめ切り目を入れて
コーンスターチをまぶして煎り焼いておくと、
さっと炒めても調味料がからみやすい。

平貝とホワイトアスパラガス
アーモンドとニンニクのソース

アスパラの味を力強く出すには、
ゆでずにゆっくり炒めるほうがよい。
白いソースは、アホブランコ（スペイン料理のニンニクと
アーモンドのスープ）のイメージで。
レーズンのほどよい甘みが、
平貝やホタテにはよく合う。

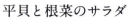

平貝と根菜のサラダ

同じようなスライスだが、素材により
香りやテクスチャーが異なり、
その違いが楽しめる。平貝は香ばしくあぶることで
根菜との相性がよくなり、
更に両者を黒トリュフがまとめる。

そばの実と平貝の
XO醤の焼リゾット

中華料理のシェフに教わったXO醤を、
イタリア料理に使えないかと考えて作った料理。
ホタテより旨みのある平貝を使い、
繊維の強いバッカラを使うことで味に深みが加わり、
イタリア料理の味に着地した。また、平貝は
ふりかけにすることで、より存在感が出る。

平貝とシャキシャキ野菜の香り醤油炒め(江珧口口脆菜)

〔麻布長江 香福筵　田村〕

材料(2人分)
平貝 … 1枚
山クラゲ(※水で戻して5cm長さに切ったもの) … 30g
マコモダケ(皮をむき、1cm角、5cm長さに切る) … 30g
インゲン(5cm長さに切る) … 30g
黄ニラ(5cm長さに切る) … 15g
大豆油(またはサラダ油)、塩、コーンスターチ … 各適量
鶏ガラスープ … 20g
香り醤油(作りやすい量)
A ┌ 醤油 … 150cc
　├ 水 … 500cc
　├ 砂糖 … 15g
　└ アユの魚醤 … 大さじ3
B ┌ 干しエビ … 15g
　└ 香菜の茎 … 適量

＊ポットにBを入れておく。Aを鍋に合わせて沸騰させ、ポットに注ぎ入れる。そのまま一晩おいて香りを移し、漉す。

※山クラゲ:チシャトウ(中国原産のキク科の植物)を細切りにして乾燥させたもの。

1 平貝は殻からはずし、ヒモやワタを取り除き、貝柱を取り出す。粘膜も取り除いて横半分に切り、両面に格子状に包丁目を入れ、しっかりと水気を切る。

2 1の表面に軽く塩をしてコーンスターチをまぶす。熱した中華鍋に大豆油を少量ひいたところに入れ、中火で表面をさっと煎り焼く。3等分に削ぎ切りにする。

3 山クラゲはゆでる。マコモダケ、インゲンは油通しして取り出す。

4 油をあけた3の中華鍋に大豆油を少量入れ、3の山クラゲと黄ニラを入れて炒め、マコモダケとインゲンを戻し入れる。

5 4に香り醤油30g、鶏ガラスープ20gを入れて強火で炒め、2の貝柱を入れてさっと炒める。

平貝とホワイトアスパラガス アーモンドとニンニクのソース

〔Hiroya　福嶌〕

材料(1人分)
平貝 … 1枚
ホワイトアスパラガス … 1本
オリーブ油、塩 … 各適量
A ┌ アーモンド(軽くローストする)、牛乳、ニンニク、
　└ レーズン … 各適量
パルミジャーノ・レッジャーノ・チーズ(すりおろし) … 適量
セリ(粗みじん切り) … 少量

1 フライパンにオリーブ油をひいて火にかけ、ホワイトアスパラガスを入れ、蓋をしてときどき転がしながらゆっくり火を入れ、塩をする。

2 平貝は掃除をして貝柱とヒモに分ける。ヒモは、オリーブ油をひいたフライパンでさっとソテーする。貝柱は両面に格子状に切り目を入れ、表面にオリーブ油をまぶし、熱く熱したフライパンに入れて表面に焼き色をつけた後、オーブンに入れて火入れ状態を調節する。

3 鍋にAの材料を入れて火にかけ、軽く温める。アーモンドの香りが牛乳に移ったら、火からおろして冷やしておく。冷えたらハンドブレンダーで攪拌し、裏漉す。パルミジャーノ・チーズを加える。

4 2と1を食べやすく切って器に盛り、3を温めてハンドブレンダーで泡立てて注ぎ、セリを散らす。

平貝と根菜のサラダ

〔mondo　宮木〕

材料(2人分)
平貝 … 2枚
A（根菜）
├ ニンジン（小）… 1本
├ カブ … 1個
├ 黄色ビーツ … 1/4個
└ 紅芯大根 … 1/6個
黒トリュフ … 4g
エシャロット … 1/2本
白ワインヴィネガー（モスカートヴィネガー）… 30cc
塩 … 適量
E.V.オリーブ油 … 適量

1　エシャロットはみじん切りにし、白ワインヴィネガーと合わせておく（できれば前日に）。
2　平貝をスパテラなどで殻からはずし、貝柱以外を取り除く。貝柱に少し強めに塩をふり、1時間ほど冷蔵庫でなじませる。
3　Aの根菜は1mmほどの厚さに切り、さまざまな大きさのセルクル型で丸く抜く。氷水に20分ほど浸けた後、水気をよく切っておく。
4　2の貝柱の水気をよくふき取り、側面をバーナーで焦げるくらいまであぶる。横に薄くスライスする。
5　3と4をボウルに合わせ、塩、E.V.オリーブ油、**1**で調味する。
6　器に盛り、黒トリュフのスライスを散らす。

そばの実と平貝の
XO醬の焼リゾット

〔mondo　宮木〕

材料(1人分)
そばの実のリゾット
├ そばの実 … 25g
├ 米 … 15g
├ 鶏のブロード … 50g
├ 野菜のブロード … 30g
└ XO醬（p.266参照）… 30g
パッションフルーツ風味のマヨネーズ
├ マヨネーズ … 40g
├ パッションフルーツパウダー（市販品）… 3g
└ ＊混ぜ合わせる。
平貝のふりかけ（p.266参照）… 適量
そばの新芽 … 適量

1　そばの実のリゾットを作る。米を水から入れてゆではじめ、沸騰したら10分ほど加熱を続け、ザルに上げる。
2　鍋にそばの実を入れ、香ばしくなるまで乾煎りする。
3　2に鶏と野菜のブロードを加え、**1**の米を入れて12〜13分炊いた後、XO醬を加え、水分を飛ばしていく。
4　水分が飛んだら冷やし、セルクル型で丸く成形する。
5　テフロン加工のフライパンで、**4**の両面を香ばしく焼く。
6　皿にパッションフルーツ風味のマヨネーズを敷き、**5**の焼きリゾットを盛る。平貝のふりかけ、そばの新芽を添える。

牡蠣

牡蠣の豚バラ巻き　トムヤム風

牡蠣と豚バラ肉は相性がいい。トムヤム風としたのは、
ヨーグルトにピータンやニンニク、
ナンプラーなどを加えて作ったソースが、
ちょっとトムヤムクンを感じさせるため。

生牡蠣フライ

揚げたワンタンの皮の上に生牡蠣をのせ、
レモンを絞る代わりに昆布と
レモン風味のソースを合わせて食べると、
口の中で牡蠣フライに！牡蠣フライに
生牡蠣のフレッシュさをプラスしたいと考えた料理。

春野菜と牡蠣真薯の
南蛮漬け

牡蠣の旨みを加えた真薯に、
彩りのいい野菜をたっぷり添えて。

牡蠣と青唐辛子の卵焼き
生海苔マヨネーズ

牡蠣と青唐辛子の風味を加えた卵焼き。
唐辛子の辛みをきかせることで、
お酒にも合わせやくすなる。

牡蠣の豚バラ巻き　トムヤム風
〔焼貝 あこや　延田〕

材料（1〜2人分）
牡蠣（むき身）… 3個
豚バラ肉（スライス）… 3枚
塩、コショウ … 各適量
ソース（作りやすい量）
　┌ ヨーグルト（プレーン）… 大さじ3
　│ ピータン（5mm角に切る）… 1個分
　│ ニンニク（すりおろし）… 少量
　│ 塩 … 少量
　└ ナンプラー … 少量
リンゴ … 適量
レモン（絞りやすく切る）… 適量
パクチー … 適量

1　牡蠣に塩をし、豚バラ肉で巻く。塩、コショウをし、熱したフライパンに入れて焼く。
2　ソース：ヨーグルトにピータン、ニンニク、塩、ナンプラーを加えて混ぜ合わせる。
3　**1**を半分に切り、**2**のソースとともに器に盛り、レモンを添える。リンゴを鬼おろしですりおろしてかけ、パクチーを散らす。

生牡蠣フライ
〔焼貝 あこや　延田〕

材料（1個分）
牡蠣（むき身）… 1個
ワンタンの皮 … 2枚
塩 … 少量
揚げ油 … 適量
レモンソース（作りやすい量。約15人分）
　┌ レモン（国産）… 1個
　│ 昆布 … 10g
　│ 酒 … 30cc
　│ 砂糖 … 10g
　└ 薄口醤油、塩 … 各少量
長ネギ（青い部分を縦にせん切りにする）… 少量

1　ワンタンの皮を色よく素揚げして、軽く塩をふる。
2　レモンソース：レモンはヘタを取り、4等分の輪切りにして鍋に入れ、かぶるぐらいの水を加え、昆布、酒、砂糖を加えて火にかけ、グツグツと煮る。皮までやわらかくなったら、種を除いてすべてミキサーにかける。薄口醤油と塩で味を調える。
3　むいた牡蠣と**1**を合わせて牡蠣の殻に盛り付け、**2**のレモンソースとせん切りのネギをのせる。

春野菜と牡蠣真薯の南蛮漬け
〔焼貝 あこや　延田〕

材料（4人分）
牡蠣（むき身）…6個
貝だし（p.74参照）…適量
薄口醤油…小さじ1
白身魚のすり身…250g
卵白…1個分
玉ネギ（みじん切り）…1個分
揚げ油…適量
南蛮地（作りやすい量）
　A ┌ だし…420cc
　　│ 薄口醤油…60cc
　　│ 酢…240cc
　　│ 砂糖…150g
　　└ 塩…小さじ1/3
　　かつお節…適量
ミニトマト…4個
菜の花…2本
ソラ豆…4粒

1　南蛮地：Aを鍋に合わせて火にかけ、沸いたら追いがつおをする。

2　牡蠣は貝だしで炊いて火を入れ、薄口醤油で味つける。

3　卵白はしっかり泡立てる。

4　白身魚のすり身をすり鉢ですり、**3**と玉ネギを加える。**2**の牡蠣を食べやすく切って加えて混ぜる。

5　**4**を食べやすい大きさに丸め、油で揚げる。

6　ミニトマト、菜の花、ソラ豆も素揚げする。

7　**5**と**6**を熱いうちに南蛮地に浸ける。

牡蠣と青唐辛子の卵焼き 生海苔マヨネーズ
〔焼貝 あこや　延田〕

材料（作りやすい量）
卵…3個
牡蠣（加熱用。むき身）…3個
青唐辛子…1/2本
貝だし（p.74参照）…90cc
薄口醤油…適量
サラダ油…適量
海苔マヨネーズ
　┌ マヨネーズ…適量
　└ 生海苔…適量
　＊混ぜ合わせる。

1　牡蠣は、食感が残る程度に包丁で粗く叩く。青唐辛子はみじん切りにする。

2　溶き卵に**1**と貝だしと薄口醤油を加えて混ぜる。

3　卵焼き器にサラダ油をひいて熱し、**2**を流して通常通りだし巻き卵を焼く。

4　**3**（巻きすで巻いて形を整えてもよい）を食べやすい大きさに切って器に盛り、海苔マヨネーズを添える。

牡蠣

貝料理バリエーション

牡蠣真薯 春菊すり流し
味の強い牡蠣には、
ちょっとクセのある野菜がよく合う。

牡蠣炊き込みご飯
牡蠣をたっぷりのせた、インパクトのあるご飯。
牡蠣はさっと火を入れたものを、
蒸らしのときに加えてぷっくり仕上げる。

牡蠣の南蛮漬け
牡蠣の味がしっかり味わえる。色味のきれい
な野菜を組み合わせるとよい。

牡蠣天ぷら 生青海苔あんかけ
生海苔のあんをたっぷりかけて、
いつもと違う天ぷらに。

牡蠣と柿 朴葉味噌焼き
単なる言葉遊びではなく、
味の相性もいい「牡蠣」と「柿」の組み合わせ。
甘みのある朴葉味噌が全体を
まとめてくれる。

牡蠣真薯 春菊すり流し
〔賛否両論　笠原〕

材料(4人分)
牡蠣(むき身)… 100g
A(作りやすい量。真薯約25個分)
├ 白身魚のすり身 … 1kg
├ 煮切り酒 … 450cc
├ 卵白 … 1個分
└ 塩 … 少量
片栗粉 … 適量

B(春菊のすり流し)
├ 玉ネギ … 1/2個
├ 春菊 … 1把
├ サラダ油 … 大さじ1
├ 塩 … 適量
├ だし … 適量
├ 薄口醤油 … 少量
└ みりん … 少量
生姜(すりおろし) … 少量

1 Aの白身魚のすり身をすり鉢に入れ、煮切り酒と卵白を加えてすりのばし、少量の塩で味つけする。
2 牡蠣は水で洗って水気を取り、片栗粉をまぶす。
3 1を240g取って、2をすべて入れ、4等分にして丸める。蒸し器で蒸して火を入れる。
4 Bの玉ネギは薄切りにして、サラダ油をひいたフライパンに入れ、塩をふって、しんなりするまで炒める。
5 春菊は、さっと塩ゆでして氷水に落とし、しっかり水気を絞る。
6 4と5、だし、薄口醤油、みりんを合わせてミキサーにかけ、すり流しにする。
7 椀に3を入れて、まわりに6を注ぐ。真薯の上におろし生姜をのせる。

牡蠣の南蛮漬け
〔賛否両論　笠原〕

材料(作りやすい量)
牡蠣(むき身) … 20個
長ネギ … 1本
大根 … 適量
金時ニンジン … 適量
芽ネギ … 少量
黄柚子 … 少量

A(割合)
├ だし … 8
├ 酢 … 2
├ 醤油 … 2
└ みりん … 1

1 牡蠣は水で洗い、沸騰させた湯でさっとゆでて火を通し、氷水に落とす。水気をふき取る。
2 長ネギは斜め薄切りにし、大根、金時ニンジンは皮をむいて拍子木切りにする。
3 Aを合わせた中に、1、2を半日ほど浸けておく。
4 3を器に盛って芽ネギをのせ、すりおろした黄柚子の皮をふる。

牡蠣炊き込みご飯
〔賛否両論　笠原〕

材料(作りやすい量)
米 … 3合
牡蠣(むき身) … 12個
生姜 … 20g
セリ(小口切り) … 適量
岩海苔 … 適量

A(割合)
├ 水 … 10
├ 酒 … 1
├ 濃口醤油 … 0.5
├ 薄口醤油 … 0.5
└ だし昆布 … 適量

1 米はといで浸水させ、ザルに上げておく。

2 牡蠣は洗って水気を切り、Aの割で合わせた地540ccでさっと煮て、煮汁と牡蠣に分けておく。煮汁は冷ましておく。

3 生姜は皮をむいてせん切りにし、水にさらしておく。

4 土鍋に**1**の米、水気を切った**3**の生姜、**2**の煮汁を入れて炊く。蒸らしのときに、**2**の牡蠣の身を入れる。

5 **4**にセリと岩海苔を散らす。

牡蠣天ぷら　生青海苔あんかけ
〔賛否両論　笠原〕

材料(4人分)
牡蠣(むき身)…12個
長ネギ(白い部分)…1/2本
芽ネギ…少量
薄力粉…適量
生青海苔…30g
水溶き片栗粉…適量
揚げ油…適量

A ┌ 卵黄…1個
　├ 冷水…150cc
　└ 薄力粉…80g

B ┌ だし…400cc
　├ 薄口醤油…大さじ2
　├ みりん…大さじ2
　└ 生姜(すりおろし)…小さじ1/2

1 長ネギは白髪ネギにし(5cmほどに切ったネギを、繊維に沿って極細切りにする)、芽ネギとともに水にさらし、水気を切って混ぜ合わせておく。

2 牡蠣は水で洗って水気をふき取り、薄力粉をまぶす。

3 Aを合わせて衣を作り、**2**をくぐらせ、170℃に熱した油で3分ほど揚げる。

4 Bを鍋に合わせて火にかけ、ひと煮立ちしたら生青海苔を加え、水溶き片栗粉でとろみをつける。

5 器に**3**の牡蠣を盛り、**4**をかけ、**1**をのせる。

牡蠣と柿　朴葉味噌焼き
〔賛否両論　笠原〕

材料(4人分)
牡蠣(むき身)…12個
柿…1個
ギンナン…12個
舞茸…1パック
酒…少量
A(朴葉味噌。作りやすい量)
　┌ 赤味噌…200g
　├ 酒…150cc
　├ 卵黄…5個
　└ 砂糖…50g
揚げ油…適量
スダチ…1/2個
・朴葉

1 Aを混ぜ合わせて鍋に入れ、弱火にかけて練っておく。

2 牡蠣は水で洗って水気をふき取り、鍋に入れ、酒を少量加えて酒煎りし、軽く火を通す。

3 柿は皮をむき、一口大のくし形に切る。

4 ギンナンは殻をむき、舞茸は一口大に切り、それぞれ170℃の油でさっと素揚げしておく。

5 朴葉に**1**を適量塗り、**2**、**3**、**4**を散らしてのせ、上火オーブンで焼く。

6 器に盛り、スダチを添える。

**たっぷりのマスの卵と
スモークトラウトをのせた牡蠣の冷製**
オーストラリアでポピュラーな前菜。

牡蠣のクリームチーズのせ焼き
ベトナムの貝料理の店で近年流行っている食べ方。
チーズと貝だけのシンプルな料理。
ハマグリやホタテでも。

旨みを凝縮させた牡蠣の燻製
牡蠣の旨みを、スモークの香りで閉じ込める。
サワークリームと合わせて食べると、
味のバランスがいい。

**雲丹とフレッシュチーズをのせた
牡蠣の冷製**
新鮮なウニの風味が全体をまとめてくれる。

焼き牡蠣サンプラープレート
7種盛り合わせ

トッピングやソースを替えた、さまざま焼き牡蠣の
食べくらべができる人気メニュー。

たっぷりのマスの卵とスモークトラウトをのせた牡蠣の冷製
〔フィッシュハウス　松下〕

材料（1個分）
生牡蠣（殻付き。旬の身付きのよいもの）… 1個
スモークトラウト（スライス）… 1枚
トラウトの卵（塩漬け）… 大さじ1
サワークリーム … 小さじ1
ハーブオイル（p.115参照）… 小さじ1
ディル … 適量
黒コショウ … 適量

牡蠣をむき身にして殻に戻し、スモークトラウトと塩漬けのトラウトの卵をのせ、サワークリームを添える。ハーブオイルをかけ、黒コショウを挽いて、ディルをのせる。

牡蠣のクリームチーズのせ焼き
〔マイマイ　足立〕

材料（1皿分。約2人分）
牡蠣（殻付き）… 8個
酒 … 適量
クリームチーズ … 120g
モッツァレッラ・チーズ（シュレッド）… 40g
黒コショウ … 適量

1　フライパンに牡蠣と酒を入れて火にかけ、蓋をして蒸す。

2　殻が開いたら火を止め、上側の殻を取り除き、牡蠣の身の上にクリームチーズとモッツァレッラ・チーズをのせて再度火にかけ、フライパンに蓋をする。

3　クリームチーズが溶けてきたら取り出して器に盛り、上から黒コショウをふる。

旨みを凝縮させた牡蠣の燻製
〔フィッシュハウス　松下〕

材料（2人分）
蒸し牡蠣（p.115参照）… 2個
オリーブ油 … 適量
グラニュー糖 … 少量
サワークリーム … 小さじ1
ハーブオイル（p.115参照）… 小さじ1
フルールドセル … 適量
黒コショウ … 適量
ディル … 適量
・スモークチップ（桜）

1　中華鍋にアルミホイルを敷き、上にスモークチップとグラニュー糖をのせて、煙が出はじめるまで火にかける。

2　スモーク用の網にオリーブ油を軽く塗り、蒸し牡蠣をのせる。

3　**2**を**1**の上にのせ、蓋をかぶせる。途中で牡蠣の裏表を返しながら、6分間燻す。

4　別鍋に、牡蠣の全体が浸かるくらいのオリーブ油を入れて、80℃前後まで温めておく。ここに燻した**3**の牡蠣を入れ、そのまま蓋をして常温になるまでおいておく。

5　牡蠣の殻の上に**4**の牡蠣の身をのせ、フルールドセルと黒コショウを挽き、サワークリームを添える。ハーブオイルをかけ、ディルを散らす。

雲丹とフレッシュチーズをのせた牡蠣の冷製

〔フィッシュハウス　松下〕

材料（1個分）
生牡蠣（殻付き。旬の身付きのよいもの）… 1個
生ウニ … 約小さじ2杯分
モッツァレラ・ブッファラ（水牛乳製モッツァレラ）
　… 約1/3個分
ハーブオイル（※）… 適量
フルールドセル … 適量
ディル … 適量
※ハーブオイル：パセリとエストラゴンをみじん切りにし、E.V.オリーブ油と合わせたもの。

牡蠣をむき身にして殻に戻し、ウニとモッツァレラ・チーズをのせ、フルールドセル、ハーブオイルをかけ、ディルをのせる。

焼き牡蠣サンプラープレート 7種盛り合わせ

〔フィッシュハウス　松下〕

材料・作り方
材料は各焼き牡蠣の作り方（右記）参照。焼き方はすべて共通で、牡蠣の殻に牡蠣のむき身（生または蒸したもの）を入れてソースやトッピングをのせ、250℃のオーブンで13分焼く。

※生牡蠣を使うか蒸し牡蠣を使うかは、ソースやトッピングによる。

※蒸し牡蠣：中華鍋など深めの鍋に湯を沸かし、上にむき身の牡蠣を並べた網をのせ、ボウルなどで蓋をして5分程度加熱する。牡蠣の表面が膨れて身が締まったら、氷水に入れて冷ます。冷めたらよく水分を切り、冷蔵庫で保存しておく（当店ではこの蒸し牡蠣を、焼き牡蠣や燻製など、あまり水分を出したくない料理に使用している）。

A：

フィッシュハウスオリジナル焼き牡蠣

ナンプラーと日本酒を3：7で合わせたソースを生牡蠣にかけて焼き、レモンを添える。

B：

牡蠣のラクレット・チーズ焼き

蒸し牡蠣（上記参照）の上に、板状に切ったラクレット・チーズを10gほどのせて焼き、挽いた黒コショウを少量かける。

C：

雲丹クリーム焼き牡蠣

蒸し牡蠣（上記参照）に、雲丹バター（p.267参照）をのせて焼く。

D：

**キルパトリック　ベーコンと
　オリジナルBBQソースの焼き牡蠣**

蒸し牡蠣（上記参照）の上に、せん切りにしたベーコンを適量のせ、BBQソース（p.267参照）をかけて焼き、挽いた黒コショウを少量ふる。

E：

オイスターロックフェラー

ニンニクとアンチョビーのピューレ（p.267参照）を、ゆでてみじん切りにしたホウレン草に合わせ、蒸し牡蠣（上記参照）の上にのせる。削ったグリュイエール・チーズをのせて焼く。

F：

牡蠣の香草パン粉焼き

蒸し牡蠣（上記参照）の上に無塩バター小さじ1をのせ、香草パン粉（p.267参照）をかけて焼き上げる。

G：

完熟トマトのソースをのせた焼き牡蠣

蒸し牡蠣（上記参照）に、トマトソース（p.267参照）と、削ったグラナパダーノ・チーズをのせて焼く。

牡蠣のホワイトソースグラタン
牡蠣料理の王道。昔ながらの味をそのままに。

シンプル牡蠣フライ
ざっくりとしたパン粉の衣に
包まれた牡蠣をタルタルソースで楽しむ、
オープン当初からの定番。牡蠣は加熱しても
身が縮まないものを選ぶのがポイント。

牡蠣

オイスターアヒージョ
スペイン料理の定番を、牡蠣でアレンジ。
当店でとても人気のある料理。

牡蠣と季節野菜の
スパゲッティーニ
季節の野菜と牡蠣の旨みを合わせた、
シンプルかつ贅沢な一皿。
パスタがかくれるくらいに、
具材たっぷりに作ったほうがおいしい。

シンプル牡蠣フライ
〔フィッシュハウス　松下〕

材料(4個分)
生牡蠣(むき身)…4個
強力粉…適量
卵…1個
E.V.オリーブ油…少量
生パン粉(粗めのもの)…適量
タルタルソース(下記参照)…適量
レモン(くし形切り)…1/4個
揚げ油…適量
塩、コショウ…各適量

1 牡蠣の水分をキッチンペーパーでふき取り、塩、コショウをして、強力粉をよくまぶしておく。

2 卵、少量の水、E.V.オリーブ油をよく混ぜ合わせたものに**1**の牡蠣をくぐらせ、パン粉を付ける。180℃に熱した油に入れて、色よく揚げる。

3 **2**を牡蠣の殻の上に盛り付け、タルタルソースとレモンを添える。

タルタルソース

材料(作りやすい量)
A ┌ 卵黄…2個
　│ ニンニク(すりおろし)…2カケ分
　│ ディジョンマスタード…大さじ1
　│ エストラゴン(酢漬け)の汁…適量
　│ 塩…7g
　└ 白コショウ…1g
サラダ油…400cc
B ┌ 固ゆで卵(粗めに切る)…5個分
　│ エシャロット(みじん切り)…1個分
　│ ケッパー(粗みじん切り)…大さじ1
　│ エストラゴンの酢漬け(葉だけをみじん切りにする)
　│ 　…大さじ1
　│ コルニッション(5mm幅ほどに切る)…少量
　└ パセリ(みじん切り)…少量

1 Aの材料をすべてフードプロセッサーに入れて回してから、ゆっくりとサラダ油を加えながら、更に回し、ガーリックマヨネーズを作る。

2 **1**をボウルに移してBの材料をすべて加えて合わせる。冷蔵庫で保存しておく。

※離水しやすいので、使うときには味の調整をする(塩、エストラゴンの酢漬けの汁を足すなどして)。

牡蠣のホワイトソースグラタン
〔フィッシュハウス　松下〕

材料(2人分)
蒸し牡蠣(p.115参照)…2個
ベシャメルソース(下記参照)…大さじ2
ホウレン草(またはインゲンなど他の季節の青野菜)…少量
ベーコン(棒状に切り、加熱して脂を落としたもの)…適量
グリュイエール・チーズ(すりおろしたもの)…適量

牡蠣の殻に蒸し牡蠣をのせ、ベーコン、ゆでて切ったホウレン草ものせ、ベシャメルソースで全体を覆う。グリュイエール・チーズをたっぷりとのせ、250℃のオーブンで13分焼き上げて色よく仕上げる。

ベシャメルソース

材料(作りやすい量)
無塩バター…100g
薄力粉…100g
牛乳…1ℓ
玉ネギ(薄切り)…1/2個分
ローリエ…1枚
クローブ…2個
塩…8g
白コショウ…1g
ナツメグ(すりおろし)…少量

1　鍋に牛乳、玉ネギ、ローリエ、クローブを入れて火にかけ、煮立つ直前まできたら蓋をして火を止め、20分ほどおいて香りを移しておく。

2　別鍋にバターとふるった薄力粉を入れ、ゆっくりと色づかないように炒める。さらりとなるまで炒めたら、**1**をシノワで漉したものを、ダマにならないように混ぜながら少しずつ加えていく。

3　なめらかに混ざったら塩、コショウで味を調え、ナツメグを加える。バットに移して氷水にあてて冷ました後、フードプロセッサーにかけてなめらかにする(扱いやすくなる)。冷蔵庫で保存しておく。

牡蠣と季節野菜の
スパゲッティーニ
〔フィッシュハウス　松下〕

材料(1人分)
生牡蠣(むき身) … 4個
スパゲッティーニ(乾麺) … 80g
オリーブ油 … 大さじ2
ニンニク(みじん切り) … 大さじ1
ベーコン(大きめの棒状に切ったもの) … 30g
タカノツメ … 2本
A ┌ トマト(コンカッセ) … 大さじ2
　│ ジャガイモ(レッドムーンなど。
　│ 　オーブンでローストし、大きめに切っておく) … 適量
　└ 季節の野菜(季節によりいろいろ) … たっぷり
白ワイン … 適量
黒コショウ … 少量

1　フライパンにオリーブ油、ニンニク、ベーコン、タカノツメを入れて火にかける。ニンニクがキツネ色に色づいたら、牡蠣と**A**の材料をすべて入れて炒め合わせ、白ワインをまわし入れて蓋をする。

2　牡蠣の身がぷっくりと膨らんだら取り出しておき(温かいところにおいておく)、残りは軽く煮詰めてソースとする。

3　ゆで上げたスパゲッティーニを**2**に入れてソースをよくからめ、器に盛り付ける。温めておいた牡蠣の身をのせ、軽く黒コショウを挽いて仕上げる。

オイスターアヒージョ
〔フィッシュハウス　松下〕

材料(2人分)
生牡蠣(むき身。旬の身付きのよいもの) … 2個
オリーブ油 … 100cc
ニンニク(みじん切り) … 大さじ3
トマト(コンカッセ) … 大さじ2
タカノツメ … 2本
塩、白コショウ … 各適量
ハーブオイル(※) … 大さじ1
※ハーブオイル:パセリとエストラゴンをみじん切りにし、E.V.オリーブ油と合わせたもの。

1　小鍋にオリーブ油、ニンニク、タカノツメを入れ、ニンニクがキツネ色になるまで熱しておく。

2　生牡蠣にしっかりと塩、コショウをし、トマトとハーブオイルをからめて**1**に入れ、蓋をして、牡蠣の身がぷっくりと膨らむまで加熱した後、保温容器に移して提供する。

牡蠣と牡蠣
牡蠣を、牡蠣のソースで食べていただく趣向。

岩牡蠣と緑野菜　生海苔のソース
生海苔と玉ネギのローストの
ピューレを合わせると、
ちょっと牡蠣のような風味になる。
それをソースに。

焼き牡蠣とふきのご飯
それぞれに適した方法で調理した素材を、
最後に合わせることで、個々の素材が主張するご飯に。
フキも牡蠣もご飯を炊いている間に調理して、
食感や香りを最大限に活かすようにしている。

牡蠣と牡蠣
〔Hiroya　福嶌〕

材料(1人分)
生牡蠣 … 1個
ナス … 1個(作りやすい量)
アサリのジュレ(作りやすい量)
┌ アサリのだし(右記参照) … 200cc
│ 板ゼラチン … 1枚(3.5g)
│ 塩、レモン果汁 … 各少量
│ 醤油 … ごく少量(香りづけ程度)
│ ＊アサリのだしを熱し、水に浸けて戻した板ゼラチンを加えて
└ 塩、醤油、レモン果汁で味を調え、冷蔵庫で冷やす。

焼き牡蠣のソース
┌ 焼き牡蠣(※) … 3個
A │ ニンニクのピューレ(※) … 少量
└ アサリのだし(右記参照) … 少量(濃度の調節のため)
┌ ラディッシュ (細切り)、みょうが(細切り)、
B │ 　ディル、セルフィーユ、アマランサス … 各少量
※焼き牡蠣:むき牡蠣に軽く塩をして、オリーブ油をまぶし、炭火焼きにしたもの。
※ニンニクのピューレ:皮付きのニンニクにオリーブ油をまぶして200℃のオーブンで20分ほど火を入れた後皮をむき、ミキサーにかけ、オリーブ油と塩で味を調えたもの。

1　生牡蠣を開けて殻から取り出し、氷水に浸ける。水気を切り、食べやすい大きさに切り分ける。

2　ナスは網にのせて炭火で焼き、ラップフィルムで包んでしばらくおいた後(炭火の香りを移す)、皮をむく。牡蠣の大きさに合わせて切る(1/2個分を使用する)。

3　**A**の材料を合わせてミキサーにかける。

4　牡蠣の殻に**1**と**2**を盛り合わせ、アサリのジュレをかける。**3**の牡蠣のソースを添え、**B**を散らす。

岩牡蠣と緑野菜　生海苔のソース
〔Hiroya　福嶌〕

材料(1人分)
岩牡蠣 … 1個
ミニオクラ、ワサビ菜、甘長唐辛子 … 各適量
ドライトマト(※) … 少量
生海苔 … 適量
玉ネギのピューレ(※) … 適量
塩、オリーブ油、レモン果汁 … 各適量
アサリのだし(下記参照) … 適量
たでの葉 … 少量

※ドライトマト:プチトマトを湯むきし、塩、コショウ、オリーブ油をからめ、80℃のオーブンでゆっくりローストし、水分を抜いたもの。
※玉ネギのピューレ:玉ネギを、皮付きのまま丸ごとオーブンでローストし、皮をむいてミキサーにかけ、ピュレにしたもの。

1　ワサビ菜は塩もみをして、蓋のできる容器に入れ、沸かしたアサリのだしを加えて蓋をする。一晩ねかせて辛みを出した後、1cm幅ほどに切る。ミニオクラはヘタを掃除し、さっとゆでる。甘長唐辛子は網にのせて炭火で焼き、一口大に切る。

2　生海苔と玉ネギのピューレを合わせ、塩、オリーブ油、レモン果汁で味を調える。

3　牡蠣は殻を開けて取り出し、一口大に切って殻に盛る。**2**をかけて、**1**の野菜とドライトマトを盛り付け、たでの葉を散らす。

アサリのだし(作りやすい量)

アサリ500gと日本酒200g、水2ℓを鍋に合わせて火にかけて20分ほど煮出し、漉す。

※さまざまなソースやだしのベースになる、もっとも汎用性の高いだし。魚系のだしは味が落ちるのが早いので、使わない分はすぐに冷凍する。

焼き牡蠣とふきのご飯
〔Hiroya　福嶌〕

材料(作りやすい量)
米 … 210cc
A ┌ アサリのだし(p.122参照) … 210cc
　│ 塩、醤油 … 各少量
　└ 生姜(皮をむいて小さい角切りにしたもの) … 少量
牡蠣(むき身。刻んで混ぜ込むもの) … 2個分
牡蠣(むき身。焼いてのせるもの) … 5個
フキ(ゆでて、アサリのだしに浸けたもの) … 適量
オリーブ油、塩 … 各適量
木の芽 … 適量
※牡蠣の量は大きさによる。

1　米はしっかり洗って吸水させた後、土鍋に入れ、Aと細かく刻んだ牡蠣を入れて火にかけ、通常通りご飯を炊く。

2　ご飯を炊いている間に、フキのおひたしを、オリーブ油をひいたフライパンで軽く炒める。1cm幅の小口切りにしておく。

3　丸ごとの牡蠣のむき身に、軽く塩とオリーブ油をまぶして串に刺し、炭火で焼く。3等分に切る。

4　**1**のご飯の炊き上がりに**2**と**3**をのせ、蓋をして蒸らす。木の芽をのせる。

牡蠣のソテー
牡蠣をソテーするときは、
しっかり焼いたほうがおいしい。
表面にまぶした小麦粉が効果的。

牡蠣と新ごぼうのリゾット
牡蠣にゴボウの食感や香りを加えることにより、
味に変化がついて、食べ飽きないリゾットになる。

牡蠣とスペックのソテー、ほうれん草のピューレを添えて

燻製をかけた生ハム、スペックを使うことで、ソテーしたときの香ばしさをより強調した。燻香と牡蠣の相性もとてもよい。また、ピューレにはイタリアを感じる食材を使用し、味の厚みも出している。

牡蠣のリゾット

牡蠣は加熱によってだしが出るので、それを米に吸わせる。ただし、牡蠣の身は、あくまでもぷっくりとした火入れを目指す。濃厚な牡蠣のリゾットだが、シャンパンの酸味によって軽く食べられる。シャンパンは泡にすることで、食べる部分によって変化があり、飽きがこない。

牡蠣のソテー
〔Äta 掛川〕

材料(1人分)
牡蠣(殻付き)…3個
小麦粉(薄力粉)…適量
無塩バター…15g
オリーブ油…10g
玉ネギのフォンデュ(下記参照)…適量
長イモのグレッグ(右記参照)…適量
トマト(コンカッセ)、ケッパー、イタリアンパセリ(粗みじん切り)…各適量

1 牡蠣の身は殻から取り出し、小麦粉をまぶし、余分な粉を落とす(落としすぎない)。

2 フライパンにバターとオリーブ油を合わせて熱し、**1**の牡蠣を入れる。焼き色がついたら裏返し、全体にこんがり色づくまで焼く。

3 長イモのグレッグ(冷めたもの)に、トマト、ケッパー、イタリアンパセリを加える。

4 **2**の牡蠣を殻に盛り付け、別鍋で温めておいた玉ネギのフォンデュをのせ、更に**3**をのせる(牡蠣1個につき10gずつほど)。

玉ネギのフォンデュ (作りやすい量)

玉ネギ(スライス)…3個分
無塩バター…50g
オリーブ油…50g
シェリーヴィネガー…30g
グラニュー糖…50g
塩…5g

バターとオリーブ油を熱した鍋に玉ネギを入れ、あめ色になるまでじっくりと炒め、途中でシェリーヴィネガー、グラニュー糖、塩を加えて味つける。

長イモのグレッグ (作りやすい量)

長イモ(皮をむいて棒状に切る)…1/2本分
オリーブ油…50g
A ┌ ニンニク(みじん切り)…1カケ分
  │ コリアンダーシード…ひとつまみ
  └ ローリエ…1枚
白ワイン…50g
B ┌ 赤ワインヴィネガー…200g
  │ グラニュー糖…30g
  └ ハチミツ…30g

鍋にオリーブ油とAを入れて熱し、香りが出たら長イモを入れてさっと炒める。白ワインを加えて煮立て、Bを加えてひと煮立ちさせる。火を止めてそのまま冷ましておく(冷めたら冷蔵庫で一晩やすませるとよい)。

牡蠣と新ごぼうのリゾット
〔Äta 掛川〕

材料(1人分)
米(ゆでたカルナローリ※)…80g
牡蠣(むき身)…3個
新ゴボウ…20g
エシャロット(みじん切り)…3g
オリーブ油…5g
無塩バター…5g+15g
シャンパーニュ…15g
生クリーム…15g
塩…少量
パルミジャーノ・レッジャーノ・チーズ(すりおろしたもの)…2g
イタリアンパセリ(粗みじん切り)…2g

※1kgのカルナローリ(イタリア米)に対し、880ccの水を加えてゆでておいたもの。

1 新ゴボウはささがきにして、水にさらす。

2 牡蠣のむき身は4等分ほどに切る。

3 フライパンにオリーブ油とバター5gを入れて熱し、水気を切った**1**のゴボウを入れて炒める。しんなりしたら**2**の牡蠣を入れて軽く炒め、エ

シャロットを加える。

4 **3**にシャンパーニュと米を入れて炒め、水40cc、バター15g、生クリーム15gを加え、混ぜながら火を入れる。

5 **4**に塩とパルミジャーノ・チーズを加えて混ぜ、イタリアンパセリを加える。

よく水気を絞って広げ、80℃のコンベクションオーブンに入れてパリパリにする。

牡蠣とスペックのソテー、ほうれん草のピューレを添えて
〔mondo　宮木〕

材料(4人分)
牡蠣(むき身) … 300g
スペック(スライス) … 12枚
オリーブ油 … 適量
A [
　ホウレン草(ゆでたもの) … 180g
　ホウレン草のゆで汁 … 85g
　E.V.オリーブ油 … 65g
　レーズン … 15g(少量の水に浸けて戻しておく)
　松の実 … 30g
　ニンニク … 1g
　スペック … 15g
　アンチョビー … 12g
]
塩、薄力粉 … 各適量
乾燥ホウレン草(下記参照) … 適量
ドライトマト(小口切りにし、適量の白ワインヴィネガーに浸けておく) … 1個分

1 Aを合わせてミキサーにかけ、ペースト状にする。裏漉しておく。

2 牡蠣に軽く塩をふり、薄力粉をまぶす。スペックのスライスを巻きつけ、再び薄く薄力粉をつける。

3 熱したフライパンにオリーブ油をひき、**2**の牡蠣を入れて両面を香ばしくソテーする。

4 皿に**1**のピューレを敷き、**3**の牡蠣と乾燥ホウレン草、ドライトマトを盛り付ける。

乾燥ホウレン草
ホウレン草を熱湯でさっとゆでて、氷水に落とす。

牡蠣のリゾット
〔mondo　宮木〕

材料(2人分)
牡蠣(むき身) … 4個
米 … 50g
野菜のブロード … 80cc
鶏のブロード … 160cc
エシャロット(みじん切り) … 少量
万能ネギ(小口切り) … 3本分
オリーブ油、白ワイン、塩 … 各適量
シャンパンの泡(作りやすい量)
[
　シャンパン … 250cc
　アルブミナ(乾燥卵白。泡を安定させる) … 4g
]
E.V.オリーブ油、黒コショウ … 各適量

1 2種類のブロードは、合わせて温めておく。

2 別鍋にオリーブ油とエシャロットを入れて軽く炒める。米(洗わずに)を加え、透き通るまで弱火で炒める。白ワインを少量加える。

3 米がひたひたになるくらいに**1**のブロードを加えて炊いていく。水分量が少なくなったら、そのつどブロードを加える。塩も少しずつ加えながら炊く(炊き上がりまで13〜14分)。

4 **3**の米を炊いている間に、シャンパンの泡を作る。シャンパンにアルブミナを加えてハンドミキサーでよく攪拌しながら泡立てていく。

5 **3**の米が炊き上がる約5分前になったら、牡蠣を加えて炊き上げる。

6 仕上げにE.V.オリーブ油、万能ネギを加え、空気を含ませるようにモンテする(オリーブ油でモンテすることで、コクはあるがさっぱりとした味わいになる)。

7 **6**を皿に広げて盛り、上に**4**のシャンパンの泡をのせ、黒コショウをふる。

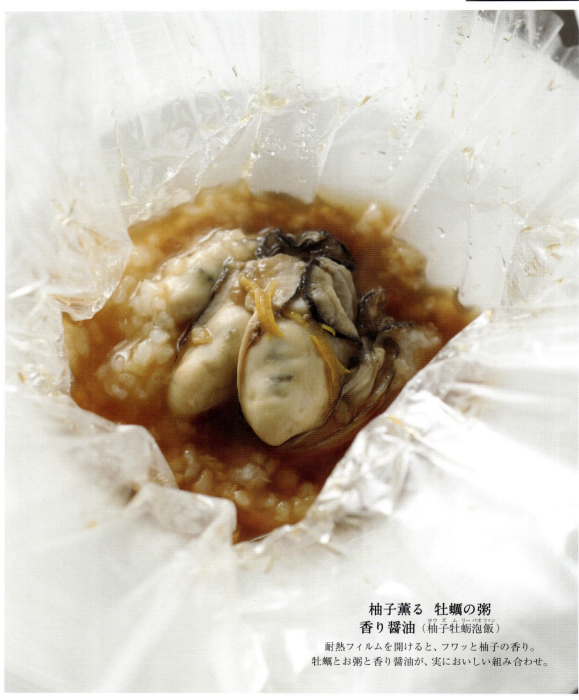

柚子薫る　牡蠣の粥
香り醤油（柚子牡蛎泡飯）
<small>ヨウ ズ ム リー パオ ファン</small>

耐熱フィルムを開けると、フワッと柚子の香り。
牡蠣とお粥と香り醤油が、実においしい組み合わせ。

牡蠣の焦がし唐辛子、花椒、リーペリンソース炒め
（煳辣辣醬油牡蛎）
フーラーラージャンヨウ ムー リー

四川の伝統的な味つけ"煳辣"（焦がし唐辛子の辛さ）に、
リーペリンソースとオイスターソースを加え、
オリジナリティーの高い一品に。

牡蠣の煮込み麺（牡蛎煨麵）
ムー リーウェイミェン

台湾屋台料理のイメージで作った、
牡蠣の旨みたっぷりの煮込み麺。
牡蠣はさっと湯通ししておいたものを、
最後に加えて仕上げる。

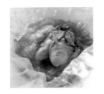

柚子薫る 牡蠣の粥 香り醤油
（柚子牡蛎泡飯）
ヨウ ズ ム リーパオファン

〔麻布長江 香福筵　田村〕

材料（1人分）
牡蠣（加熱用むき身）…3個
粥（※）…80g
香り醤油（p.102参照）…15g
黄柚子皮（細切り）…少量
・カルタファタ（耐熱フィルム）

※粥：生米に油を少量まぶして15分ほどおいた後、米の8倍量の水を加えて1時間ほど弱火で煮たもの。

1　牡蠣に片栗粉（分量外）をまぶしてやさしく混ぜ、水洗いする。水気をふき取る。

2　30cm角ほどに切ったカルタファタ（耐熱フィルム）に粥80gをおき、**1**の牡蠣と香り醤油15g、柚子皮をのせて茶巾に包み、ゴムなどで巻いてとめる。

3　**2**をスチーム（蒸し器）で4分蒸し、提供する。お客様の前でゴムを切って包みを開き、香りを楽しんでいただく。

牡蠣の焦がし唐辛子、花椒、リーペリンソース炒め
（㶽辣辣酱油牡蛎）
フーラーラージャンヨウ ムーリー

〔麻布長江 香福筵　田村〕

材料（4人分）
牡蠣（加熱用むき身）…8個
朝天唐辛子（朝天辣椒※）…8個（半分に切る）
チョウテンラージャオ
花椒粒（中国山椒の粒）…小さじ1
長ネギ（1cm角薄切り）…少量
生姜（1cm角薄切り）…少量
衣
　卵…30g
　片栗粉…30g
合わせ調味料
　三温糖…3g
　醤油…12g
　オイスターソース…15g
　リーペリンソース…25g
　酒…10g
　醪糟（※）…15g
　ラオザオ
　ニンニク（すりおろし）…3g
　水溶き片栗粉…7g
　鶏ガラスープ…30cc
大豆油（またはサラダ油）…少量
揚げ油…適量

※朝天唐辛子（朝天辣椒）：四川省の赤唐辛子。丸みのある形が特徴。
※醪糟（酒醸）：もち米と麹を発酵させて作る中国の天然調味料。
チューニャン

1　牡蠣に片栗粉（分量外）をまぶしてやさしく混ぜ、水洗いする。水気をふき取る。

2　衣の材料をよく混ぜ、**1**の牡蠣を入れてからめて、160℃の油で揚げる。

3　**2**の油をあけた鍋に大豆油を少量入れ、朝天唐辛子を入れて軽く焦げるまで炒め、花椒粒を加える。

4　長ネギと生姜を入れ、牡蠣を戻し入れ、あらかじめ合わせておいた合わせ調味料を加えて強火にし、3秒後に混ぜ合わせる。

牡蠣の煮込み麺
（牡蛎煨麺（ムーリーウェイミェン））

〔麻布長江 香福筵　田村〕

材料（2人分）
牡蠣（加熱用むき身）…8個
中華麺…80g
九条ネギ（1cm幅の斜め切り）…25g
干しシイタケ（みじん切り）…10g
黒クワイ（みじん切り）…15g
A ┌ 鶏ガラスープ…500cc
　├ 紹興酒…10g
　├ 醤油…20g
　└ オイスターソース…20g
水溶き片栗粉…15g
ゴマ油…少量

1　牡蠣に片栗粉（分量外）をまぶしてやさしく混ぜ、水洗いする。水気をふき取る。
2　**1**の牡蠣に片栗粉（分量外）をまぶし、沸騰した湯でさっとゆでる。
3　別の沸騰した湯で、中華麺をゆでて5割ほど火を入れる。
4　中華鍋にAと干しシイタケ、黒クワイ、九条ネギと**3**の中華麺を入れ、弱火で煮る。
5　仕上げに**2**の牡蠣を加え、水溶き片栗粉で薄くとろみをつけ、ゴマ油を少量加える。
6　**5**を土鍋に移して沸騰させ、提供する。

ハマグリ・ホンビノス貝

はまぐり葛打ち　新玉ねぎのすり流し
新玉ネギの甘みがおいしいすり流しに、
葛粉をまとわせてさっと火を入れたハマグリを添えた。

はまぐりと白菜の煮こごり
ハマグリの煮汁を活かして作る冷たいジュレと、
つるりとしたハマグリがおいしい組み合わせ。

はまぐり真薯 みぞれ椀
ハマグリの風味と食感を加えた真薯を、
みぞれ仕立ての汁に。カブで作るみぞれはやわらかく、
やさしい味わい。

はまぐりと竹の子の小鍋
春らしい素材を合わせて小鍋仕立てに。
汁にもハマグリの旨みがたっぷり。

はまぐり葛打ち 新玉ねぎのすり流し
〔賛否両論　笠原〕

材料(4人分)
ハマグリ … 4個
新玉ネギ … 3個
太白ゴマ油 … 大さじ2
昆布だし … 適量
牛乳 … 適量
塩 … 少量
葛粉 … 適量
アサツキ(小口切り) … 少量
黒コショウ … 少量

1 新玉ネギは薄切りにし、太白ゴマ油をひいた鍋に入れて焦がさないように炒める。
2 1に昆布だしを適量加えて蓋をし、くたくたになるまで蒸し煮する。
3 2をミキサーにかけながら、牛乳、塩で味を調える。
4 ハマグリは殻から身を取り出して半分に切り、硬い部分には包丁目を入れておく。出た汁は漉して3に加える。
5 4のハマグリに葛粉をまぶし、沸いた湯に入れてさっとゆで、冷水に落とす。水気を切る。
6 3を温めて器に注ぎ、5を入れ、アサツキをのせて黒コショウをふる。

はまぐりと白菜の煮こごり
〔賛否両論　笠原〕

材料(4人分)
ハマグリ … 8個
白菜(芯の部分は細切りに、葉の部分はざく切りにする)
　… 1/8個分
白キクラゲ(戻したもの) … 少量
A ┌ 水 … 1ℓ
　│ 酒 … 200cc
　│ 薄口醬油 … 80cc
　│ みりん … 80cc
　└ だし昆布 … 5g
板ゼラチン … 15g(水を加えて戻しておく)
芽ネギ(2cm長さに切る) … 少量
とんぶり … 少量
黄柚子 … 少量

1 ハマグリは砂抜きした後、Aとともに鍋に入れて火にかける。沸いたらアクを取り除き、漉してハマグリと汁に分ける。ハマグリは殻から身を取り出す。
2 1の煮汁を鍋に入れ、白菜と白キクラゲを入れてさっと煮る。戻したゼラチンを加えて溶かし、冷蔵庫で冷やし固める。途中で1のハマグリの身を加えておく。
3 2が固まったらスプーンで崩して器に盛り、芽ネギととんぶりをのせ、すりおろした黄柚子の皮をふる。

ハマグリ・ホンビノス貝

はまぐり真薯 みぞれ椀
〔賛否両論　笠原〕

材料（4人分）
ハマグリ … 6個
A（作りやすい量。真薯約25個分）
　白身魚のすり身 … 1kg
　煮切り酒 … 450cc
　卵白 … 1個分
　塩 … 少量
片栗粉 … 少量
カブ … 2個
吸い地（※）… 適量
水溶き片栗粉 … 少量
黄柚子（松葉切りにした皮）… 少量

※吸い地：一番だし1ℓ、酒大さじ2、薄口醤油小さじ2、粗塩小さじ1/2を合わせてひと煮立ちさせる。

1 Aの白身魚のすり身をすり鉢に入れ、煮切り酒と卵白を加えてすりのばし、少量の塩で味つけする。

2 ハマグリは殻から身を取り出し、半分に切って、硬い部分には包丁目を入れておく。出た汁は漉して、**1**に加える。

3 **1**を240g取って、**2**のハマグリの身に片栗粉をまぶして加え、混ぜ合わせて、4等分にして丸める。蒸し器で蒸して火を入れる。

4 カブをすりおろして水気を切る。茎は少量を小口切りにする。

5 鍋に吸い地を入れて沸かし、少量の水溶き片栗粉でとろみをつけ、**4**を加えてさっと煮る。

6 椀に**3**を入れ、**5**を注ぎ、黄柚子を添える。

はまぐりと竹の子の小鍋
〔賛否両論　笠原〕

材料（2人分）
ハマグリ … 6個
タケノコ（下ゆでしたもの）… 2本
ウルイ … 1/3パック
A
　だし … 800cc
　薄口醤油 … 50cc
　酒 … 50cc
　みりん … 50cc
酒、だし昆布 … 各適量
薄口醤油、塩 … 各少量
木の芽 … 適量

1 タケノコは一口大のくし形に切り、Aで炊いて味を含ませておく。ウルイは5cm長さに切り、さっとゆでておく。

2 鍋にハマグリと適量の水、酒、だし昆布を入れて火にかける。沸いたらアクを取り除き、薄口醤油、塩で味を調える。

3 小鍋に**2**の汁とハマグリ、**1**のタケノコ、ウルイを入れてさっと煮る。木の芽を散らす。

ハマグリと春野菜 ルイユ風味
きれいなグリーンの春野菜とハマグリを、
卵黄にニンニクをきかせたソースでつなぐ。

ハマグリとホワイトアスパラガスの
スープ仕立て
ホワイトアスパラガスのローストとスープを
ハマグリに合わせて。

地蛤とホワイトアスパラガスの
ココット焼き
地ハマグリの上品なだしを、
相性のよいホワイトアスパラガスに吸わせる。
食べると両方の味が口に広がる。
ハマグリは火を入れすぎると硬くなるので、
途中で一度取り出しておく。

ハマグリ・ホンビノス貝

ふきのとうのミネストローネと
ハマグリのフリット

ハマグリの身にはベニエ生地をつけて揚げ、
ハマグリの旨みたっぷりの蒸し汁は、
ミネストローネにして一緒に味わう趣向。

ハマグリと春野菜 ルイユ風味
〔Hiroya　福嶋〕

材料（1人分）
ハマグリ … 2個
グリーンアスパラガス（斜め切り）、サヤ大根、
　ウスイ豆 … 各適量
オリーブ油、塩 … 各適量
ルイユ
┌ 卵黄、サフラン（粉末）、ニンニク（すりおろし）、
│　オリーブ油 … 各適量
└ 水、マスタード、レモン果汁 … 各少量
パプリカ粉 … 少量

1　ハマグリは、殻の蝶番（ちょうつがい）部分の靭帯を切り、上の殻をはずす。身の付いた側をアルミホイルで巻いて直火にかけ、火が入るまで蒸し焼きにする。
2　グリーンアスパラガスとサヤ大根は、オリーブ油をひいたフライパンで炒めて、塩で味つける。
3　ウスイ豆はしっかりゆでて、薄皮をむき、オリーブ油と塩を加えてミキサーにかけ、粗めに砕く（食感がつまらなくなるので、完全になめらかなピューレにしてしまわない）。
4　ルイユ：ボウルに卵黄を割り入れ、サフラン、ニンニク、水、マスタード、レモン果汁を加えて泡立て器で混ぜ合わせ、オリーブ油を少量ずつ加えながらマヨネーズ状にする。
5　**1**のハマグリを器に盛り、**2**、**3**、**4**を添え、器の端にパプリカ粉をふる。

ハマグリとホワイトアスパラガスのスープ仕立て
〔Hiroya　福嶋〕

材料（1人分）
ハマグリ … 2個
ホワイトアスパラガス … 2本
日本酒、オリーブ油、塩 … 各適量
バジル … 少量
レモン果汁 … 少量

1　ハマグリを鍋に入れ、日本酒と水を合わせてハマグリが半分浸かるくらい加え、蓋をして火にかける。殻が開いたらハマグリを殻から取り出す。
2　皮をむいたホワイトアスパラガス1本を（むいた皮と一緒に）**1**の煮汁でゆで、火が入ったら、すべてミキサーにかける。オリーブ油を少量加えて回す。
3　もう1本のホワイトアスパラガスは、オリーブ油をひいたフライパンに入れてローストし、塩をする。食べやすい大きさに切る。
4　**1**、**3**を器に盛り、**2**を注ぎ、バジルをのせて、レモン果汁を絞りかける。

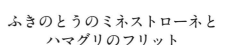

地蛤とホワイトアスパラガスの
ココット焼き
〔mondo　宮木〕

材料（1人分）
ホワイトアスパラガス … 1本（約100g）
地ハマグリ … 1個（約120g）
タイム … 2枝
鶏のブロード … 45cc
オリーブ油、E.V.オリーブ油 … 各適量

1 ホワイトアスパラガスを掃除する。
2 ココットを熱してオリーブ油をひき、**1**を入れて強火で全面を香ばしく焼く。
3 **2**に地ハマグリを入れてブロードを加え、蓋をして弱火にする。ハマグリの口が開いたらいったん取り出す。
4 ココットにはまた蓋をして、アスパラガスに火を入れていく。
5 水分がなくなってきてアスパラガスに火が通ったら、ハマグリを戻してタイムをのせて火を止め、蓋をして2分ほど蒸らす。
6 皿に盛り付ける。ココットに残っている汁にE.V.オリーブ油を加えて軽く乳化させ、ソースとする。

ふきのとうのミネストローネと
ハマグリのフリット
〔Äta　掛川〕

材料（3人分）
ハマグリ … 3個
オリーブ油 … 30g
A ┌ ベーコン … 20g
　├ 玉ネギ … 40g
　├ ニンジン … 30g
　└ セロリ … 10g
ベニエ生地
　┌ ビール … 50g
　├ 小麦粉 … 30g
　└ ＊合わせる。
フキノトウ … 5個
塩、小麦粉（薄力粉）、E.V.オリーブ油 … 各適量
揚げ油 … 適量

1 Aはすべて5mm角ほどに切っておく。
2 鍋にオリーブ油とハマグリ、**1**を入れて火にかける。ときどき混ぜ、野菜がなじんだら水200ccを加えて蓋をする。ハマグリの殻が開いたら鍋から取り出す。
3 **2**の鍋はそのまま火にかけ、塩を少量加える。
4 野菜がやわらかくなったら、フキノトウ2個をざく切りにして加える。
5 **2**のハマグリの身を殻から取り出し、小麦粉をまぶしてベニエ生地をつけ、200℃の油で揚げる。フキノトウ3個にも小麦粉をまぶしてベニエ生地をつけ、同様に揚げる。油を切り、塩をふる。
6 洗って水気をふき取ったハマグリの殻に、**5**のハマグリとフキノトウのフリットを盛り付ける。**3**のミネストローネにE.V.オリーブ油を加え、器に入れて添える。

蛤 ふわふわ長芋 白湯煮込み
（濃湯山藥文蛤）
ノンタンシャンヤオウェングゥ

繊細なハマグリと、濃厚なスープをつなぐのが、
ふわりとかけたおろし長イモ。
長イモがからまったハマグリと、
白湯ソースの相性はびっくりするほどよい。

ハマグリの肉詰め蒸し

ベトナム北部で食べられている、
タニシを使って作る料理をハマグリでアレンジ。
たれにも生姜を使って、
辛みがきいたさっぱりした味わいに。

ハマグリ・ホンビノス貝

蛤 春野菜 桜蒸し
（蒸籠桜花文蛤）
_{ジョンロン インファーウェングゥ}

ハマグリに、春野菜と桜の花を合わせた春らしい一品。
素材の繊細な味を活かすよう、
調味料は控えめに。

蛤と新玉ネギの蒸しスープ
（原味文蛤洋葱湯）
_{ユアンウェイウェングゥ ヤンツォンタン}

新玉ネギの甘みとハマグリの旨みを
シンプルに味わうスープ。
蒸すことでクリアな仕上がりになる。

ハマグリの肉詰め蒸し
〔マイマイ 足立〕

材料（10個分）
ハマグリ … 10個
豚挽き肉 … 150g
キクラゲ（乾燥）… 2g
A ┌ 生姜（みじん切り）… 6g
　│ 万能ネギ（白い部分のみじん切り）… 6本分
　└ ハマグリの蒸し汁（下記の作り方1で出た汁）… 大さじ1½
グラニュー糖 … 小さじ1/3
ヌクマム … 小さじ1
黒コショウ … 適量（多め）
パクチー（ざく切り）… 適量（好みで）
たれ（生姜ヌクチャム。下記参照）… 適量

1 ハマグリはフライパンに入れて酒（分量外）を加え、蓋をして火にかける。殻が開いたら取り出し、殻から身をはずす。殻と蒸し汁も取りおく。

2 1のハマグリの身を4〜6等分に切る。キクラゲは水で戻し、みじん切りにする。

3 豚挽き肉にAと2を加え、よく練る。

4 ハマグリの殻に3の肉ダネを、ひとつにつき15〜20gずつ詰めて、5〜6分蒸す。

5 皿に盛り、好みでパクチーをのせる。たれを添える（たれにつけながら食べる）。

たれ（生姜ヌクチャム。作りやすい量）

B ┌ ヌクマム … 大さじ1
　│ レモン汁 … 大さじ1
　│ グラニュー糖 … 大さじ1½
　│ 湯 … 大さじ3
　│ ニンニク（みじん切り）… 小さじ1/2
　└ 赤唐辛子（みじん切り）… 少量
生姜（せん切り）… 適量

グラニュー糖を分量の湯で溶かし、残りのBの材料を加えて混ぜる。生姜を加える。

蛤 ふわふわ長芋 白湯（パイタン）煮込み
（濃湯山藥文蛤／ノンタンシャンヤオウェングゥ）

〔麻布長江 香福筵　田村〕

材料（2人分）
ハマグリ … 2個
長イモ（すりおろしたもの）… 40g
卵 … 20g
マイクロリーフ … 適量
酒、大豆油（またはサラダ油）… 各少量
A ┌ 葱油（ネギの香りを移した香味油）… 大さじ1
　└ 長ネギ（角切り）、生姜（角切り）… 各少量
紹興酒 … 大さじ2
白湯（パイタン）（中国料理の白濁スープ）… 100cc
毛湯（マオタン）（中国・四川料理のガラスープ）… 100cc
醤油、オイスターソース … 各少量
水溶き片栗粉 … 大さじ1

1 ハマグリに少量の酒をふり、蒸し器で2分蒸す（鍋に入れて蓋をし、酒蒸しにしてもよい）。殻が開いたら、身が付いていない側の殻をはずす。蒸し汁は取りおく。

2 すりおろした長イモと卵を混ぜ合わせる（写真**1**）。

3 中華鍋に大豆油を少量ひき、**2**を入れて（写真**2**）中火で炒める。お玉の背で混ぜるようにしながら炒め（写真**3**）、まとまってきたら、取り出しておく。

4 **1**のハマグリの上に、**3**をかぶせるようにのせる（写真**4**）。

5 中華鍋にAを入れて中火で炒め、香りを出す。紹興酒を入れ、白湯、毛湯、**1**の蒸し汁を注ぐ。長ネギと生姜は取り出し、蓋をして中火で半分量ほどになるまで煮詰める。

6 **5**に少量の醤油とオイスターソースを加えて調味し、水溶き片栗粉でとろみをつける。

7 器に**4**のハマグリをおき、**6**の白湯ソースをかけ、マイクロリーフを添える。

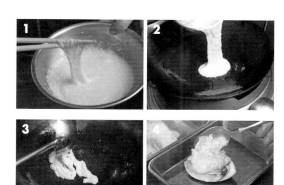

蛤 春野菜 桜蒸し
（蒸籠桜花文蛤）

〔麻布長江 香福筵　田村〕

材料（2人分）

ハマグリ … 2個
A ┌ こごみ … 2本
　│ つぼみ菜 … 2個
　└ タケノコ（ゆでたもの）… 2切れ
清湯（中国料理の澄んだスープ）… 60cc
桜の花の塩漬け（塩抜きしたもの）… 2個
水溶き片栗粉 … 小さじ1
葱油（ネギの香りを移した香味油）… 4滴

1　小型の蒸籠（セイロ）に入れた皿の上に、ハマグリとAの野菜類を盛り付け、2〜3分ほど蒸す。

2　**1**の蒸し汁を小鍋にあけ、清湯と桜の花の塩漬けを入れて、さっと火を入れる。水溶き片栗粉でとろみづけし、葱油をたらす。

3　**2**のソースを、蒸し上がったハマグリの上からかける。

蛤と新玉ねぎの蒸しスープ
（原味文蛤洋葱湯）

〔麻布長江 香福筵　田村〕

材料（1人分）

新玉ネギ … 1個
ハマグリ … 1個
A ┌ 清湯（中国料理の澄んだスープ）… 200cc
　└ 塩 … 小さじ1/3
花穂紫蘇 … 1本

1　新玉ネギの皮をむき、上から2/3の深さまで、切り目を4本放射状に入れる（上2/3だけ、放射状に8等分される）。

2　深い器に**1**の玉ネギとAを入れ、蓋（またはラップ）をして、蒸し器で1時間蒸す。

3　ハマグリは少量の酒（分量外）をふり、蒸し器で2分蒸す（鍋に入れて蓋をし、酒蒸しにしてもよい）。ハマグリと蒸し汁に分け、ハマグリは殻から取り出す。

4　**3**の蒸し汁を**2**に加え、更に5分蒸す。

5　スープの入った器を蒸し器から取り出し、**3**のハマグリの身を添え、花穂紫蘇をのせる。

ハマグリのおかゆ

ハマグリのスープで炊いたおかゆは、
あっさりとした味わい。
フライドオニオンで油気を足し、
コショウをきかせてどうぞ。

ハマグリ入りベトナム卵焼き

おつまみに、ご飯のおかずに、
バインミー（ベトナムのバゲットサンド）に挟んでも！
ジューシーなハマグリの入った卵焼きは万能おかず。

ハマグリ・ホンビノス貝

ホンビノス貝と
豚バラ肉のフレーゴラ

ホンビノス貝は豚の脂と相性がよい。
火をしっかり入れた硬めの貝を、
フレーゴラとともに噛んで楽しんでいただく。
重い味になりがちな組み合わせだが、
レモンとパクチーを加えることで爽やかに。

貝料理バリエーション

ハマグリのおかゆ
〔マイマイ　足立〕

材料(2〜3人分)
ハマグリ … 15個
酒 … 100cc
米 … 2/3カップ(100g)
水 … 900cc
生姜(せん切り) … 1カケ分
A ┌ 塩 … 小さじ1/2
　├ 砂糖 … 小さじ1/2
　└ ヌクマム … 小さじ4
万能ネギ(小口切り) … 適量
フライドオニオン … 適量
黒コショウ … 適量
サテー(レモングラスのチリオイル。p.158参照) … 好みで

1 ハマグリは洗って、砂抜きしておく。サテーは作っておく(好みで)。
2 米は弱火にかけたフライパンで煎っておく。
3 鍋にハマグリと酒を入れ、蓋をして火にかける。殻が開いたら蒸し汁とハマグリに分け、ハマグリは殻から身をはずしておく。
4 鍋に**2**の米と**3**の蒸し汁、分量の水を入れて弱火で30分ほど煮る。
5 **4**に生姜と**3**のハマグリの身を加えてさっと煮たら、**A**で調味する。
6 器に盛り、上から万能ネギ、フライドオニオン、黒コショウをふる。好みで辛みにサテーを添える(食べるときに加える)。

ハマグリ入りベトナム卵焼き
〔マイマイ　足立〕

材料(4人分)
ハマグリ … 12個
酒 … 大さじ3
卵 … 4個
万能ネギ(小口切り) … 2本分
ヌクマム … 小さじ2
砂糖 … 小さじ1
黒コショウ … 少量
サラダ油 … 大さじ2
シーズニングソース、赤唐辛子、チリソース
　… 各適量(好みで)

1 ハマグリは洗って、砂抜きしておく。
2 鍋にハマグリと酒を入れ、蓋をして火にかける。殻が開いたら取り出し、殻から身をはずし、4等分に切る。蒸し汁は取りおく。
3 ボウルに卵を割りほぐしてよくかき混ぜ、万能ネギ、**2**のハマグリの身と蒸し汁、ヌクマム、砂糖、黒コショウを加えて混ぜる。
4 小さめのフライパンにサラダ油をひいて熱くなるまで熱し、**3**の卵液を入れて大きくかき混ぜて形作る。皿や鍋の蓋などを使って裏返し、反対側も焼く。
5 器に盛り付け、好みでシーズニングソースに赤唐辛子を加えたものや、チリソースを添える(つけながら食べる)。

ホンビノス貝と豚バラ肉のフレーゴラ

〔mondo　宮木〕

材料（1人分）
ホンビノス貝 … 300g
豚バラ肉（塊）… 1塊
　※この料理には1人分60gを使用。
白ワイン … 30g
ニンニク … 1カケ
ドライトマト（細切り）… 5g
フレーゴラ … 40g
鶏のブロード … 100g
パクチー … 2枝
レモン（スライス）… 1/3個分
オリーブ油、E.V.オリーブ油、塩 … 各適量

1 塊の豚のバラ肉に、重量の1.5%の塩をしてラップフィルムでくるみ、3日間冷蔵庫におく。

2 湯を沸かして1.5%の塩を加え、フレーゴラを入れて10分ゆでる。

3 鍋にオリーブ油とつぶしたニンニクを入れ、ゆっくり加熱していく。

4 **1**の豚バラ肉60gを薄切りにし、**3**に入れて炒める。洗ったホンビノス貝を入れ、白ワインを注ぐ。鍋に蓋をして、貝の口を開かせる

5 **4**に鶏のブロードと200ccの水、ドライトマト、**2**のフレーゴラを加え、5分ほど弱火で加熱する。塩で調味する。

6 器に盛り、パクチーとレモンを添え、E.V.オリーブ油をかけて仕上げる。

アサリ

あさりしぐれ煮
しぐれ煮は、生姜を加えて作る佃煮。
甘辛い味が白いご飯によく合い、
酒のあてにもなるので、多めに作っておくとよい。

あさりと舞茸のコロッケ
エビイモに、アサリとキノコの旨みと
歯応えを加えてコロッケに。

あさりと菜の花の飯蒸し
アサリの身と菜の花を添えた、
春らしい飯蒸し。

深川丼
貝とネギなどを合わせて味噌味に煮て、
ご飯にかけてさっと食べた漁師のご飯がもと。

貝料理バリエーション

あさりしぐれ煮

〔賛否両論　笠原〕

材料（作りやすい量）
アサリ（殻付き）… 1kg
生姜 … 50g
A ┌ 酒 … 200cc
　│ 水 … 200cc
　│ 醤油 … 大さじ2
　└ 砂糖 … 大さじ3
B ┌ 醤油 … 大さじ1
　│ みりん … 大さじ1
　└ 水あめ … 大さじ1

1 アサリは砂抜きをした後、むき身にする。

2 生姜は皮をむいて、せん切りにする。

3 鍋にAを入れて火にかけ、ひと煮立ちしたら**1**を入れてさっと煮る。アクを取り除き、漉して、アサリと煮汁に分ける。

4 **3**の煮汁を鍋に戻し、煮詰めていく。泡が大きくなってきたら、取り出しておいたアサリの身と**B**を加えて煮る。

5 **4**に**2**を加え、煮汁がほとんどなくなるまで更に煮る。

あさりと舞茸のコロッケ

〔焼貝 あこや　延田〕

材料（2人分）
エビイモ … 100g
舞茸（みじん切り）… 20g
アサリ（ゆでてむいた身をみじん切り）… 10g
サラダ油 … 適量
塩、コショウ … 各少量
小麦粉、溶き卵、パン粉 … 各適量
裂きイカ（みじん切り）… 少量
揚げ油 … 適量
ソース
　┌ 舞茸 … 1/2株
　│ マスカルポーネ・チーズ … 適量
　└ 醤油、みりん、砂糖 … 各適量

1 エビイモは皮をむいて蒸し、裏漉してペースト状にする。

2 舞茸とゆでたアサリの身は、軽く塩、コショウをし、サラダ油をひいたフライパンでソテーしておく。

3 パン粉に、みじん切りの裂きイカを混ぜ合わせておく。

4 **1**と**2**を混ぜ合わせ、食べやすい大きさに丸める。小麦粉、溶き卵、**3**のパン粉の順に付け、熱した油に入れて揚げる。

5 ソース：舞茸を適宜に切り分けて、醤油、みりん、砂糖を加えて甘辛く炊いておく。汁気を切り、細かく刻んでマスカルポーネ・チーズと合わせる。

6 皿に**5**のソースを敷いて、**4**のコロッケを盛る。彩りに青味（写真はゆでた芽キャベツ）を添えるとよい。

あさりと菜の花の飯蒸し

〔賛否両論　笠原〕

材料(4人分)
飯蒸し(作りやすい量)
- もち米 … 3合
- 酒 … 240cc
- 粗塩 … 小さじ1½

アサリ(殻付き) … 300g
菜の花 … 1把
塩 … 少量
からすみ … 適量
木の芽 … 少量

A
- 水 … 500cc
- 酒 … 100cc
- だし昆布 … 3g
- 薄口醤油 … 大さじ2
- みりん … 大さじ1

1　飯蒸しを作る。もち米は一晩水に浸けておいた後、水気を切り、さらしを敷いた蒸し器に入れて蒸し上げる。すし桶に移して酒と塩を加えて合わせ、もう一度蒸し器で蒸す。

2　菜の花は硬めに塩ゆでし、水気をしっかり絞る。

3　アサリは砂抜きした後、**A**とともに鍋に入れ、火にかける。口が開いたらアクを取り除き、漉してアサリと汁に分ける。アサリは殻から身を取り出す。

4　**3**の汁に、アサリの身と**2**の菜の花を1時間ほど浸けておく。

5　**1**の飯蒸しに、**4**のアサリを合わせてさっと蒸す。器に盛り、**4**の菜の花を添え、からすみをすりおろしてかけ、木の芽をのせる。

深川丼

〔賛否両論　笠原〕

材料(4人分)
アサリ(殻付き) … 1kg
生姜 … 10g
長ネギ … 1本
ミツバ … 1/3把
卵 … 2個
ご飯 … 適量
焼き海苔 … 1枚
粉山椒 … 少量
味噌 … 大さじ1

A
- だし … 200cc
- 酒 … 大さじ3
- 醤油 … 大さじ2
- みりん … 大さじ2

1　アサリは砂抜きをした後、殻から身を取り出す。

2　生姜はせん切りに、長ネギは斜め薄切りに、ミツバは3cm長さに切る。

3　鍋に**A**、**2**の生姜、長ネギを入れて火にかける。沸いたら弱火にし、3〜4分煮る。

4　**3**に**1**のアサリの身を入れてさっと煮る。味噌、ミツバを加え、溶き卵をまわし入れてとじる。

5　丼にご飯を入れ、**4**をかける。もみ海苔をのせ、粉山椒をふる。

ニューイングランド風クラムチャウダー
アメリカ東海岸のクラムチャウダーのルーツに忠実に、濃厚な食べるスープという感覚で作っている。

あさりとトマトの釜飯
イタリア料理でもおなじみだが、トマトと貝は相性がよい。大葉を加えて和のご飯に。

あさり真薯 チャウダー仕立て

和風クラムチャウダーといった一品。
ニンジンやグリーンピースなど、
色のきれいな野菜を加えて
カラフルに仕立てた。

アサリと黒むつと
山菜のスープ煮

アサリをたっぷりの山菜と合わせた、
春の一皿。

ニューイングランド風クラムチャウダー
〔フィッシュハウス　松下〕

材料(10人分)
アサリ(殻付き) … 1kg
ベーコン(1cm角に切る) … 150g
玉ネギ(1.5cm角に切る) … 1個分
ジャガイモ(メークインなど。皮をむいて1.5cm角に切る)
　… 2個分
薄力粉 … 35g
無塩バター … 50g
白ワイン … 250cc
ローリエ … 1枚
A ┏ 牛乳 … 適量
　┃ 生クリーム(乳脂肪分38%) … 適量
　┃ グリュイエール・チーズ(すりおろしたもの) … 適量
　┃ 貝だし(右記参照) … 適量
　┗ 塩、白コショウ … 各適量

1 鍋にアサリと白ワインを入れて蓋をして火にかけ、アサリの口が開いたらザルにあけ、アサリと蒸し汁に分ける。

2 1のアサリは殻からはずし、蒸し汁はキッチンペーパーで漉しておく。

3 別鍋にバターを入れ、ベーコンを軽くソテーする。脂が落ちてきたら玉ネギを加え、中火くらいで色づかないようにじっくり炒める。

4 3にジャガイモを入れて全体を混ぜ合わせ、弱火にして蓋をし、5分ほど蒸し煮する。ジャガイモの硬さを確認し、ほんの少し芯が残っているくらいになっていれば、ふるった薄力粉を全体にまんべんなく加えて混ぜ合わせる。

5 2のアサリの蒸し汁を少しずつ加えながら、なめらかに溶きのばしていく。ローリエを加え塩、コショウで軽く味を調え、液体の表面につやが出てジャガイモに火が入るまで加熱し、冷ましておく。

6 5をベースとして、(加熱しながら)Aの材料で好みの味や濃度に調整し、提供する。

貝だし(作りやすい量)

ホタテ貝のヒモ … 1kg　　岩塩 … 適量
シジミ … 0.5kg　　　　　ローリエ … 1枚
水 … 3ℓ

1 ホタテ貝のヒモは、塩でもんで汚れを落とし、水洗いする。

2 鍋に分量の水と1を入れて強火にかける。アクが出てきたら丁寧に取り除き、ローリエを入れて30分弱火にかけ、じっくりと旨みを引き出す。

3 30分経ったら2にシジミを加え、更に30分弱火にかける(あまり火にかけすぎるとエグミが出てくるので注意する)。

4 3をザルで漉して、汁を再び鍋に戻してひと煮立ちさせ、アクを取ったらキッチンペーパーで漉して、冷ましておく。

あさりとトマトの釜飯
〔焼貝 あこや　延田〕

材料(作りやすい量)
米 … 2合
アサリ(砂抜きしたもの) … 10個
トマト(中玉) … 1個
黒オリーブ(あれば) … 適量
A ┏ 貝だし(p.74参照) … 270cc
　┃ 酒 … 大さじ1
　┗ 薄口醤油 … 大さじ1½
レモン(イチョウ切り)、大葉(細切り)、ミニトマト(輪切り。あれば) … 適量

1 トマトはヘタと反対側に、十字に切り目を入れておく。種を抜いた黒オリーブは、輪切りにする。

2 といで浸水させ、水気を切った米を釜に入れ、Aを加え、アサリと1をのせて、通常通りに炊く。

3 炊き上がったら、レモンと大葉、ミニトマトを

散らす。食べるときに全体を混ぜ合わせる。好みでバターや黒コショウを加えてもよい。

あさり真薯 チャウダー仕立て
〔賛否両論　笠原〕

材料（4人分）
アサリ（殻付き）…500g
A ┌ 水…1ℓ
　├ 酒…200cc
　└ だし昆布…5g
B（作りやすい量。真薯約25個分）
　┌ 白身魚のすり身…1kg
　├ 煮切り酒…450cc
　├ 卵白…1個分
　└ 塩…少量
ジャガイモ…1個
ニンジン…100g
玉ネギ…1/2個
グリーンピース（生）…50g
バター…20g
塩、片栗粉…各適量
C ┌ 薄口醤油…大さじ2
　└ みりん…大さじ2
水溶き片栗粉…少量
牛乳…300cc
黒コショウ…少量

1　アサリは砂抜きをした後、Aとともに鍋に入れて火にかける。口がすべて開いたらアクを取り除き、漉して、アサリと汁に分ける。アサリは殻から身をはずしておく。

2　Bの白身魚のすり身をすり鉢に入れ、煮切り酒と卵白を加えてすりのばし、少量の塩で味つけする。

3　2を240g取って、1のアサリの身に片栗粉をまぶしてすべて加え、混ぜ合わせて、4等分にして丸める。蒸し器で蒸して火を入れる。

4　ジャガイモ、ニンジン、玉ネギは、皮をむいて1cm角に切る。

5　鍋にバターを溶かして4を入れ、塩をふって、しんなりするまで炒める。1の汁を入れ、グリーンピースも加えて野菜がやわらかくなるまで煮る。

6　Cで味を調え、水溶き片栗粉でとろみをつけ、牛乳を加える。

7　3を椀に入れ、6を注ぐ。黒コショウをふる。

アサリと黒むつと山菜のスープ煮
〔Äta　掛川〕

材料（1人分）
アサリ（砂抜きして洗ったもの）…100g
黒ムツ（切り身）…70g
ニンニク（つぶしたもの）…1カケ
A ┌ コゴミ…3本
　├ タラの芽…3個
　├ ウド（斜め切り）…30g
　└ 菜の花…2本（30g）
オリーブ油…30cc+適量
塩、黒コショウ…各適量

1　フライパンに適量のオリーブ油を熱し、黒ムツを皮目から焼いた後、250℃のオーブンに入れる。

2　別のフライパンに、適量のオリーブ油とニンニクを入れて火にかける。香りが出たらアサリを入れてニンニクを取り出し、Aを入れて焼き付けるようにし、塩を少量ふる。

3　1の黒ムツに6割ほど火が入ったら2のフライパンに移し、水を80cc入れて蓋をする。アサリの殻が開き、全体に火が入ったらオリーブ油を30cc加え、黒コショウをふって器に盛る。

アサリのサテー炒め

ベトナムのサテーは、
油にレモングラスやニンニクの風味を
移して作る調味料。これを使ったアサリの炒め物。
汁をフランスパンに浸しながら食べるのが
ベトナム流。マテ貝などで作ってもおいしい。

あさり 破布子 菜の花 おこげ（蛤仔破布子鍋粑）
（グァズボブズゴウバ）

写真の小さくて丸いのが、破布子。
台湾料理によく使われる、漬け物の一種。
台湾ではアサリと合わせて使われることが多い。

あさり フェンネル ワンタンスープ（蛤仔茴香雲呑）

ワンタンは白身魚のすり身とアサリの身、
生のフェンネル入り。仕上げには
ドライのフェンネルを散らしている。

南瓜と紫芋を練り込んだ猫耳麺と あさりの炒め（猫耳朵炒蛤仔）

猫耳麺は、中国山西省の麺で、
名前はその形から。ここでは3色を合わせて
カラフルな仕立てに。アサリと合わせ、
中国版アサリのパスタといった感じ。

アサリのサテー炒め
〔マイマイ 足立〕

材料(4人分)
アサリ(洗って砂抜きしたもの) … 20個
ニンニク(みじん切り) … 1カケ分
サラダ油 … 大さじ1
ヌクマム … 小さじ1/2
砂糖 … 小さじ1/2
サテー(レモングラスのチリオイル。下記参照) … 小さじ1/2
バター … 20g
黒コショウ … 適量
万能ネギ(小口切り) … 適量
フランスパン(好みで) … 適量

1 フライパンにニンニクとサラダ油を入れて火にかける。ニンニクの香りがしてきたらアサリを加え、ひと混ぜしたら水を大さじ1加えて蓋をする。

2 アサリの殻が開いたら蓋を取り、ヌクマムと砂糖、サテーを加えて混ぜる。バターも加えて混ぜ、バターが溶けたら火を止める。

3 皿に盛り、上から黒コショウと万能ネギをふる。好みでフランスパンを添える(汁につけながら食べる)。

※ベトナムには貝料理専門店があり、大流行。お客は店頭で食べたい貝を選び、焼く、ゆでる、蒸す、炒めるといった調理法やトッピングも好みのものを自分で選ぶシステム。

サテー (作りやすい量)

レモングラス(みじん切り) … 大さじ2
ニンニク(みじん切り) … 大さじ2
赤唐辛子(みじん切り) … 4〜6本分
サラダ油 … 60cc

1 小さめのフライパンにサラダ油とニンニク、レモングラスを入れ、香りが立ってきたら赤唐辛子を加える。ニンニクがほんのり色づくまで中火にかける。

2 1を耐熱の容器に移し、余熱でニンニクを色づかせる。

あさり 破布子 菜の花 おこげ
(蛤仔破布子鍋粑)
〔麻布長江 香福筵 田村〕

材料(2人分)
アサリ … 10個
毛湯(マオタン)(中国・四川料理のガラスープ) … 300cc
酒 … 大さじ2
菜の花(4cm長さに切る) … 70g
破布子(はぶし※) … 15粒
A ┌ 塩 … ひとつまみ
  └ 醤油 … 小さじ1
B ┌ 水溶き片栗粉 … 大さじ3
  └ 酢 … 小さじ1
おこげ(中華おこげ。市販品可) … 50g
揚げ油 … 適量

※破布子:別名樹子(シューズゥ)ともいう、ムラサキ科の植物。ここではこの実を塩ゆでにした後、醤油などで漬けたもの。

1 鍋に毛湯と酒、アサリを入れ、弱火にかけて温度をゆっくり上げる。

2 アサリの殻が開いたら一度取り出し、鍋のほうに菜の花、破布子を入れ、Aを加えて調味する。

3 2にアサリを戻し入れ、Bを加えて器に注ぐ。

4 180℃の油でおこげを香ばしく揚げ、別の器に盛る。客前で3のアサリあんをかけ、音を楽しんでいただくように提供する。

あさり フェンネル ワンタンスープ
(蛤仔茴香雲呑)
〔麻布長江 香福筵 田村〕

材料(2人分)
アサリ … 6個
白身魚のすり身 … 30g
生フェンネル(5mm角に切ったもの) … 30粒
ドライフェンネル(生フェンネルの葉を乾燥させたもの) … 適量
ワンタンの皮 … 6枚
清湯(チンタン)(中国料理の澄んだスープ) … 200cc
酒 … 大さじ2
塩 … 少量

1 鍋に清湯と酒、アサリを入れて弱火にかけ、温度を上げる。アサリの殻が開いたら一度取り出し、殻から身をはずしておく。

2 ワンタンの皮に白身魚のすり身5g、アサリのむき身1個、生フェンネル5粒をのせ、皮の縁に水をつけて具を巻き(写真1〜3)、両端をつけて閉じて包む(写真4、5)。残りの5個も同様に作る。

3 沸騰した湯で、**2**を2分ゆでる。

4 **1**のスープに少量の塩と**3**のワンタンを入れ、味を調整する。器に盛り、ドライフェンネルを散らす。

南瓜と紫芋を練り込んだ猫耳麺とあさりの炒め (猫耳朶炒蛤仔 マオアールドウチャオグッズ)

〔麻布長江 香福筵　田村〕

材料(2人分)
アサリ … 12個
A ┌ 葱油(ネギの油を移した香味油) … 大さじ1
　└ 長ネギ(角切り)、生姜(角切り) … 各少量
B ┌ 紹興酒 … 大さじ2
　└ 毛湯(マオタン)(中国・四川料理のガラスープ) … 100cc
醪糟(ラオザオ)(※) … 大さじ1
三色猫耳麺(下記参照) … 120g
ミニトマト(皮を湯むきする) … 6個
金針菜(生) … 8本
ミックスペッパー … 適量
※醪糟(チューニャン)(酒醸):もち米と麹を発酵させて作る中国の天然調味料。

1 中華鍋にAを入れて炒め、香りを出す。Bとアサリを入れて蓋をする。

2 別鍋で沸騰させた湯に、猫耳麺を90秒入れてゆでる。

3 **1**のアサリの殻が開いたら一度取り出し、中華鍋のほうに醪糟、水気を切った**2**の猫耳麺、ミニトマト、金針菜を加えて強火で炒め、仕上げにアサリを戻し入れる。

4 器に盛り、ミックスペッパーを散らす。

三色猫耳麺 (作りやすい量)

(白色)
強力粉 … 50g
薄力粉 … 25g
塩 … 1g
水 … 36cc

(黄色)
強力粉 … 45g
薄力粉 … 15g
塩 … 1g

カボチャペースト(※) … 50g

(紫色)
強力粉 … 45g
薄力粉 … 15g
塩 … 1g
紫イモペースト(※) … 50g

※カボチャペースト:カボチャ1個を切らずに丸ごと、160℃のオーブンで2時間焼いた後、皮と種を取り除いて、ペーストにしたもの。
※紫イモペースト:紫イモをアルミホイルで包んで150℃のオーブンで1時間焼き、皮を取り除いてペーストにしたもの。

1 白色、黄色、紫色の材料を、それぞれボウルに入れてよく練る。30分ほどやすませて、もう一度練る。

2 **1**の生地をそれぞれ四角に成形する。白色、紫色、黄色の順に重ねて麺棒で1cm厚さまでのばし、1cm幅の帯状に切る。

3 **2**を1cm角に切り、網の上にのせて親指で押しながらくるっとさせ、猫の耳のような形に成形する。

ホッキ貝

ほっき貝と大根のおひたし
柚子の香りが爽やかな、シンプルなおひたし。
素材に火を入れすぎないのがポイント。

ほっき貝のスモーク　菜の花添え
貝は燻香とも相性がいい。いろいろな貝で試してみるとよい。

ほっき貝のぬか漬け
貝のぬか漬けは、石川県などにバイ貝を
使ったものがあるが、ここではホッキ貝を使用した。
ぬかの風味がのった貝は新鮮な味わい。

ほっき貝と九条ねぎのにゅうめん
北海道・苫小牧市の名物料理、ほっきラーメンに
ヒントを得て、そうめんで作ったにゅうめん。
これもかなりおいしい。

ほっき貝と大根のおひたし
〔賛否両論　笠原〕

材料(4人分)
ホッキ貝 … 3個
大根 … 300g
シイタケ … 2枚
ミツバ … 10本
黄柚子 … 少量
A ┌ だし … 800cc
　├ 薄口醤油 … 50cc
　└ みりん … 50cc

1 殻から取り出したホッキ貝は、足の身とヒモに分けて掃除し、身は細切りに、ヒモは食べやすい長さに切る。

2 大根はマッチ棒ほどの細切りにし、シイタケは薄切りに、ミツバは5cm長さに切る。

3 鍋にAを入れて火にかける。ひと煮立ちしたら大根、シイタケを入れ、もう一度沸くまで火を入れる。

4 3に**1**とミツバを入れ、アクを取り、火を止める。そのまま冷ましておく。

5 器に盛り、すりおろした黄柚子の皮をふる。

ほっき貝のスモーク　菜の花添え
〔賛否両論　笠原〕

材料(2人分)
ホッキ貝 … 3個
菜の花 … 1把
塩 … 少量
A ┌ だし … 200cc
　├ 薄口醤油 … 15cc
　└ みりん … 15cc
B ┌ 練り辛子 … 30g
　├ 白味噌 … 小さじ1
　├ 酢 … 小さじ1
　├ 砂糖 … 小さじ1
　└ 濃口醤油 … 小さじ1
＊混ぜ合わせる。
・燻製用チップ(桜)

1 Aを合わせてひと煮立ちさせ、冷ましておく。

2 菜の花は根元を切り、硬めに塩ゆでして、水気を絞り、**1**に浸けておく。

3 殻から取り出したホッキ貝は、足の身とヒモに分けて掃除し、薄く塩をし、中華鍋を使って桜のチップで燻す。

4 器にBを敷き、食べやすく切った**2**、**3**を盛り合わせる。

ほっき貝のぬか漬け
〔焼貝 あこや　延田〕

材料
ホッキ貝 … 適量
ぬか床（作りやすい量）
　米ぬか … 1kg
　塩水（12％塩分） … 500g
　昆布 … 15g
　生姜 … 30g
　タカノツメ … 2本
　野菜くず … 適量
アヤメカブ（葉付き） … 適量
レモンの皮（細切り） … 適量

1　ぬか床：米ぬかに塩水を加えて混ぜ合わせ、昆布、生姜、タカノツメを加える。野菜のくずなどを捨て漬けしながら1～2ヵ月かけてぬか床を作る。
2　ホッキ貝はおろした足の身を、沸騰した湯に通して霜降りし（しっかりと赤味が出るように、通常の刺身の場合より長めに湯に浸ける）、氷水にとる。水気をふき取り、ぬか床に一晩漬ける（あまり長時間漬けると塩辛くなりすぎる）。
3　アヤメカブは、別のぬか床に漬けておく。
4　**2**から貝を取り出し、軽くバーナーであぶって器に盛る。**3**のアヤメカブを縦半分に切って添え、レモンの皮を散らす。

ほっき貝と九条ねぎのにゅうめん
〔賛否両論　笠原〕

材料（2人分）
ホッキ貝 … 3個
九条ネギ … 1/3把
そうめん … 3把
バター … 20g
黄柚子 … 少量
黒コショウ … 少量
A｜だし … 800cc
　｜薄口醤油 … 30cc
　｜酒 … 30cc

1　殻から取り出したホッキ貝は、足の身とヒモに分けて掃除し、身は細切りに、ヒモは食べやすい長さに切る。
2　九条ネギは斜め薄切りにする。
3　鍋にバターを入れ、**1**、**2**を入れて炒める。しんなりしたらAを加えてさっと煮る。
4　そうめんをゆでて水でもみ洗いし、水気を切り、**3**に加えてさっと温める。
5　丼に盛り、すりおろした黄柚子の皮と黒コショウをふる。

ホッキ貝と長ネギ
ホッキ貝は生でもおいしいが、少し火を入れると
甘みが増して、更においしい。

ホッキ貝と菜の花　柚子の香り
貝には柑橘の香りがよく合う。

北寄貝とホワイト
アスパラガスのサラダ

アスパラにホッキ貝の汁を吸わせることで、
皿全体に一体感が出るようにしている。
アスパラは、真空パックにして60℃で加熱することで
シャキシャキした食感を残し、
貝とのコントラストを出している。

ホッキ貝

ホッキ貝と長ネギ
〔Hiroya　福嶌〕

材料(2人分)
ホッキ貝 … 1個
塩、オリーブ油 … 各適量
長ネギのソース
　┌ 長ネギ(ざく切り) … 3本分
　│ 鶏のだし(※) … 約300cc
　└ オリーブ油、レモン果汁 … 各少量
ワケギ … 2本
アサリのだし(p.122参照) … 適量
長ネギ(細切りにして水にさらし、水気を切ったもの)
　… 適量
長ネギのフリット(長ネギを細切りにし、170℃ほどの油
　でゆっくり揚げたもの) … 適量

※鶏のだし:鶏のガラは血合いと脂を掃除し、水から入れて、常にガラ
が浸かるぐらいの水分を保ち2時間ほど煮出す。途中でアクをひく(あえ
て野菜は加えていない)。

1　ホッキ貝は殻から取り出し、貝柱とヒモをはずす。ヒモは塩もみをしてぬめりを取り、水で洗い流す。足の身の部分は切り開いて掃除した後塩とオリーブ油をまぶし、串に刺して炭火で焼く。貝柱とヒモは、ギンナン煎りに入れて、炭火の上で軽く火を入れる。

2　長ネギのソース:オリーブ油をひいたフライパンで、長ネギをゆっくり炒める(蓋をしながら)。くたくたになったら鶏のだしを加えて少し煮る。ミキサーにかけた後裏漉し、レモン果汁を加える。

3　ワケギを軽くゆでて、水気を切り、アサリのだしに浸けておく。

4　**1**のホッキ貝と**3**のワケギ、**2**のソースを器に盛り合わせ、水にさらした長ネギの細切りと、フリットにした長ネギを和えてのせる。

ホッキ貝と菜の花　柚子の香り
〔Hiroya　福嶌〕

材料(2人分)
ホッキ貝 … 1個
菜の花 … 3本
塩、オリーブ油 … 各適量
黄柚子皮(せん切り) … 少量
アサリのだし(p.122参照) … 適量
玉ネギのピューレ(p.122参照) … 適量
レモン果汁、黒七味 … 各少量
パセリのソース(ローストしたニンニク、ピーナッツ、パセリ、
　オリーブ油を合わせてミキサーにかけ、裏漉したもの) … 適量

1　ホッキ貝は殻から取り出し、貝柱とヒモをはずす。ヒモは塩もみをしてぬめりを取り、水で洗い流す。足の身の部分は切り開いて掃除した後塩とオリーブ油をまぶし、串に刺して炭火で焼く。貝柱とヒモは、ギンナン煎りに入れて、炭火の上で軽く火を入れる。

2　菜の花はさっとゆでて水気を切り、アサリのだしに浸けた後、柚子の皮のせん切り、塩、オリーブ油で和える。

3　玉ネギのピューレに塩、レモン果汁、黒七味各少量を加えて混ぜる。

4　**3**で**1**と**2**を和えて、パセリのソースを敷いた皿に盛る。

北寄貝とホワイトアスパラガスのサラダ
〔mondo　宮木〕

材料（2人分）
ホッキ貝 … 2個
ホワイトアスパラガス … 4本
ピサンリ（遮光タンポポ） … 30g
木の芽 … 適量
ディル … 適量
白ワインヴィネガー … 適量
E.V.オリーブ油 … 適量
レモン果汁、塩、白コショウ … 各適量

1　ホッキ貝をスパテラなどで開き、殻から取り出す。その際に出た汁は漉して取っておく。

2　ホワイトアスパラガスの皮をむき、軽めに塩をふり、10分ほどなじませる。真空用袋に、**1**で取りおいた汁とともに入れて真空パックにする（汁の塩味に注意する）。

3　**2**を60℃の湯の中に40分間入れて加熱する。

4　湯から取り出し、そのまま常温で冷まし（味をなじませるため）、その後氷水に入れて冷やす。よく冷えたら袋から取り出し、それぞれを5等分ほどに切り分ける。

5　**1**のホッキ貝を熱湯にさっとくぐらせて、氷水にとる。足の部分を横から半分に切り開き、中の肝を取り除く。可食部分を食べやすい大きさに切り分ける。

6　**4**と**5**をボウルに合わせ、**4**のパックに残っている汁も少量加える。3cm長さに切ったピサンリ、ちぎった木の芽とディルを加え、白ワインヴィネガー、E.V.オリーブ油、レモン果汁、塩、コショウで調味して、器に盛る。

ホッキ貝

北寄貝と豆腐干、夏草花頭の和え物
（拌北極貝干絲）
<small>バンベイ ジ ベイ ガンスー</small>

豆腐干や夏草花頭など、
中国料理らしい素材を合わせた一品。
味つけは、塩と醤油と
葱油でシンプルに。

北寄貝と白きくらげ、ちしゃとうの炒め（銀耳北極貝）
<small>インアールベイ ジ ベイ</small>

食感がおいしい素材の組み合わせ。
調味料を加えたら、
焦がさないように強火で手早く炒める。
全体に淡い色に仕上げるため、
醤油は使わない。

白ミル貝・本ミル貝

白みる貝と黄ニラのおひたし
シャキシャキした黄ニラと、
白ミル貝の食感のコントラストが楽しい。
黒コショウは味の引き締め役。

もずくミル貝
とろっとしたもずくの中にある、
白ミル貝のコリコリした食感がおいしい。

白みる貝 柚庵焼き
柚子の風味をきかせた漬け地に漬けて、
さっと焼く。酒の肴むきの一品。

北寄貝と豆腐干、夏草花頭の和え物（拌北極貝干絲）
〔麻布長江 香福筵　田村〕

材料(2人分)
ホッキ貝 … 2個
豆腐干(中国の押し豆腐) … 60g
夏草花頭(※) … 10g
芽ネギ … 適量
A ┌ 塩 … 少量
　├ 醤油 … 小さじ1/4
　└ 葱油(ネギの香りを移した香味油) … 小さじ1/2

※夏草花(写真1)：冬虫夏草に似せて作った人工栽培のキノコ。先端の丸く膨らんだ部分だけを集めたものが夏草花頭。

1　ホッキ貝を殻からはずし、足の身を横半分に切り開いて肝などを取り除き、きれいに水洗いする。
2　1をさっとゆでて、氷水に落とす。1cm幅の細切りにする。
3　豆腐干は細切りにする。夏草花頭は水に浸けて戻す。どちらもさっとゆでる。
4　ボウルに水気を切った2、3の材料を入れ、Aを加えて和える。
5　器に盛り、芽ネギをのせる。

1

北寄貝と白きくらげ、ちしゃとうの炒め（銀耳北極貝）
〔麻布長江 香福筵　田村〕

材料(2人分)
ホッキ貝 … 2個
白キクラゲ(水で戻して石づきを取り除く) … 60g
チシャトウ(※皮をむき、薄切りに) … 50g
長ネギ(1cm角の薄切り) … 少量
生姜(1cm角の薄切り) … 少量
大豆油(またはサラダ油)、塩 … 各少量
合わせ調味料
A ┌ 塩 … 1g
　├ 酒 … 10g
　├ 醪糟(※) … 10g
　├ 米酢 … 5g
　├ 水溶き片栗粉 … 5g
　└ 鶏ガラスープ … 10cc
＊合わせておく。

※チシャトウ：中国原産のキク科の植物。ステムレタス、茎レタスとも。
※醪糟(酒醸)：もち米と麹を発酵させて作る中国の天然調味料。

1　ホッキ貝は殻からはずし、足の身を横半分に切り開いて肝などを取り除き、きれいに水洗いする。端(色のついた部分)に細かい切り目を入れ、さっとゆでる。氷水にとって冷やし、縦半分に切る。
2　沸騰した湯に大豆油と塩を少量入れ、白キクラゲとチシャトウを入れてさっとゆで、すぐにザルにあける。
3　火にかけた中華鍋に大豆油を少量入れ、長ネギ、生姜を入れて香りを出す。1、2の材料を入れ、合わせ調味料を加えて強火で炒める。

白みる貝と黄ニラのおひたし
〔賛否両論　笠原〕

材料（4人分）
白ミル貝（水管）…2個
黄ニラ…2把
黒コショウ…少量
スダチ（輪切り）…1個分
A ┃ だし…400cc
　 ┃ 薄口醤油…25cc
　 ┃ みりん…25cc

1 白ミル貝の水管は、掃除して細切りにする。

2 黄ニラは5cm長さに切る。

3 Aを鍋に入れて火にかける。ひと煮立ちしたら**2**を入れてさっと煮て、火を止める。**1**を加えてそのまま冷ます。

4 器に盛り、黒コショウをふり、スダチを添える。

もずくミル貝
〔賛否両論　笠原〕

材料（4人分）
白ミル貝（水管）…2個
岩もずく…200g
生姜（すりおろし）…少量
A ┃ だし…200cc
　 ┃ 千鳥酢…100cc
　 ┃ 醤油…大さじ2
　 ┃ 砂糖…大さじ1

1 白ミル貝の水管は、掃除して一口大の薄切りにする。

2 もずくは洗って掃除し、食べやすい長さに切り、沸いた湯でさっとゆでる。水気を切り、合わせたAに浸けておく。

3 **1**と**2**を器に盛り合わせ、おろし生姜をのせる。

白みる貝　柚庵焼き
〔賛否両論　笠原〕

材料（4人分）
白ミル貝（水管）…2個
柚子…1/2個
七味おろし
　┃ 大根おろし…適量
　┃ 七味唐辛子…少量
　┗ ＊混ぜ合わせる。
大葉…2枚
A ┃ 酒…50cc
　 ┃ みりん…50cc
　 ┃ 濃口醤油…50cc

1 白ミル貝の水管は、掃除する。

2 Aに、柚子の絞り汁と、絞った後の皮を加えて混ぜ、**1**を30分以上浸ける。

3 **2**の水気を切り、グリラーで焼く。食べやすく切り分ける。

4 器に大葉と輪切りの柚子（分量外）を敷き、**3**を盛り付け、七味おろしを添える。

白みる貝と豆苗の山椒炒め
実山椒の風味がきいた、
おつまみにもご飯のおかずにもなる炒め物。

みる貝のすべて
パン粉の代わりに、
干した白ミル貝の水管の皮を付けてフライに。
マヨネーズにゆでた白ミル貝の肝を加えた
肝マヨネーズを添えて、
白ミル貝づくしの一皿に。

白ミル貝・本ミル貝

白みる貝の肝フライ、その水管のタルタルソースと

おもに水管を食べる白ミル貝だが、ここでは肝をメインにした。
洋食屋さんのフライのようにあえて粗めのパン粉を使い、水管、衣、
肝の食感のコントラストを出している。
水管は、真空パックにして40℃で加熱することで味が深まる。

白ミル貝のグラタン

スプーンを入れると、とろりとした卵黄とクリームがからまった
白ミル貝とカリフラワー。チーズとトリュフも加わって、
文句なしのおいしさ。

貝料理バリエーション

白みる貝と豆苗の山椒炒め

〔賛否両論　笠原〕

材料(2人分)
白ミル貝(水管)… 2個
豆苗 … 1パック
実山椒(水煮)… 小さじ1
太白ゴマ油 … 大さじ2
レモン … 1/2個
A ┌ 酒 … 大さじ3
　├ 醤油 … 大さじ2
　└ 砂糖 … 小さじ1/2

1 白ミル貝の水管は、掃除して食べやすい大きさに切る。

2 豆苗は根元を切り落とし、2等分に切る。

3 実山椒は粗く刻む。

4 フライパンに太白ゴマ油を熱し、**1**、**2**、**3**を入れて強火でさっと炒め、**A**で味つけする。

5 器に盛り、レモンを添える。

みる貝のすべて

〔焼貝 あこや　延田〕

材料(作りやすい量)
白ミル貝の身(肝をはずして掃除した可食部分)… 1個分
干した白ミル貝の皮(p.62参照。むいた水管の皮を、味つけせずに広げて干したもの)… 3個分
ニンニク(みじん切り)… 少量
塩、コショウ … 各少量
卵、小麦粉 … 各適量
揚げ油 … 適量
肝マヨネーズ
　┌ 白ミル貝の肝(ゆでたもの)… 少量
　└ マヨネーズ … 適量
　＊肝をすり鉢ですり、マヨネーズと合わせる。
ベビーリーフ、マイクロトマト、レモン … 各適量

1 干した白ミル貝の皮を細かく砕き、ニンニクを混ぜ合わせておく。

2 白ミル貝の身を食べやすい大きさに切り、塩、コショウをし、溶き卵、小麦粉、**1**の順につけ、熱した油に入れて揚げる。

3 白ミル貝の殻にベビーリーフを敷いて**2**を盛り、マイクロトマトを散らす。レモンと肝マヨネーズを添える。

白みる貝の肝フライ、その水管のタルタルソースと
〔mondo 宮木〕

材料(1人分)
白ミル貝 … 1個
エシャロット … 2g
コルニッション … 2g(1/2個)
ディル … 適量
マヨネーズ … 18g
薄力粉 … 適量
パン粉 … 適量
卵 … 1個
塩、コショウ … 各適量
揚げ油 … 適量

1 白ミル貝を、殻からはずして掃除する。水管と肝に分ける。

2 水管は、薄い皮をはがして縦半分に切る。真空パックにする。

3 2を40℃の湯の中に1時間入れて加熱する。氷水にとって冷やす。冷えたら袋から取り出し、7mm角ほどに切る。

4 エシャロットを細かく刻む。コルニッションはエシャロットよりやや大きめに刻む。ディルも細かく刻んでおく。

5 3と4をマヨネーズと合わせて、塩、コショウで調味する。

6 1の肝に塩をふり、薄力粉、溶き卵、パン粉の順につける。170℃に熱した油で、中にごく軽く火が入る程度に揚げる。

7 器に5のタルタルソースを敷き、6をのせる。

白ミル貝のグラタン
〔Äta 掛川〕

材料(1人分)
白ミル貝(掃除した水管を薄切りにしたもの) … 40g
白ワイン … 30g
カリフラワー(小房に分けて、やわらかめに塩ゆでしたもの) … 60g
生クリーム … 50g
塩 … ひとつまみ
トリュフオイル … 数滴
コーンスターチ … 少量
卵 … 1個
シュレッドチーズ … 適量
パルミジャーノ・レッジャーノ・チーズ(すりおろしたもの) … 適量
黒トリュフ … 適量

1 白ミル貝と白ワインを鍋に入れて火にかける。沸いたら火からおろし、カリフラワーと生クリーム、塩をひとつまみ加えて再び火にかける。

2 1にトリュフオイルを数滴加え、水溶きコーンスターチを少量加えてとろみをつける。

3 ココットに2を入れ、生卵を割り入れ、シュレッドチーズとパルミジャーノ・チーズをのせて、250℃のオーブンで7分焼く。焼き上がりに、黒トリュフを削りかける。

本ミル貝とフルーツトマトのサラダ
フルーツトマトベースのガスパチョ風のソースをたっぷり注ぎ、
揚げた米で、食感のアクセントを加える。

赤貝

赤貝とアスパラのぬた
赤貝には辛子酢味噌がよく合う。
野菜はネギなどでもよいが、
ここではより食べ応えのある
アスパラガスを合わせた。

赤貝とキウイと
春野菜のサラダ　トリュフの風
赤貝とキュウリの組み合わせはよくあるが、
これはキウイを合わせたもの。
黄身酢のように見えるたれも、
実は黄身酢ではない。
素材に味をつけていない分、
ソースの味は強めにしている。

赤貝のなめろう
通常アジなどの青魚で作るなめろうを、
赤貝で作った。

本ミル貝とフルーツトマトのサラダ
〔Hiroya　福嶌〕

材料(2人分)
本ミル貝 … 1個
A ┌ フルーツトマト … 6個
　├ ニンニク … 1/2カケ
　├ 玉ネギ … 少量
　└ オリーブ油、塩、シェリーヴィネガー … 各少量
アマドコロ、スナックエンドウ、ペコロス … 各適量
オリーブ油 … 適量
パセリオイル(パセリとオリーブ油を合わせてミキサーにかけ、漉したもの) … 少量
米 … 少量
揚げ油 … 適量

1 ヘタを取って適宜に切ったフルーツトマトと、その他のAの材料をすべて合わせてミキサーにかけ、漉して、ガスパチョ風のソースを作る。
2 皮付きのペコロスにオリーブ油をまぶし、200℃のオーブンでローストして火を入れる。皮をむき、縦半分に切る。アマドコロとスナックエンドウは炭火で焼く。
3 米は一度ゆでた後、室温で乾燥させ、高温の油でさっと揚げる。
4 本ミル貝は掃除をして切り分け、肝とヒモと貝柱はオリーブ油をひいたフライパンで炒める。水管は半分に切り開いて皮を取り、軽く炭火であぶり、食べやすい大きさに切る。
5 **4**と**2**を器に盛り、**1**を軽く温めて注ぎ、パセリオイルをかけ、**3**を散らす。

赤貝とアスパラのぬた
〔賛否両論　笠原〕

材料(2人分)
赤貝 … 2個
グリーンアスパラガス … 4本
塩 … 少量
紅たで … 少量
A(辛子酢味噌)
　┌ 玉味噌(※白) … 50g
　├ 千鳥酢 … 大さじ1
　├ 溶きガラシ … 小さじ1
　└ *混ぜ合わせる。

※玉味噌：白味噌200g、卵黄6個、砂糖50g、酒120ccを鍋に合わせ、弱火にかけながら練る。

1 殻から取り出した赤貝の足の身は、切り開いて掃除し、一口大に切り、切り目を入れておく。
2 グリーンアスパラガスは根元を切り落として塩ゆでし、そのままザルに上げして冷ました後、一口大の乱切りにする。
3 **1**をまな板に叩きつけて身を硬直させてから、**2**とともに器に盛り、Aの辛子酢味噌をかけ、紅たでを添える。

赤貝とキウイと春野菜のサラダ トリュフの風
〔焼貝 あこや　延田〕

材料
赤貝（刺身用におろした足の身）… 適量
キウイ … 適量
ソラ豆（塩ゆでして、薄皮を除く）… 適量
菜の花（塩ゆでして、食べやすく切る）… 適量
ソース（作りやすい量）
　┌ 卵黄 … 2個
　└ トリュフオイル … 30cc
トリュフ塩 … 少量

1　ソースを作る。ボウルに卵黄を入れて泡立て器でかき混ぜ、トリュフオイルを細くたらしながらかき立てて、マヨネーズ状にする。
2　刺身用におろした赤貝の身の片面に、格子状の細かい切り目を入れておく。
3　キウイは皮をむき、食べやすい大きさに切る。
4　**2**をまな板に叩きつけて身を硬直させ、**3**、ソラ豆、菜の花とともに器に盛り、**1**のソースをかけ、トリュフ塩をふる。

赤貝のなめろう
〔賛否両論　笠原〕

材料（2人分）
赤貝 … 2個
長ネギ … 1/5本
生姜 … 5g
みょうが … 1個
大葉 … 2枚
白ゴマ … 少量
焼き海苔（細切り）… 少量
スダチ … 1個
A ┌ 味噌 … 大さじ1
　├ みりん … 小さじ1
　└ 太白ゴマ油 … 小さじ1/2
　＊混ぜ合わせる。

1　長ネギ、生姜、みょうがはみじん切りにする。
2　殻から取り出した赤貝は、足の身とヒモに分けて掃除し、粗く刻む。
3　**1**、**2**を合わせてAで和える。
4　器に大葉を敷いて**3**を盛り、白ゴマをふる。海苔、スダチを添える。

赤貝と春菊とりんごのサラダ
生の貝はフルーツとも相性がいい。
マスタード風味のドレッシングが、
全体をまとめてくれる。

赤貝とアン肝と香り野菜
ゴマソース
さまざまな味と香り、
食感のコントラストを楽しむ一皿。

赤貝　紹興酒酒粕（香糟毛蚶）
ほのかに香る紹興酒の香りが、
赤貝を引き立てる。

赤貝　冷菜
発酵唐辛子ソース（出彩毛蚶）
唐辛子の発酵調味料（泡辣椒）や
ニンニクをきかせたソースを合わせる。
赤貝の血の香りと発酵香がベストマッチ。

赤貝と春菊とりんごのサラダ
〔賛否両論　笠原〕

材料(2人分)
赤貝 … 2個
春菊 … 1/2把
紅芯大根 … 50g
リンゴ … 50g
黄柚子皮(細切り) … 少量
塩 … 少量

A
- 太白ゴマ油 … 大さじ4
- 粒マスタード … 大さじ1
- 薄口醤油 … 大さじ1
- みりん … 大さじ1
- 酢 … 大さじ1

＊混ぜ合わせる。

1　殻から取り出した赤貝は、足の身とヒモに分けて掃除し、身は切り込みを入れて、一口大に切る。

2　春菊はさっと塩ゆでし、氷水に落とし、しっかり水気を絞った後一口大に切る。

3　紅芯大根、リンゴは細切りにし、さっと水にさらす。

4　**1**、**2**、水気を切った**3**を器に盛り合わせ、Aをかけ、黄柚子の皮を散らす。

赤貝とアン肝と香り野菜
ゴマソース
〔Hiroya　福嶌〕

材料(1人分)
赤貝 … 1個
豆苗、黄ニラ、ミツバ … 各適量
塩、アサリのだし(p.122参照) … 各適量
玉ネギのピューレ(※) … 適量
ワケギのソース(p.234参照) … 適量
ゴマのソース
- ゴマペースト(白)、ニンニクのピューレ(※)、レモン果汁、塩、アサリのだし(p.122参照) … 各適量

＊混ぜ合わせて味を調える。

アン肝(下記参照) … 適量
冷凍卵黄(次頁参照) … 1個

※玉ネギのピューレ:玉ネギを、皮付きのまま丸ごとオーブンでローストし、皮をむいてミキサーにかけ、ピューレにしたもの。
※ニンニクのピューレ:皮付きのニンニクにオリーブ油をまぶして200℃のオーブンで20分ほど火を入れた後皮をむき、ミキサーにかけ、オリーブ油と塩で味を調えたもの。

1　赤貝は殻から取り出して掃除をし、足の身を開いて食べやすい大きさに切り、軽く塩をする。

2　豆苗、黄ニラ、ミツバは軽くゆでて水気を切り、アサリのだしに浸けておく。

3　玉ネギのピューレと、ワケギのソースを合わせる。

4　**1**の赤貝の身と、汁気を切った**2**の野菜を合わせて**3**のソースで和える。

5　皿にゴマのソースを敷き、四角く切ったアン肝、**4**、冷凍卵黄を盛り付ける。

アン肝

1　アン肝はまわりの薄皮をむき、適宜に切り、水にさらした後、日本酒と水を適量合わせた中に一晩浸けておく。水気を切って、もう一度水にさらしてもみながら血を抜く。水と日本酒とともに

鍋に入れて火にかけ、80℃ほどでゆっくり加熱する。

2 煮切った日本酒、水、みりん、醤油、だし昆布、味噌を合わせて漬け地を作る。

3 **1**のアン肝に火が入ったら、**2**に漬けて一晩おく。

冷凍卵黄

1 味噌に日本酒を加え、塩分を調整して味噌床を作る。

2 卵を殻付きのまま冷凍し、冷蔵庫に移して解凍した後、卵黄を取り出し、**1**に漬け込んで1日おく。

赤貝 紹興酒酒粕（香糟毛蚶）
〔麻布長江 香福筵　田村〕

材料（作りやすい量）
赤貝 … 10個
香糟（紹興酒酒粕）… 5g
水 … 400cc
塩 … 適量
A ┌ 塩 … 小さじ2/3
　└ 三温糖 … 小さじ1

1 香糟と分量の水を合わせて30分蒸す。蒸し器から取り出して、一晩おく。

2 **1**を漉し、漉したものに**A**を加えて漬け汁とする。

3 赤貝を殻から取り出し、ヒモをはずす。ヒモは掃除して、食べやすい大きさに切る。足の身は横半分に切り開いて肝を取り除き、薄い塩水で洗い、端に切り込みを入れておく。

4 **3**の赤貝の身とヒモを**2**の漬け汁に、半日漬けておく。

赤貝 冷菜 発酵唐辛子ソース（出彩毛蚶）
〔麻布長江 香福筵　田村〕

材料（4人分）
赤貝 … 4個
塩 … 適量
ソース
　┌ 三温糖 … 小さじ1
　│ 醤油 … 小さじ1
　│ 泡辣椒（パオラージャオ）（※）… 小さじ1
　│ ニンニク（すりおろし）… 小さじ1/4
　│ 毛湯（マオタン）（中国・四川料理のガラスープ）… 小さじ2
　│ 香菜の茎（みじん切り）… 小さじ1
　│ 長ネギ（みじん切り）… 小さじ1
　└ 黒酢 … 小さじ1/2
※泡辣椒：四川料理や湖南料理で使われる、唐辛子の発酵調味料。

1 赤貝を殻から取り出し、ヒモをはずす。ヒモは掃除して、3〜4等分に切る。足の身は横半分に切り開いて肝を取り除き、片面に細かい包丁目を入れる。合わせて薄い塩水で洗い、水気を切る。

2 ソースの材料をすべて合わせる。

3 沸騰した湯で**1**の赤貝の身をさっとゆで、氷水に落とし、水気を切る（ヒモは生のまま）。

4 赤貝の殻に**3**の身とヒモを盛り付け、**2**のソースをかける。

トリ貝

とり貝と三つ葉 わさび和え
トリ貝とミツバの歯応えの違いが楽しめる。

とり貝の花わさび和え
花わさびの辛みと
トリ貝の食感がおいしい組み合わせ。
お酒によく合うおつまみ。

トリ貝と鶏肉
海と陸の"トリ"の組み合わせ。
間をつなぐのは、野菜とキノコ。

トリ貝と竹の子 木の芽のソース
タケノコと木の芽、
花山椒を合わせた春らしい一皿。

とり貝とフルーツトマトのマリネ
薬味や酸味を上手に使うのも、
貝の持ち味を活かす方法のひとつ。

とり貝と三つ葉 わさび和え
〔賛否両論　笠原〕

材料(4人分)
生トリ貝…5個
ミツバ…2把
わさび(すりおろし)…適量
塩…少量
太白ゴマ油…大さじ1
造り醤油(濃口醤油とだしを同量ずつ合わせる)…少量
A ┌ だし…300cc
　├ 醤油…20cc
　└ みりん…20cc
糸がつお…少量

1 トリ貝はむいて足の身とヒモに分けて掃除し、さっとあぶる。一口大に切る。
2 ミツバはさっと塩ゆでして氷水に落とし、水気を切る。
3 Aを合わせてひと煮立ちさせて冷まし、**2**を浸けておく。
4 **3**の水気を絞って5cm長さに切り、**1**と合わせ、造り醤油、おろしわさび、太白ゴマ油で和えて、器に盛る。糸がつおをのせる。

とり貝の花わさび和え
〔焼貝 あこや　延田〕

材料
生トリ貝…適量
花わさび…適量
塩、醤油…各適量

1 トリ貝はむいて掃除し、切り開いた足の身をまな板に叩きつけて硬直させる。
2 花わさびは塩もみした後、保存容器に入れて80℃の湯をひたひたに注いで箸で混ぜ、蓋をしてそのままおいて、辛みを出しておく。
3 **2**の汁気を切って食べやすく切り、醤油と塩を各少量加えて和え、**1**のトリ貝を合わせて器に盛る。

トリ貝と鶏肉
〔Hiroya　福嶌〕

材料(1人分)
生トリ貝…2個
鶏もも肉…適量
白菜、シイタケ、エノキ…各適量
鶏のだし(p.166参照)…適量
アサリのだし(p.122参照)…適量
ドライトマト…適量
塩、コショウ、オリーブ油…各適量
パセリオイル(パセリとオリーブ油を合わせてミキサーにかけ、漉したもの)、レモン果汁…各少量

1 トリ貝はむいて掃除し、切り開いた足の身を炭火であぶる。
2 鶏もも肉は塩、コショウをし、オリーブ油をひいたフライパンで焼く。食べやすい大きさに切る。
3 白菜は鍋に入れ、鶏のだしを少量加えてオーブンに入れ、くたくたになるまで火を入れる。シイタケは軸を切り落とし、オリーブ油を塗って炭火で焼く。エノキはオーブンで軽くローストする。
4 鍋に鶏のだしとアサリのだしを合わせ、掃除

したトリ貝のヒモとドライトマトも入れる。**3**を入れて軽く温め、器に盛る。上に**1**と**2**を盛り、パセリオイルをふり、レモン果汁を少量ふりかける。

とり貝とフルーツトマトのマリネ
〔賛否両論　笠原〕

材料(4人分)
生トリ貝 … 5個
フルーツトマト … 3個
大葉 … 5枚
生姜 … 15g
みょうが … 2個
塩 … 少量
A ┌ 太白ゴマ油 … 大さじ4
　├ 薄口醤油 … 大さじ1
　└ 酢 … 大さじ1
　　＊合わせる。
黒コショウ … 少量

1　トリ貝はむいて足の身とヒモに分けて掃除し、さっと塩ゆでして、氷水に落とす。水気をふき取り、食べやすい大きさに切る。

2　フルーツトマトはヘタを取り、くし形に切る。大葉は粗みじん切りにし、生姜はすりおろす。みょうがは小口切りにする。

3　**1**、**2**を**A**で和えて器に盛り、黒コショウをふる。

トリ貝と竹の子　木の芽のソース
〔Hiroya　福嶌〕

材料(1人分)
生トリ貝 … 2個
タケノコ … 1/2本
花山椒(生) … 適量
塩 … 適量
A ┌ 木の芽、田舎味噌、ゆで卵、新玉ネギのピュレ(※)、
　└ 塩 … 各適量
※新玉ネギのピュレ:新玉ネギを、皮付きのまま丸ごとオーブンでローストし、皮をむいてミキサーにかけ、ピューレにしたもの。

1　タケノコはアルミホイルで包み、200℃のオーブンで火を入れる。

2　**1**を食べやすく切り分けて塩をし、炭火で焼く。

3　トリ貝はむいて掃除し、食べやすく切り分け、軽く炭火であぶる。

4　Aは合わせてミキサーにかける。

5　**4**のソースを器に敷き、**2**と**3**を盛り合わせ、花山椒をのせる。

 # マテ貝

マテ貝 四川泡菜と保寧酢ジュレ
（保寧　菜鯉子）
パオニン　ツァイチョンズ

シンプルに、貝の味を楽しむ。マテ貝のように旨みの強い貝には、
四川黒酢の保寧酢の穏やかな酸味がよく合う。

マテ貝 にんにく蒸し
（蒜茸蒸蟶子）
スワンロンジョンチョンズ

揚げニンニクが香ばしくておいしい。

マテ貝 香ばし煎り焼き
オイスターソース（蠔油蟶子）
ハイヨウチョンズ

長い形をそのまま活かして作った。
表面にコーンスターチをまぶして煎り焼くことにより、
調味料のからみがよくなる。香ばしく焼けた香りが、
オイスターソースによく合う。

まて貝の桜海老パン粉焼き
アマゾンカカオ風味

マテ貝の強い旨みを引き出すために、オーブン焼きにした。
マテ貝は甲殻類との相性もよいため、
桜エビのパン粉をかけ、更に桜エビと相性のよい
カカオで味わいに複雑味をもたせた。

マテ貝　四川泡菜と保寧酢ジュレ
（保寧泡菜蟶子）

〔麻布長江 香福筵　田村〕

材料（4人分）
マテ貝（オオマテ貝）… 4本
泡菜（乳酸発酵させた四川ピクルス。5mm角に切る）
　… 適量
芽ネギ… 適量
保寧酢ジュレ（作りやすい量）
┌ 清湯（中国料理の澄んだスープ）… 350cc
│ みりん… 50cc
│ 薄口醤油… 40cc
│ 板ゼラチン… 7g（水に浸けて戻しておく）
└ 保寧酢（四川黒酢）… 30cc

1　マテ貝は殻から取り出し、身に付いている細長い薄膜を取り除く。沸騰させた湯で15秒ほどさっとゆで、氷水にとって冷やす。

2　保寧酢ジュレを作る。清湯、みりん、薄口醤油を鍋に合わせて沸騰させる。水気を切った板ゼラチンを加え、氷水にあてて冷やす。容器に移して冷蔵庫で冷やし固める。固まったらスプーンで崩し、保寧酢を加えてよく混ぜる。

3　**1**のマテ貝を2cm幅に切って殻の上に盛り付け、**2**の保寧酢ジュレをかけ、泡菜と芽ネギを散らす。

マテ貝　にんにく蒸し
（蒜茸蒸蟶子）

〔麻布長江 香福筵　田村〕

材料（3人分）
マテ貝（オオマテ貝）… 3本
ニンニクソース
┌ 揚げニンニク（※）… 大さじ3
│ 長ネギ（みじん切り）… 大さじ1
│ 醤油… 5g
│ オイスターソース… 3g
│ ゴマ油… 5g
│ 塩… 少量
└ 春雨（水戻しした後、ゆでたもの）… 15g
万能ネギ（小口切り）… 適量

※揚げニンニク：ニンニクをみじん切りにして、10分流水にあてた後、水気を取り、160℃の油で香ばしく揚げたもの。

1　マテ貝は、殻を開けずに殻の間から薄膜を取り除き、殻の間から包丁を入れて身だけを半分に切り、殻に身を付けたまま開く（両側の殻に身が半分ずつ付いた状態になる）。

2　ニンニクソースの材料を混ぜ合わせる。

3　**1**のマテ貝の上に**2**のニンニクソースをのせ、蒸気の立った蒸し器に入れて強火で3分蒸す。万能ネギをのせる。

マテ貝 香ばし煎り焼き
オイスターソース（蠔油蟶子）

〔麻布長江 香福筵　田村〕

材料（4人分）
マテ貝（オオマテ貝）… 4本
タネツケバナ … 適量
コーンスターチ … 大さじ2
大豆油（またはサラダ油）… 少量
A（合わせ調味料）
　┌醤油 … 5g
　│オイスターソース … 6g
　│醪糟（ラオザオ）（※）… 5g
　│毛湯（マオタン）（中国・四川料理のガラスープ）… 15cc
　└＊合わせておく。
※醪糟（酒醸）：もち米と麹を発酵させて作る中国の天然調味料。

1 マテ貝は殻から取り出し、身に付いている細長い薄膜を取り除く。
2 1のマテ貝の身にコーンスターチをまぶす。大豆油を少量ひいた鍋に入れ、中火で両面をカリッと煎り焼く。
3 2の鍋の中に、Aの合わせ調味料を入れ、強火でからめる。
4 器に盛り、タネツケバナを添える。

まて貝の桜海老パン粉焼き
アマゾンカカオ風味

〔mondo　宮木〕

材料（1人分）
マテ貝（オオマテ貝）… 2本
桜エビ（素揚げしたもの）… 15g
ドライパン粉 … 25g
ニンニク … 1g
アマゾンカカオ … 適量

1 マテ貝を殻からはずし、砂などを流水で流してきれいにし、水気をふき取る。
2 桜エビとパン粉、ニンニクを合わせてフードプロセッサーにかけ、細かい桜エビのパン粉を作る。
3 1のマテ貝に2のパン粉をふりかけ、160℃のオーブンで10分弱加熱する。
4 皿に盛り、アマゾンカカオをふりかける。

ムール貝

ムール貝のファルシ
ムール貝を、ほぼレアな状態で仕上げる。
もちろん新鮮であることが条件。

ムール貝のレモングラス蒸し
レモングラスの香りがたまらない、
貝を使った定番料理。ハマグリやアサリでも。

ムール貝と
ピンクグレープフルーツのマリネ

ピンクグレープフルーツが、
爽やかな風味を加えてくれる。
油は提供するときに加えるのがポイント。

ムール＆フリット from モン・サン・ミッシェル

ベルギー伝統のムール＆フリットを、
モン・サン・ミッシェル産のムール貝で。
ジャンクに贅沢に。

ムール貝のレモングラス蒸し
〔マイマイ　足立〕

材料(4人分)
- A
  - ムール貝 … 15個
  - レモングラス(茎。斜め切り) … 2本分
  - バイマックルー(小) … 10枚
  - 生姜(薄切り) … 6〜7枚
  - 日本酒 … 1/2カップ
  - ニンニクオイル(下記参照) … 小さじ1
- たれ(塩・コショウ・ライム)
  - 塩 … 適量
  - 黒コショウ … 適量
  - ライム … 1/4個
  - ＊塩とコショウを合わせ、ライム果汁を絞り入れる。
- たれ(ヌクチャム。下記参照) … 適量

1 ムール貝は洗って、殻に付いた汚れを落としておく。レモングラスは茎の下の部分を叩いて香りを出し、ぶつ切りにする。

2 Aの材料を土鍋(またはフライパン)に入れ、蓋をして中火にかける。

3 沸騰してきたら蓋を開け、中の材料を混ぜる。

4 ムール貝の殻が開いたら火を止める。器に盛り、塩・コショウ・ライムのたれや、ヌクチャムを添える(ムール貝をつけながら食べる)。

ニンニクオイル(作りやすい量)
小さめのフライパンにサラダ油大さじ4とニンニクのみじん切り4カケ分を入れ、ニンニクがほんのり色づくまで中火にかける。耐熱の容器に移し、余熱でニンニクを色づかせる。

ヌクチャム(作りやすい量)
- ヌクマム … 大さじ1
- レモン汁 … 大さじ1
- グラニュー糖 … 大さじ1½
- 湯 … 大さじ3
- ニンニク(みじん切り) … 小さじ1/2
- 赤唐辛子(みじん切り) … 少量

グラニュー糖を分量の湯で溶かし、残りの材料を加えて混ぜる。

ムール貝のファルシ
〔Hiroya　福嶌〕

材料(1人分)
- ムール貝 … 6個
- ニンニク … 1カケ
- A
  - 菜の花(ゆでたもの) … 3本
  - スナップエンドウ(ゆでたもの) … 適量
  - トマト … 適量
  - カブ … 適量
- 甘夏 … 適量
- フキノトウのフリット(フキノトウを細かく刻んで、油で揚げたもの) … 適量
- オリーブ油、塩 … 各適量

1 鍋を火にかけ、水滴をはじくくらいまで熱したら、ごく少量の水とつぶしたニンニクを入れ、ムール貝を入れて蓋をし、鍋をゆすって転がしながら加熱して殻を開かせ、ほぼレアな状態で鍋から取り出す。蒸し汁は冷ましておく。

2 Aの野菜は5mm角ほどに切っておく。房から取り出した甘夏の実も、小さく切り分けておく。

3 冷めた**1**の蒸し汁を**2**に加えて和え、オリーブ油と塩で味を調える。

4 **1**のムール貝を器に盛り、**3**をのせ、まわりにフキノトウのフリットをふりかける。

ムール貝と
ピンクグレープフルーツのマリネ
〔Äta 掛川〕

材料(作りやすい量)
ムール貝 … 12個
ピンクグレープフルーツ(房から取り出した実)
　… 6房分
セロリ(細切り) … 25g
玉ネギ(細切り) … 25g
ニンジン(細切り) … 25g
A ┌ シャンパンヴィネガー … 100g
　│ 白ワイン … 100g
　│ ハチミツ … 30g
　└ 塩 … 適量
オリーブ油 … 100g
ケッパーベリー … 3個
フェンネルの葉 … 少量

1 ムール貝はヒゲ(足糸)を引き抜いて取り除き、殻の汚れを取る(フジツボなどを削り取る)。

2 鍋に少量のオリーブ油(分量外)をひき、セロリ、玉ネギ、ニンジンを入れて火にかける。ほどよく火が入ったら、ムール貝とAを入れて蓋をする。

3 ムール貝の殻が開いたら火を止め、身の付いていない側の殻をはずして除く。保存容器にすべて移し、冷蔵庫で保存しておく(ここでは油は加えない)。

4 提供するときに、**3**の汁にオリーブ油を加えて合わせ、半分にちぎったピンクグレープフルーツの実、ケッパーベリー、フェンネルの葉も加えて器に盛る。

ムール&フリット
from モン・サン・ミッシェル
〔Äta 掛川〕

材料(作りやすい量)
ムール貝(モン・サン・ミッシェル産) … 200g
A ┌ 無塩バター … 25g
　│ オリーブ油 … 35g
　│ 白ワイン … 50g
　│ セロリの葉(細切り) … 3g
　└ エシャロット(輪切り) … 10g
フライドポテト(ジャガイモの皮をむいて細切りにし、油で
　カリッと揚げたもの) … 200g
マヨネーズ … 適量
塩、パプリカパウダー(あれば) … 各少量

1 ムール貝はヒゲ(足糸)を引き抜いて取り除き、殻の汚れを取る(フジツボなどを削り取る)。

2 **1**のムール貝とAをすべて鍋に合わせて強火にかけ、3〜4分火を入れる(あまり火を入れすぎると身が硬くなる。また、入れなさすぎてもおいしくない)。

3 **2**を器に盛り、フライドポテト(塩を添える)とマヨネーズ(あればパプリカパウダーで飾る)をたっぷり添える。

ムール貝のベニエ
身のやわらかい貝は、衣を付けて揚げると、
外側にカリッとした食感が加わっておいしい。

ムール貝とフレーグラ
白ワインの量はごく少量にして、
できるだけ貝のだしを活かすのがポイント。
塩もムール貝自体の塩味のみ。
旬の夏の時季限定のムール貝料理。

ムール貝の
ブルーチーズ・グラタン
ムール貝とブルーチーズの組み合わせがおいしい！
ワインに合わせてどうぞ。

ムール貝とじゃが芋のティエッラバレーゼ
イタリアで食べた貝料理でいちばん好きな料理。
イタリアの味をそのまま再現した。
ムール貝の身というより、
だしを吸わせた野菜を楽しむ。

ムール貝のベニエ
〔Äta　掛川〕

材料（作りやすい量）
ムール貝 … 12個
白ワイン … 50cc
ベニエ生地
  ┌ ビール … 50g
  │ 小麦粉 … 30g
  └ ＊合わせる。
揚げ油 … 適量
アイヨリソース
  ┌ マヨネーズ … 適量
  │ 一味唐辛子、サフラン、パプリカパウダー … 各少量
  └ ＊混ぜ合わせる。
ラディッシュ（実と葉に分け、実は薄切りにする）… 適量

1 ムール貝はヒゲ（足糸）を引き抜いて取り除き、殻の汚れを取る（フジツボなどを削り取る）。
2 1のムール貝を鍋に入れ、白ワインを加えて蓋をして火にかける。殻が開いたら身を取り出す。
3 2にベニエ生地をつけ、200℃の油で揚げる。
4 3をムール貝の殻にのせて盛り付け、アイヨリソースを添えて、ラディッシュを散らす。

ムール貝とフレーグラ
〔Äta　掛川〕

材料（作りやすい量）
ムール貝 … 12個
フレーグラ（サルデーニャのパスタの一種）… 30g
セロリ … 30g
ニンニク（みじん切り）… 1カケ分
チョリソーソーセージ（斜め切り）… 20g
トマト（ざく切り）… 70g
オリーブ油 … 30cc+10cc
白ワイン … 30cc
イタリアンパセリ（粗みじん切り）… 3g

1 ムール貝はヒゲ（足糸）を引き抜いて取り除き、殻の汚れを取る（フジツボなどを削り取る）。フレーグラはゆでておく。セロリは細切りにして、さっと下ゆでしておく。
2 鍋にニンニクとオリーブ油30ccを入れて火にかける。香りが出たら、チョリソーソーセージを入れ、脂を出すように炒める。トマト、フレーグラ、セロリを加え、ムール貝を入れ、白ワインを加えて蓋をする。
3 ムール貝の殻が開いたら、オリーブ油10ccをまわしかけ、イタリアンパセリを加え、器に盛る。

※夏場のムール貝は身が大きく、塩味がちょうどよい。冬場になると身が小さくなり、その分塩味が凝縮されて強くなるのでこの料理は難しい。
※アサリやホタテを加え、味のバランスをとる作り方もある。

ムール貝の
ブルーチーズ・グラタン
〔Äta 掛川〕

材料（作りやすい量）
ムール貝 … 12個
白ワイン … 50g
ムール貝のベシャメルソース
├ 無塩バター … 15g
├ 小麦粉（薄力粉）… 15g
├ ムール貝の白ワイン蒸しの汁
│　（下記作り方**2**で出た汁）… 65g
└ 生クリーム … 30g
ブルーチーズ（好みのものでよい。ここではスペインのケソ・デ・バルデオンを使用している）… 10g
シュレッドチーズ … 適量
パン粉 … 適量

1 ムール貝はヒゲ（足糸）を引き抜いて取り除き、殻の汚れを取る（フジツボなどを削り取る）。

2 **1**のムール貝を鍋に入れ、白ワインを加え、蓋をして火にかける。殻が開いたら取り出し、身の付いていない側の殻をはずして除く。蒸し汁は取りおく（ベシャメルに使用する）。

3 ムール貝のベシャメルソースを作る。鍋にバターと小麦粉を合わせて火にかけ、ヘラで混ぜながら弱火で火を入れる。ペースト状になったらムール貝の蒸し汁と生クリームを合わせたものを、少しずつ加えながら混ぜる。

4 **2**のムール貝の上に、**3**のベシャメルソース、ブルーチーズ、シュレッドチーズをのせてパン粉をふり、350℃のオーブンで3〜4分、こんがりと焼き目がつくまで焼く。

ムール貝とじゃが芋の
ティエッラバレーゼ
〔mondo 宮木〕

材料（4人分）
ムール貝 … 200g　　ニンニク … 1カケ
ミニトマト … 200g　　イタリアンパセリ … 適量
ジャガイモ … 200g　　鶏のブロード … 100cc
玉ネギ … 3/4個　　　白ワイン … 少量
米 … 150g　　　　　　オリーブ油 … 適量
ペコリーノ・チーズ … 適量

1 ムール貝の表面を、金ダワシでこすってきれいにする。ヒゲ（足糸）は取り除く。

2 鍋を熱してオリーブ油をひき、**1**のムール貝を入れ、白ワインを加えて蓋をする。貝の口が開いたらザルにあける。半分の貝は殻からはずしておく。蒸し汁はシノワで漉して取りおく。

3 ジャガイモは皮をむき、縦4等分のくし形切りにした後、横5mm厚さに切る。ミニトマトはヘタを取り、半割にする。玉ネギは薄切りにする。ニンニクとイタリアンパセリはみじん切りにする。

4 蓋のできる耐熱の器に半量の玉ネギとイタリアンパセリ、ニンニクを広げて入れる。その上に半量のジャガイモ、ミニトマトをのせ、ペコリーノ・チーズをふりかける。殻を取ったムール貝の半量ものせ、米を全体に広げてのせる。

5 **4**に残りの玉ネギ、ジャガイモ、ミニトマト、ペコリーノ・チーズ、殻を取ったムール貝を順にのせ、残りのイタリアンパセリとニンニクものせる。**2**で取りおいた蒸し汁と鶏のブロードを合わせて加える。

6 **5**を直火にかけ、沸いたら蓋をして、180℃のオーブンで15分加熱する。

7 器の蓋をはずして（水分が極端に少なくなっていれば、水を少量足す）**2**の殻付きのムール貝をのせ、再度オーブンで10分加熱する。

シジミ・沖シジミ

しじみ味噌汁の茶碗蒸し
シジミのだしに、牛乳や味噌で旨みをプラス。
殻をむいておけば、小さいシジミも食べやすい。

しじみ

しじみ 花韮 台湾たくわん炒め
（花韮菜脯蜆仔）
<small>ファジュウツァイプゥシエンズ</small>

たくわんを使った炒め物は、
台湾ではおなじみ。

しじみ にんにく醤油漬け
（鹹蜆仔）
<small>シェンシエンズ</small>

台湾料理の定番シジミ料理。
シジミに火を入れすぎないのがポイント。

シジミのスープ

旨みたっぷりのシジミのスープに、
酸味を加えるのが特徴のこのスープ。
トマトの酸味やディルの風味が爽やか。

貝料理バリエーション 201

しじみ味噌汁の茶碗蒸し
〔賛否両論　笠原〕

材料（4人分）
シジミ … 300g
卵 … 2個
ユリ根 … 20g
ミツバ … 3本
A ┌ 水 … 500cc
　│ 酒 … 100cc
　└ だし昆布 … 5g
B ┌ 牛乳 … 60cc
　│ 味噌 … 大さじ1
　└ みりん … 大さじ1
水溶き片栗粉 … 少量
黄柚子 … 少量

1　シジミは砂抜きした後、殻をこすり洗いし、Aとともに鍋に入れて火にかける。口が開いたらアクを取り、漉して、シジミと汁に分ける。シジミは殻から身を取り出しておく。汁は冷ます。

2　ユリ根は一口大に切り、さっと蒸しておく。ミツバは1cm長さに切る。

3　**1**の汁を300cc取り、Bと卵を加えて混ぜ合わせ、ザルで漉す。

4　器に**2**とシジミの身、**3**の卵液を入れ、蒸気の立った蒸し器に入れて、弱火で15分ほど蒸す。

5　残った**1**の汁を鍋に入れて火にかけ、水溶き片栗粉でとろみをつけてあんにし、蒸し上がった**4**にかける。すりおろした黄柚子の皮を散らす。

しじみ　にんにく醤油漬け
（鹹蜆仔〈ジェンシェンズ〉）

〔麻布長江 香福筵　田村〕

材料（作りやすい量）
シジミ（砂抜きしたもの）… 1kg
ニンニク（みじん切り）… 10粒分
タカノツメ … 3本
A ┌ 紹興酒 … 200cc
　│ 醤油 … 280cc
　│ 砂糖 … 30g
　│ 黒酢 … 15cc
　└ 甘草 … 10g

1　鍋にシジミと水1ℓを入れて弱火にかけ、ゆっくりと温度を上げる。

2　55℃ほどになって殻が少し開いたら、鍋から取り出す。ゆで汁は取りおく。

3　**2**のゆで汁800ccにニンニク、タカノツメ、Aを加える。

4　**2**のシジミを**3**に漬ける（半日漬けたら食べられる）。2〜3日で食べ切る。

しじみ 花韮 台湾たくわん炒め
（花韭菜脯蜆仔）

〔麻布長江 香福筵　田村〕

材料（3人分）
シジミ（砂抜きしたもの）… 200g
花ニラ（5cm長さに切る）… 80g
菜脯（台湾たくわん。1cm角に切る）… 30g
塩、大豆油（またはサラダ油）… 各少量
A ┌ 葱油（ネギの香りを移した香味油）… 大さじ1
　└ 長ネギ（みじん切り）、生姜（みじん切り）… 各少量
B ┌ 紹興酒 … 大さじ2
　├ 酒 … 大さじ2
　└ 清湯（中国料理の澄んだスープ）… 大さじ4
C ┌ ニンニク（すりおろし）… 小さじ1/2
　└ 醤油 … 小さじ2

1　沸騰した湯に塩と大豆油を少量入れ、花ニラをさっとゆでる。

2　鍋にAを入れ、香りを出すように炒める。Bを加え、シジミを入れて蓋をし、酒蒸しにする。

3　殻が開いてきたら、菜脯、C、花ニラを加え、強火で炒める。

4　全体になじんだら、器に盛り付ける。

シジミのスープ

〔マイマイ　足立〕

材料（4人分）
シジミ（洗って砂抜きしたもの）… 300g
ニンニク（みじん切り）… 小さじ1
サラダ油 … 大さじ1
水 … 600cc
A ┌ 砂糖 … 小さじ1/2
　├ ヌクマム … 小さじ2
　└ 塩 … 小さじ1/4
トマト … 1/2個
ディル … 1/2パック
黒コショウ … 適量

1　トマトは種を除き、1cm角に切る。ディルは葉をつんでおく。

2　鍋にサラダ油とニンニクを入れて炒める。

3　ニンニクの香りがしてきたらシジミを加え、ひと混ぜしたら分量の水を加える。沸騰したら弱火にし、シジミの殻が開いたらトマトを加えてさっと煮て、Aで調味する。

4　器に盛り、ディルをのせ、上から黒コショウをふる。

しじみとせりのリゾット風
やさしい味の、リゾット風ご飯。
炊いたご飯で作れるので、
短時間ででき上がる。

しじみ スープ米粉(湯蜆仔米粉)
　　　　　　　　　タンシェン ズ ミィフェン
シジミの旨みを最大限に引き出し、
黄ニラの風味とともに米粉に吸わせる。
シンプルでおいしい食べ方。

**沖しじみ　うるい
澄ましスープ**（清湯沖蜆_{チンタンチョンシェン}）

三重県産の沖シジミを使用。
すっきりとしたスープ仕立てにすると、
貝の甘みがよくわかる。

沖しじみ　福建風焼き素麺（沖蜆炒麺線_{チョンシェンチャオミェンツェン}）

一見焼きそばのように見えるが、そうめんを揚げて作る。
貝や野菜の味が溶け込んだスープを吸った麺が、とてもおいしい。
福建省では、日本のものより長いそうめんが使われる。

しじみとせりのリゾット風
〔賛否両論　笠原〕

材料(4人分)
シジミ … 300g
セリ … 1/3把
長ネギ … 1/3本
シイタケ … 2枚
バター … 20g
ご飯 … 300g

A ┌ 水 … 500cc
　│ 酒 … 100cc
　└ だし昆布 … 5g

B ┌ 薄口醤油 … 大さじ1
　└ みりん … 大さじ1

黒コショウ … 少量
ばら干し海苔 … 少量

1 シジミは砂抜きした後、殻をこすり洗いし、Aとともに鍋に入れて火にかける。口が開いたらアクを取り、漉して、シジミと汁に分ける。シジミは殻から身を取り出しておく。

2 セリは小口切りに、長ネギとシイタケはみじん切りにする。

3 フライパンにバターを入れ、長ネギ、シイタケを入れて弱火で炒める。

4 **3**に**1**の汁とご飯を加え、ほぐしながら煮る。

5 **4**にシジミの身とセリを加えさっと煮て、Bで味を調える。器に盛り、黒コショウをふり、バラ海苔をのせる。

しじみ　スープ米粉（湯蜆仔米粉）
〔麻布長江 香福筵　田村〕

材料(2人分)
シジミ（砂抜きしたもの） … 150g
シジミスープ（下記参照） … 300cc
米粉（ビーフン） … 50g
黄ニラ … 35g
生姜（糸切り） … 1g
陳皮（水に浸けて戻し、裏の白い部分を削ぎ、糸切りにしたもの） … 1g
塩、大豆油（またはサラダ油） … 各少量

1 鍋にシジミスープとシジミ、生姜、陳皮を入れてゆっくりと加熱する。

2 殻が開き、旨みが出たら、少量の塩で調味する。

3 沸騰した湯に米粉と少量の大豆油を入れ、火を止めて7〜8分放置する。

4 **3**から米粉を取り出し、器に入れておく。

5 **2**に黄ニラを入れ、**4**の器に注ぎ入れる。

シジミスープ

1 砂抜きしたシジミ200gを、3〜4時間常温におき、冷凍保存袋に入れて冷凍する（旨み成分を増加させるため）。

2 鍋に水500ccと**1**のシジミを入れ、弱火にかけ、温度を上げる。沸騰したら漉して、スープをとる。

沖しじみ　うるい　澄ましスープ（清湯沖蜆）
〔麻布長江 香福筵　田村〕

材料(1人分)
沖シジミ（砂抜きしたもの） … 3個
ウルイ … 適量
清湯（中国料理の澄んだスープ） … 200cc
塩 … 少量

1 沖シジミと清湯を鍋に入れ、弱火にかける。

2 1の沖シジミの殻が開いたら、ウルイ、塩を加え、沸騰直前まで温度を上げる。

3 器に注ぐ。

沖しじみ 福建風焼き素麺
（沖蜆炒麺線 チョンシェンチャオミェンツェン）

〔麻布長江 香福筵　田村〕

材料（2人分）
沖シジミ…10個
そうめん…2束
もやし（ヒゲ根を取り除く）…40g
キャベツ（1cm幅の細切り）…40g
黄ニラ（5cm長さに切る）…20g
大豆油（またはサラダ油）…少量
揚げ油…適量
A ┌ 毛湯 マオタン（中国・四川料理のガラスープ）…100cc
　└ 酒…大さじ2

B ┌ 葱油（ネギの香りを移した香味油）…大さじ1
　├ 塩…ひとつまみ
　└ 醤油…小さじ1

1 そうめんを、160℃の油で香ばしく揚げる（写真1）。油を切り（写真2）、沸騰した湯に90秒入れてゆでる（写真3）。ザルにあけ（写真4）、ボウルに入れて流水をかけながらもみ洗いし、油のぬめりを取る（写真5）。しっかりと水気を切る。

2 油をあけた1の鍋に大豆油を少量ひいてもやしとキャベツを入れ（写真6）、香りが出るまで炒める。沖シジミとAを加え（写真7）、蓋をして（鍋が大きければ、小さめのボウルなどをかぶせてもよい。写真8）酒蒸しにする。

3 殻が開いたら鍋の蓋をはずし、1のそうめんを入れ（写真9）、Bを加え（写真10）、煮汁をそうめんに吸わせるようにしながら炒める。仕上げに黄ニラを入れて炒め（写真11、12）、器に盛る。

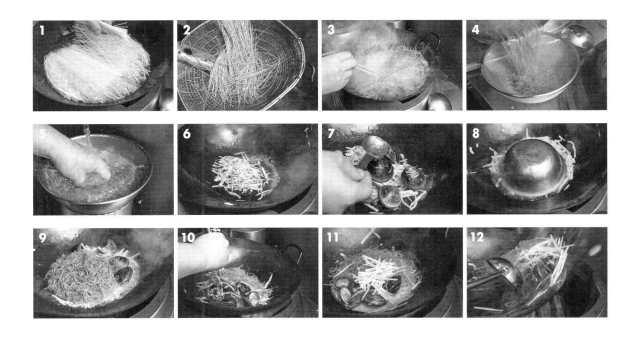

サザエ

さざえ　胡麻、豆豉、辛味ソース
オーブン焼き（焗醸香螺 ジュニャンシャンルオ）
濃厚なソースがサザエによく合う。

さざえの壺焼き　ルコラソース
ルコラにゴマやニンニクを加えた
濃厚なソースがおいしい。

サザエと竹の子　ふき味噌ソース
春らしい素材の組み合わせ。
ふき味噌の苦みが、サザエによく合う。

さざえのトロフィエ
サザエの身質を活かすため、
パスタは咀嚼の必要なトロフィエを選んだ。
少し土っぽい香りのあるサザエには、
やはり土の香りをもつビーツがよく合う。
サザエの肝とバジリコの相性もとてもよい。

さざえの壺焼き ルコラソース
〔焼貝 あこや　延田〕

材料(1個分)
サザエ … 1個
ルコラソース(作りやすい量)
　┌ルコラ … 1束(100g)
　│オリーブ油 … 50g
　└煎りゴマ … 25g
ニンニク(すりおろし)
　… 1カケ分
濃口醤油、酒
　… 各適量

1 ルコラソースの材料を、すべて合わせてミキサーにかける。

2 殻から取り出したサザエは、壺焼き用に下処理をして切り分ける(p.67参照)。

3 鍋に**2**のサザエの中身と**1**のルコラソースを適量入れて火にかけ、和えるように炒め合わせる。火が通ったらサザエの殻に戻し入れ、焼き台にのせて少しグツグツさせてから、器に盛る。

さざえ 胡麻、豆豉、辛味ソース　オーブン焼き （焗醸香螺 ジュニャンシャンルオ）
〔麻布長江 香福筵　田村〕

材料(2個分)
サザエ … 2個(1個150g)
玉ネギ(みじん切り) … 20g
香菜(みじん切り) … 5g
クワイ(みじん切り) … 1個分
大豆油(またはサラダ油) … 適量
ソース
　┌三温糖 … 1g
　│醤油 … 7g
　│豆板醤(トウバンジャン) … 4g
　│豆豉醤(トウチジャン) … 10g
　│生姜(みじん切り) … 2g
　│ニンニク(すりおろし) … 1g
　│芝麻醤(ジーマージャン) … 15g
　└紹興酒 … 5g

1 沸騰した湯にサザエを入れて火を止め、そのまま3分おいて、余熱で火を入れる。身に付いたフタを取り、貝を取り出す。身と肝を切り離し、身は2〜3等分に切る。

2 大豆油をひいたフライパンで、玉ネギを透明になるまで炒める。

3 **2**にソースの材料をすべて加えて混ぜ合わせ、香菜とクワイも加える。

4 サザエの身と肝を**3**のソースで和えて、殻に戻し入れる。250℃のオーブンで7分ほど焼く。器に盛る。

サザエと竹の子　ふき味噌ソース
〔Hiroya　福嶌〕

材料(1人分)
サザエ … 1個
フキ、タケノコ … 各適量
オリーブ油 … 適量
ふき味噌(次頁参照)、ジュ・ド・ヴィアンド(次頁参照)
　… 各適量
セリ(軽くゆでて水気を切り、塩、レモン果汁、オリーブ油を少量加えて和えたもの) … 適量
フキノトウのフリット(フキノトウを細かく刻んで、180℃ほどの油で揚げ、キッチンペーパーでしっかり油を絞る)、
　木の芽 … 各少量

1 サザエは殻付きのまま網にのせ、炭火の上で焼く。火が入ったら(泡が出てくるのが目安)殻から

取り出し、身と肝に分ける。身は食べやすい大きさに切る。汁は取りおく。

2 タケノコはアルミホイルで包んでオーブンで焼いた後、皮をむいて食べやすい大きさに切り分け、オリーブ油をひいたフライパンでソテーする。

3 ふき味噌とジュ・ド・ヴィアンド、**1**のサザエの汁を、バランスを見ながら合わせる。**1**の肝は砂のある部分を除いてから、細かく刻んで加える。

4 **3**で**2**のタケノコ、**1**のサザエの身を和える。

5 器にセリを敷き、サザエの殻とともに**4**を盛り付け、フキノトウのフリットと、木の芽を散らす。

ふき味噌

フキノトウを細かく刻み、水にさらした後、水気を絞り、オリーブ油で炒める。ある程度なじんできたら味噌、醤油、みりんを加え、更に炒める。

ジュ・ド・ヴィアンド

鶏ガラと玉ネギ、ニンニクを天板に合わせてのせ、200℃のオーブンでしっかり色づくまで焼く。すべて鍋に移し、かぶるくらいの水を加え、6時間ほど煮る。これを漉して、鍋に戻し、再び火にかけて濃度がつくまで煮詰める。

さざえのトロフィエ
〔mondo　宮木〕

材料(4人分)
サザエ … 400g(約3個)
ニンジン、玉ネギ、セロリ
　(すべて薄切り) … 各50g
岩塩 … 適量
トロフィエ
┌ 00粉 … 100g
│ 水 … 45g
│ 塩、E.V.オリーブ油
└　　　… 各少量
サザエの肝ベーゼ
┌ バジリコ … 50g
│ E.V.オリーブ油 … 75g
│ 松の実 … 15g
└ サザエの肝 … 3個分
ビーツの泡(右記参照)
　… 適量

1 サザエの下処理をする。サザエは流水にあてながら、タワシでよく洗う。

2 **1**のサザエとニンジン、玉ネギ、セロリを深鍋に入れ、ひたひたより少し上くらいまで水を注ぎ、岩塩を加える。

3 **2**を強火で加熱し、沸騰したら弱火にして1分ほどゆでる。火からおろし、そのまま室温で冷ます。

4 冷めたら殻から取り出し、身と肝に分ける。身はトロフィエと同じくらいの大きさに切り分ける。肝はタミでパッセしておく(肝ベーゼに使用する)。

5 トロフィエを作る。00粉に塩をひとつまみとE.V.オリーブ油を少量加え、水を加え練っていく。生地の表面がつるっとするまで10分ほど練ったら、まとめてラップフィルムで包む。

6 **5**の生地を常温で2時間ほどやすませてから、パスタマシンで5mmほどの厚さにのばす。

7 **6**を棒状に切った後、更に8mm長さほどに切る。こよりを作るように、手のひらの側面でひねりながら成形する。

8 サザエの肝ベーゼを作る。湯を沸かし、枝を取ったバジリコの葉をさっと通し、氷水に落とし、水気を切る。ミキサーにすべての材料を入れて撹拌し、ペースト状にする。

9 湯に1.5%の塩を入れて沸かす。**7**のトロフィエ(1人分約40g)をゆでる。

10 ボウルに**8**を入れておく(1人分約12g)。

11 ビーツの泡を泡立てる(下記参照)。

12 **9**のトロフィエがちょうどよいゆで加減になったら、**4**のサザエの身を加え、1秒ほどしたら水気を切り、**10**のボウルに入れて和える。

13 皿に盛り、上に**11**のビーツの泡をのせる。

ビーツの泡(作りやすい量)

ビーツ … 1個
アルブミナ(乾燥卵白)、塩 … 各適量

ビーツは皮を洗い、2cm角ほどに切る。ミキサーに少量の水とともに入れ、よく撹拌する。シノワでパッセしてポットなどの深さのある容器に入れ、アルブミナを少量加える。使用するときにハンドミキサーで泡立てて塩で調味する。

さざえのクレープ焼き(香螺煎餅)
_{シャンルオジェンビン}

かつて当店で出していた料理(師匠に敬意を表して)。
サザエの食感と、生地のカリッと感がよく合う。
手でつまんで食べられるので、
ちょっとしたおつまみに。

**姫さざえ　クレソン
香菜　肝味噌和え**(西洋菜香螺)
_{シーヤンツァイシャンルオ}

肝の苦みと甜麺醤の甘みがよく合う。

アワビ・トコブシ

あわびのやわらか煮　肝ソース
弱火でじっくり火を入れる。定番だが、やはりおいしい。

あわびの唐揚げと磯辺揚げ
やわらか煮にしたアワビは、揚げてもおいしい。片栗粉だけをまぶして揚げたものと、生海苔を加えた天ぷら衣をつけて揚げたものの2種を盛り合わせた。

さざえのクレープ焼き（香螺煎餅）
〔麻布長江 香福筵　田村〕

材料（4人分）
サザエ … 1個
クワイ（粗みじん切り）… 2個分
香菜の茎（みじん切り）… 小さじ1
A ┌ 三温糖 … 小さじ1
　├ 豆板醤（トウバンジャン）… 小さじ1
　├ 醤油 … 小さじ1
　└ ゴマ油 … 小さじ1/2
烤鴨餅（カオヤービン）（北京ダックを包む餅皮）… 2枚
大豆油（またはサラダ油）… 適量
サラダ野菜（好みのもの）… 適量
スパイス塩（塩、五香粉、黒コショウ、カレー粉、花椒粉を混ぜたもの）… 少量

1　サザエは沸騰した湯で30秒ほどゆでる。身に付いたフタをはずし、貝を取り出し、肝ははずす。身を縦半分に切り、薄切りにする。

2　ボウルに**1**のサザエの身、クワイ、香菜の茎とAを入れて和える。

3　烤鴨餅1枚に**2**をのせて薄くのばし（写真**1**）、縁に小麦粉（分量外）を水で溶いたのりを塗る（写真**2**）。もう1枚の烤鴨餅を上に重ねて（写真**3**）しっかりと縁をはりつける。両面全体にフォークで穴を開けて空気穴を作る（写真**4**）。

4　大豆油をひいた中華鍋に**3**を入れ、両面ともカリッとなるよう弱火で煎り焼く（写真**5〜7**）。

5　6等分に切り、皿に盛り付ける。サラダ野菜とスパイス塩を添える。

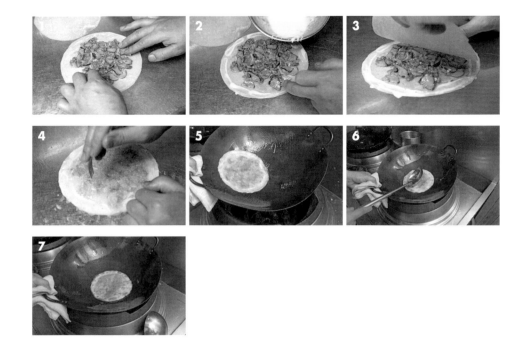

姫さざえ クレソン 香菜 肝味噌和え（西洋菜香螺）

〔麻布長江 香福筵　田村〕

材料（10個分）
姫サザエ … 10個（約500g）
クレソン（2〜3cm幅のざく切り）… 1束分
甜麺醤（テンメンジャン）、醤油 … 各少量
大豆油（またはサラダ油）… 適量

1　沸騰した湯に姫サザエを入れて火を止め、そのまま5分おいて余熱で火を入れる。湯から取り出し、身に付いたフタをはずし、貝を殻から取り出す。
2　身から肝を取りはずし、肝は裏漉す。
3　フライパンに大豆油をひいて**2**の肝、甜麺醤、醤油を合わせて炒めて火を入れ、肝ソースとする。
4　身には蛇腹に包丁目を入れ、クレソンと**3**の肝ソースを加えて和え、殻に戻して盛り付ける。

あわびのやわらか煮 肝ソース

〔賛否両論　笠原〕

材料（4人分）
アワビ … 2個
酒、だし昆布 … 各適量
醤油、砂糖 … 各少量
わさび（すりおろし）… 少量
スダチ … 1個

A ┌ 卵黄 … 1個
　├ 醤油 … 適量
　├ みりん … 適量
　└ ブランデー … 少量

1　アワビは殻からはずして掃除し（肝は取りおく）、身を鍋に入れ、適量の水、酒、だし昆布を加えて火にかける。沸いたらアクを取り除き、弱火で2時間ほど、やわらかくなるまで煮る。醤油、砂糖で味をつける。煮汁に浸けたまま冷ましておく。
2　アワビの肝は酒をふり、蒸して火を入れた後、裏漉してなめらかにする。**A**と混ぜ合わせ、肝ソースを作る。
3　**1**を一口大に切って、器に盛り、**2**をかける。おろしわさびと切ったスダチを添える。

あわびの唐揚げと磯辺揚げ

〔賛否両論　笠原〕

材料（4人分）
アワビ（むいて掃除をした身）… 2個
酒、だし昆布 … 各適量
醤油、砂糖 … 各少量
片栗粉 … 適量
磯辺揚げ衣（※）… 適量
金針菜 … 適量
揚げ油 … 適量
アワビの肝ソース（上記の作り方**2**参照）… 適量
スダチ … 1個
塩 … 少量

※磯辺揚げ衣（青海苔衣）：天ぷら衣（卵黄1個と冷水150ccをよく混ぜ、薄力粉90gを加えてさっくり混ぜる）200ccに、生青海苔大さじ1を混ぜ合わせる。

1　アワビはやわらか煮にしておく（上記の作り方**1**参照）。
2　**1**を一口大に切り、半量には片栗粉をつけ、もう半量には磯辺揚げ衣をつけて、170℃に熱した油で3分ほど揚げる。金針菜も素揚げする。
3　**2**を器に盛り合わせ、アワビの肝ソース、切ったスダチ、塩を添える。

丸ごとあわびの茶碗蒸し
蒸したアワビの身、肝、蒸し汁をすべて使った、アワビづくしの
贅沢な茶碗蒸し。

あわびの片想い
大根に含まれるアミラーゼという
酵素の効果でやわらかくなるとして、
昔からアワビを蒸すときに大根が使われている。
これはその大根をアワビに巻いて、
一緒食べていただこうという発想の料理。

江ノ島椀
玉子豆腐に、さっと火を入れた
アワビの身を添える。やわらかい玉子豆腐と
アワビの組み合わせが、実においしい。

鮑、紅芯大根ピクルスの冷菜（大麗花鮑片）
アワビと紅芯大根のピクルスを組み合わせ、
花のように盛り付けた。

丸ごとあわびの茶碗蒸し
〔焼貝 あこや　延田〕

材料(1個分)
蒸しアワビ(p.61参照)…食べやすい厚さに切ったもの2枚
アワビの肝ソース(※)…大さじ1
茶碗蒸しの地
- 卵…1個
- 貝だし(p.74参照)…50cc
- アワビの蒸し地(p.61参照)…50cc

※アワビの肝ソース：
アワビの肝の佃煮(p.258参照)を裏漉し、煮切りみりんでのばしたもの。

1 卵を溶き、貝だしとアワビの蒸し地を加えて混ぜ、漉す。器に入れて蒸し、茶碗蒸しを作る。

2 蒸し上がった**1**の上に、蒸しアワビの身(1人分2枚)をのせ、アワビの肝ソースを流す。

あわびの片想い
〔焼貝 あこや　延田〕

材料
アワビ(殻付き)…適量
大根…適量
酒…適量
有馬山椒(実山椒の佃煮)…適量
醤油…適量
塩…適量

1 殻付きの生アワビの身に塩をたっぷりふって、指でこすり、流水で洗い流す。ボウルに入れて酒をひたひたに注ぎ、蒸気の上がった蒸し器に入れて、2時間ほど蒸す(p.61参照)。

2 大根はかつらむきにし、さっと沸騰湯に通して氷水に落とし、水気を切って、**1**の蒸しアワビの地にしばらく浸けておく。

3 **2**の大根に味が染みたら、**1**のアワビの身を4枚に切り分けたものに巻きつける。

4 蒸しアワビの肝と有馬山椒を叩いて混ぜ、醤油で味を調える。

5 **3**を食べやすい大きさに切り分けて器に盛り、**4**を添える。

江ノ島椀
〔賛否両論　笠原〕

材料(4人分)
アワビ…1個
葛粉…適量
塩…少量
インゲン…2本
A
- 卵…2個
- だし…90〜120cc
- 薄口醤油…少量
- みりん…少量

吸い地(※)…適量
木の芽…適量

※吸い地：一番だし1ℓ、酒大さじ2、薄口醤油小さじ2、粗塩小さじ1/2を合わせてひと煮立ちさせる。

1 アワビは掃除して、殻からはずし、身を薄切りにする。葛粉をまぶし、塩を加えた湯でさっとゆで、冷水に落とす。

2 Aを混ぜ合わせてボウルに入れ、蒸気の上がった蒸し器に入れて、弱火で15分ほど蒸して、玉子豆腐を作る。

3 インゲンはさっとゆでて、吸い地に浸けておく。

4 2をお玉ですくって椀に入れ、1のアワビを添え、3のインゲンを細切りにしてのせる。温めた吸い地を注ぎ、木の芽を添える。

て急冷する。

4 アワビを袋から取り出し、ヒモをはずし、身を薄いそぎ切りにする（写真1、2）。1の紅芯大根を、アワビと同じような形の薄切りにする。

5 紅芯大根の上にアワビをのせ（写真3）、角状に巻き込む（写真4、5）。すべて同じように巻く。花のように重ねて器に盛り付ける。

鮑、紅芯大根ピクルスの冷菜
（大麗花鮑片）
〔麻布長江 香福筵　田村〕

材料（作りやすい量）
アワビ … 1個
紅芯大根（皮をむき、縦半分に切ったもの）… 適量
泡菜汁（2％の塩水に少量の白酒と花椒を加え、野菜を漬けて乳酸発酵させたもの）、塩 … 各適量
酒 … 大さじ2

1 泡菜汁に紅芯大根を1日漬ける。

2 アワビは殻から取り出し、塩をふってタワシでしっかりと洗い、流水で洗い流す。肝は取り除く。

3 2のアワビを真空用袋に酒大さじ2とともに入れ、真空にする。60℃の湯に5分入れて火を入れる（お玉で湯を対流させながら）、袋ごと氷水に浸け

蝦夷あわびのリゾット
バジリコとアスパラガスの青い香りと、
磯のアワビの香りの相性のよさが
際立つ初夏の一皿。アワビとエリンギ（アワビ茸）は
食感が似ているが、味がまったく違うので楽しい。

アワビとアワビ茸　アワビの肝のソースで
アワビは肝が重要。身の両面に切り目を入れるのは、
肝のソースをしっかりからませるためと、
食感を他の食材となじませるため。

鮑のXO醤蒸し（XO蒸鮑魚）
<ジョンバオユイ>
アワビの旨みとXO醤の香り、
旨みを合わせ、シンプルな仕立てに。
残った蒸し汁も美味。

干し鮑 山芋 古典煮込み
（紅燒山藥干鮑）
<ホンシャオシャンヤオ ガン バオ>
中国料理のアワビ料理といえば、
やはりこれははずせない。
とろとろに炒めた長イモとソースがよく合う。

貝料理バリエーション　221

蝦夷あわびのリゾット
〔mondo　宮木〕

材料(2人分)
エゾアワビ … 100g
ニンジン、玉ネギ、セロリ
　(すべて薄切り) … 各30g
岩塩 … 少量
ローリエ … 1枚
米 … 50g
野菜のブロード
　… 120cc
鶏のブロード … 80cc
エシャロット(みじん切り)
　… 少量
エリンギ … 1本
塩 … 適量
オリーブ油 … 少量
白ワイン … 少量
E.V.オリーブ油 … 適量
グリーンアスパラガスの
　ピューレ(右記参照) … 30g

1　アワビの下処理をする。アワビは流水にあてながら、殻をタワシでよく洗う。身のほうは塩をたっぷりとふり、タワシでよくこすり、水で洗い流す。

2　真空用袋に**1**のアワビを入れ、ニンジン、玉ネギ、セロリ、岩塩と水を各少量加え、真空パックにする。

3　**2**を80℃の湯に1時間入れて加熱する。湯から取り出し、そのまま室温で冷まして味をなじませる。

4　よく冷えたら袋からアワビを取り出し、殻から身をはずす。身から肝とヒモをはずし、口を取り除く。身は5mm厚さほどに切る。肝はヒモなどをはずして除き、4等分ほどに切り分ける。袋に残った汁は、シノワで漉して取りおく。

5　リゾットを作る。ブロードは合わせて温めておく。

6　別鍋にオリーブ油とエシャロットを入れて少し炒める、米を加えて1～2分、弱火で透き通るまで炒める。白ワインを加える。

7　**4**で取りおいた汁を適量加える(塩分に注意する)。

8　**5**のブロードを、常に米がひたひたになるくらいに加えながら、13分ほど炊く。塩加減を確認しながら、**4**の汁も加えていく。

9　炊き上がる3分ほど前になったら、フライパンにオリーブ油をひいて大きめに裂いたエリンギを入れて1～2分炒め、**4**のアワビの身も加える。塩気を見ながら調味する。

10　**8**のリゾットの仕上げにE.V.オリーブ油を加え、空気を含ませながらモンテする。

11　皿にグリーンアスパラガスのピューレ(1人分15g程度)を広げ、その上に**10**のリゾット、**9**のエリンギとアワビの身を散らし、**4**のアワビの肝ものせる。

グリーンアスパラガスのピューレ (作りやすい量)

グリーンアスパラガス
　… 中8本
バジリコ … 15g
ニンニク … 1g
E.V.オリーブ油 … 60g
アンチョビー … 5g

1　湯を沸かし、掃除して1cmほどに切ったグリーンアスパラガスを入れてゆでる。

2　**1**に火が入ったら、枝をはずしたバジリコの葉を加え(さっと湯にくぐらせる程度)、アスパラガスとともに氷水にとって冷やす。ゆで湯は取りおいて冷ましておく。

3　水気を切った**2**のアスパラガスとバジリコをミキサーに入れ、ニンニク、E.V.オリーブ油、アンチョビーを加えて回す(なめらかに回らなければ、取りおいたゆで汁を少しずつ加えながら回す)。

アワビとアワビ茸
アワビの肝のソースで
〔Hiroya　福嶌〕

材料(1人分)
エゾアワビ … 1個
アワビ茸 … 1個
A ┌水、日本酒、みりん、
　│醤油、だし昆布、生姜
　└… 各適量
生海苔 … 適量
クレソン … 適量
オリーブ油、塩
　… 各適量

＊日本酒3：水7ぐらいで合わせ、
　味のバランスをとる。

1　鍋にアワビを入れてAをひたるくらいに加え、蓋をして火にかけ、ゆっくり蒸し煮にする(アワビ1個では作りづらいので、4個ぐらいで作るとよい)。1時間ほど火を入れたら、殻から取り出し、身と肝に分けて掃除する。身には両面に格子状の切り目を入れ、一口大に切る。

2　1の肝は、生海苔と1の煮汁を適量合わせてミキサーにかけ、肝のソースとする。

3　アワビ茸は一口大に切り、オリーブ油をひいたフライパンでソテーし、塩をする。

4　1のアワビの身、2のソース、3のアワビ茸、クレソンを器に盛り合わせる。

2　鍋の底に網などを敷き、1のアワビをのせて水を入れ、沸騰したら弱火にして1時間ほど煮る。

3　2を火からはずしておく。冷めたら口を取り除く。

4　アワビの総量1に対し、親鶏1、豚もも肉0.5、鶏脚0.5、金華ハム0.3、少量の鶏油、少量の長ネギと生姜を用意する。肉類はゆでてアクを取り、しっかりと水洗いする。

5　土鍋に網を敷き、4の肉類とアワビを並べる。上湯を注ぎ、4の他の材料も加え、約10時間弱火で煮る。火を止めて一晩おく。

6　翌日たまり醤油を少量加え、更に4時間煮る。

7　アワビの硬さを確認し、やわらかくなっていれば煮汁を漉し、アワビを浸けて保存する。

干し鮑　山芋　古典煮込み（紅燒山藥干鮑）
〔麻布長江 香福筵　田村〕

材料（3個分）
干しアワビ（吉浜産。下記のようにして戻したもの。煮汁も使用する）…3個
長イモ…90g
卵…30g
小松菜菜花（塩ゆでする）…3本
大豆油（またはサラダ油）…少量

1　長イモは皮をむいてすりおろし、卵とよく混ぜる。

2　中華鍋に大豆油を少量ひき、1を炒める。まとまってきたら弱火にし、お玉の背などで叩きながら火を入れる。

3　器に2の長イモを盛る。その上に温めた干しアワビをのせる。

4　アワビの煮汁を適量鍋に入れて火にかけ、味を調整し、水溶き片栗粉（分量外）で薄めにとろみをつける。3のアワビの上からかけ、ゆでた小松菜菜花を添える。

干しアワビの戻し方

1　干しアワビ（写真1）を30～35時間水に浸ける（触って全体が均等に弾力を感じるくらいになるまで）。

鮑のXO醬蒸し（XO蒸鮑魚）
〔麻布長江 香福筵　田村〕

材料（1人分）
アワビ…1個
野菜
　アスパラガス（白・緑の穂先）…各1本
　スナップエンドウ…1本
　紅芯大根（薄いいちょう切り）…2枚
紹興酒…大さじ2
A
　XO醬…大さじ1
　醤油…大さじ1/2
　オイスターソース…大さじ1/2

1　アワビは殻から取り出し、塩をふってタワシでしっかりと洗い、流水で洗い流す。肝は取り除く。

2　1のアワビを、紹興酒大さじ2とともに真空用袋に入れ、真空にする。

3　2を60℃の湯に5分入れて火を入れる（お玉で湯を対流させながら）。袋ごと氷水に浸けて急冷する。

4　3のアワビの口を取りはずし、野菜とともに小型の蒸籠（セイロ）に入れた小皿に盛る。Aを合わせてアワビにかける。

5　中火の蒸し器で3分蒸す。

とこぶしと塩漬けの牛肉
牛肉と磯の香りを、エスニックな風味でまとめた。
トコブシは、やわらかすぎても牛肉の存在に負けてしまう。
真空パックにして40℃で加熱することで、
生の香りは残しつつ、歯切れのよい食感になる。

とこぶし　藤椒、生唐辛子漬け（藤椒九孔鮑_{タンジャオジュコンパオ}）
火を入れると硬くなりやすいトコブシも、
真空パックにして湯に浸ける方法だとやわらかく仕上がる。
青い山椒の風味が爽やかな前菜に。

とこぶし 10年もの陳皮風味
（陳皮九孔鮑）
チェン ピ ジュウコン パオ

10年ものの陳皮のやわらかい熟成香と、
トコブシの香りを合わせて。

とこぶしと塩漬けの牛肉
〔mondo　宮木〕

材料(1人分)
トコブシ … 150g(約3個)
ココナッツウォーター … 200cc
レモングラス … 3枚
アルブミナ(乾燥卵白。泡を安定させる) … 適量
カルネサラダ(右記参照) … 適量
完熟シークワァーサー … 少量
レフォール … 適量
塩、日本酒 … 各適量

1 トコブシの身をタワシで洗い、流水でさっと流す。殻からはずす。

2 真空用袋に**1**と少量の日本酒を入れて真空にする。40℃の湯に1時間30分入れて、加熱する。

3 ココナッツウォーターにレモングラスを入れて、一度ゆっくり沸かす。氷にあててよく冷やした後、アルブミナを加えて泡立てる。

4 カルネサラダを薄くスライスする。

5 **2**のトコブシを袋から取り出し、3等分ほどに切り分け、軽く塩をして殻に盛り付ける。

6 **5**の上に**4**のカルネサラダをのせ、シークワァーサーの果汁を2、3滴絞りかけ、**3**のココナッツウォーターの泡を添える。すりおろしたレフォールを散らす。

カルネサラダ(作りやすい量)
熟成牛肉(シキンボ) … 1kg
塩 … 20g
A ┌ ジュニパーベリー(ネズの実) … 20g
  │ ローズマリー … 2枝
  │ クローブ … 1個
  │ ニンニク … 1カケ
  └ 黒コショウ … 2g

1 牛肉のまわりの筋を取り除く。

2 Aを合わせてミキサーにかけ、粉末にする。

3 **1**に**2**と塩をよくすり込む。ラップフィルムでくるみ、冷蔵庫で3日間おく(毎日塩などをすり込みながら)。

4 **3**のラップをはずして真空パックにし、冷蔵庫で4日間おく。

とこぶし 藤椒、生唐辛子漬け
（藤椒九孔鮑）

〔麻布長江 香福筵　田村〕

材料（作りやすい量）
トコブシ … 25個
紹興酒 … 大さじ2
清湯（中国料理の澄んだスープ）… 1ℓ弱
A ┌ 塩 … 大さじ1
　└ 薄口醤油 … 大さじ2
B ┌ 生唐辛子（赤・青）… 各3本（5mm幅に切る）
　├ ニンニク（みじん切り）… 3粒分
　└ 青花椒（※）… 7g
太白ゴマ油 … 50cc

※青花椒：陰干しした花椒。新鮮な花椒の味が特徴。

1　トコブシの表面を流水にあてながら、タワシでしっかりと洗う。真空用袋に紹興酒大さじ2とともに入れ、真空にする。60℃の湯に5分入れて火を入れる（お玉で湯を対流させながら）。

2　袋を開け、トコブシと汁に分けて取りおく。

3　**2**の汁と清湯を合わせて1ℓにし、Aを加え、**2**のトコブシを入れる。

4　耐熱のボウルにBを合わせて入れておく。太白ゴマ油を180℃に熱してボウルの中に注ぎ入れ、香りを出す。

5　**4**を**3**に加えて漬け込み、1日経ってから食べる。

とこぶし 10年もの陳皮風味
（陳皮九孔鮑）

〔麻布長江 香福筵　田村〕

材料（4個分）
トコブシ … 4個
陳皮（10年もの。なければ普通の陳皮でよい）… 6g
長ネギ（糸切り）… 6g
生姜（糸切り）… 1g
A ┌ 酒 … 大さじ2
　└ 魚露汁（魚醤）… 大さじ2
葱油（ネギの香りを移した香味油）… 大さじ2

1　10年ものの陳皮は、ひたひたの水を加えてやわらかくなるまで戻し、裏側の白い部分を削ぎ、糸切りにする。

2　トコブシの表面を流水にあてながら、タワシでしっかりと洗う。真空用袋に入れてAと**1**の陳皮を加え、真空にする。60℃の湯に4分入れて火を入れる（お玉で湯を対流させながら。写真**1**〜**3**）。

3　袋からトコブシを取り出し、器に盛る。袋の中の汁をかけ、長ネギと生姜の糸切りを盛る。葱油を180℃に熱し、ネギの上にかけて香りを出す。

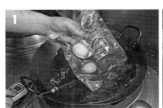

ツブ貝・バイ貝・シッタカ

つぶあんもなか
サクッとしたもなかの皮に、コリコリしたツブ貝と
しっとりとしたアン肝で"つぶあん"。
名前も見た目も楽しい一品。

白ばい貝の燻製とトマトとマスカットのサラダ
貝の燻製はそのままでもおいしいが、
こんなふうに料理に使ってもおもしろい。
ここではさっぱりとしたトマトとマスカットを合わせてサラダに。

つぶ貝 黒こしょう焼き
一見焼き鳥に見えるが、実はツブ貝。
ピリッときいた黒コショウがおいしい。

つぶあんもなか
〔賛否両論　笠原〕

材料（4人分）
マツブ貝 … 2個
アン肝 … 200g
万能ネギ（小口切り）… 3本分
A ┌ 水 … 500cc
　├ 酒 … 100cc
　├ 醤油 … 100cc
　├ みりん … 100cc
　├ 砂糖 … 大さじ1
　└ 生姜（薄切り）… 5g
B ┌ 白味噌 … 大さじ1
　└ マスカルポーネ・チーズ … 大さじ1
もなかの皮 … 適量

1 アン肝は掃除して、Aで炊く。
2 1のアン肝を裏漉して、Bと混ぜ合わせる。
3 マツブ貝は殻から取り出し、掃除して、身を粗く切る。
4 2、3、万能ネギを混ぜ合わせ、もなかの皮で挟んで、器に盛る。

白ばい貝の燻製とトマトとマスカットのサラダ
〔焼貝 あこや　延田〕

材料（2人分）
白バイ貝 … 4個
ミニトマト … 3個
ブドウ（マスカット）… 3粒
A ┌ 酒 … 5cc
　├ 醤油 … 適量
　└ 砂糖 … 大さじ2
ミント … 少量
オリーブ油 … 大さじ1
パルミジャーノ・レッジャーノ・チーズ（すりおろし）
　… 適量
・燻製用チップ（桜）

1 白バイ貝は殻付きのまま鍋に入れ、水を180cc加えて火にかけ、Aを加えてゆっくりゆでる（p.60参照）。
2 爪楊枝などを使って殻から身と肝を取り出し（p.60参照）、網にのせ、桜のチップで30分ほど燻す（p.63参照）。
3 ミニトマトと皮をむいたマスカットは縦半分に切る。
4 2を食べやすい大きさに切り、3と合わせて器に盛り、ミントを散らし、オリーブ油をまわしかけて、パルミジャーノ・チーズをかける。

つぶ貝 黒こしょう焼き
〔賛否両論　笠原〕

材料（2人分）
マツブ貝 … 3個
黒コショウ … 適量
レモン … 1/2個
A ┌ 醤油 … 大さじ2
　│ みりん … 大さじ1
　└ ＊混ぜ合わせる。

1 マツブ貝は殻から取り出し、掃除して、身を一口大に切り、串に刺す。

2 1にAを塗りながら焼き台で焼き、仕上げに黒コショウをふる。器に盛り、レモンを添える。

つぶ貝といろいろ野菜の盛り合わせ

貝と野菜の、いろいろな味と食感が
楽しめる一皿。ワケギのソースは、
貝にも野菜にもよく合う。

真つぶ貝とバラの花茶
スープ仕立て
（玫瑰花鮮螺湯）
<small>メイグイファシェンルオタン</small>

やさしく香るバラの香りで
リラックスでき、安眠にも役立つ。
ツブ貝の食感がいいアクセントになっている。

ツブ貝・バイ貝・シッタカ

真つぶ貝と自家製粉皮　マスタードソース
（芥茉拌香螺粉皮）
ジェイモウバンシャンルオフェンピィ

粉皮は、緑豆の粉で作る薄い皮状の食品。
ここでは香菜を加えて作った。
貝や野菜との食感の違いが楽しい。

つぶ貝といろいろ野菜の盛り合わせ
〔Hiroya　福嶌〕

材料(2人分)
マツブ貝 … 1個
ワケギのソース(作りやすい量)
┌ ワケギ(青い部分) … 1把分
│ ニンニク(皮付きのニンニクにオリーブ油をまぶして
│ 　200℃のオーブンで20分ほど火を入れ、皮をむ
│ 　いたもの) … 1房分
│ ピーナッツ … 50g
│ オリーブ油 … 200cc
└ 水 … 150cc
＊すべての材料を合わせてミキサーにかけ、裏漉しする。
野菜
┌ 菜の花、ペコロス、シイタケ、ナス、アンディーブ、
└ 　トレヴィス、キャベツ … 各適量
塩、オリーブ油、レモン果汁 … 各適量

1　マツブ貝は殻を割って取り出し、身と肝に分けて掃除し、身は食べやすい大きさに切る。肝はオリーブ油を少量ひいたフライパンで、さっとソテーしておく。

2　菜の花は軽く炭火で焼く。ペコロスは皮付きのままオーブンでローストし、皮をむいて縦半分に切る。シイタケはオリーブ油をひいたフライパンでゆっくり焼く。ナスは焼きナスにし、一口大に切る。アンディーブ、トレヴィス、キャベツは食べやすい大きさに切る。キャベツは素揚げしておく。

3　**2**をすべてボウルに合わせ、塩、オリーブ油、レモン果汁を加えて和える。

4　皿にワケギのソースを敷き、**1**と**3**を盛り付ける。

真つぶ貝とバラの花茶スープ仕立て(玫瑰花鮮螺湯)
〔麻布長江 香福筵　田村〕

材料(2人分)
マツブ貝 … 1/2個
玫瑰花茶(メイクイファチャ)(※乾燥) … 10個
清湯(チンタン)(中国料理の澄んだスープ) … 300cc
塩 … 少量
※玫瑰花茶:ローズティー。バラ科であるハマナスの花の蕾を乾燥させて作った花茶。

1　マツブ貝は殻から取り出し、肝などをはずして除き、水洗いする。

2　**1**の身を縦半分に切って掃除し、薄切りにする。

3　清湯を沸騰させて玫瑰花茶を入れ、蓋をして5分ほど蒸らす。漉して花を取り除く。

4　**3**のスープを再び鍋に入れ、塩を少量加える。

5　器に**2**の貝の身を入れ、**4**のスープを注ぎ、花びらを数枚散らす。

真つぶ貝と自家製粉皮 マスタードソース
（芥茉拌香螺粉皮）

〔麻布長江 香福筵　田村〕

材料（2〜3人分）
マツブ貝…1個（約400g）
粉皮（右記参照）…100g
キュウリ（5mm角に切る）…20g
紅芯大根（5mm角に切る）…20g
白髪ネギ（ネギの白い部分を7cm長さに切り、極細のせん切りにする）…10g
マスタードソース
　┌ 三温糖…3g
　│ 醤油…10g
　│ 米酢…7g
　│ 鶏ガラスープ…15g
　└ 粒マスタード…20g
葱油（ネギの香りを移した香味油）…大さじ1

1　マツブ貝は殻から取り出し、肝などをはずして除き、水洗いする。

2　**1**の身を縦半分に切って掃除し、薄切りにする。湯でさっとゆでて、氷水に落とす。

3　マスタードソースの材料を混ぜ合わせておく。

4　器に粉皮を敷き、**2**の水気を切って盛る。まわりにキュウリと紅芯大根を添え、マスタードソースを全体にかける。天に白髪ネギをのせ、180℃に熱した葱油大さじ1をかける（食べるときに全体を混ぜ合わせる）。

粉皮

緑豆粉…50g
水…100cc
香菜の茎（みじん切り）…10g

1　緑豆粉と分量の水を混ぜ合わせて半日ほどおく。

2　**1**に香菜の茎を加えてよく混ぜる（写真**1**）。粉が沈殿しないよう、混ぜながらバットに薄く流し、沸騰している湯の上に30秒ほどおく（写真**2**）。

3　液状だったものが固まって半透明になってきたら、湯の中にバットごと落とし、90秒ほどゆでる（写真**3**）。

4　**3**を氷水に落とす（写真**4**）。冷えて固まったらバットから取り出し（写真**5**）、1cm幅に切る（写真**6**）。

**白バイ貝とにんにくの新芽、
香菜の香り炒め**（大蒜芽香菜炒鳳螺）
<small>ダースワン ヤ シャンツァイチャオフォンルオ</small>

中国では、巻貝も殻付きで炒めてしまう。
ここでは事前に塩味ベースのたれでゆっくり煮て、
味を入れている。こうすることで、この後他の素材と
合わせて炒めたときに味の一体感が生まれる。

**白バイ貝と豚挽き肉の
ナンプラー風味蒸し**（蒸籠鳳螺肉餅）
<small>ジョンロンフォンルオロウビン</small>

貝の風味とナンプラーの香りがよく合う。
貝に豚肉と野菜を合わせたことにより、
さまざまな食感と味が楽しめる。

風干し白バイ貝（風干鳳螺）
<small>フォンガンフォンルオ</small>

食品乾燥機を利用して貝を適度に乾燥させると、
味が凝縮し、ムチッとした食感も得られて
おつまみむきの仕上がりに。

シッタカのヴェッキオサンペリ蒸し焼き
さまざまな旨みと磯の香りを合わせた液体を加え、
シッタカを蒸し煮に。ヴェッキオサンペリ(辛口ワイン)の
香りを加えることで、味わいに幅をもたせている。

白バイ貝と豚挽き肉の
ナンプラー風味蒸し(蒸籠鳳螺肉餅)

〔麻布長江 香福筵　田村〕

材料(4人分)
白バイ貝(殻付き)…10個(約500g)
豚挽き肉…100g
干しシイタケ(戻して5mm角に切る)…2枚分
長イモ(皮をむき、包丁で細かく叩く)…70g
万能ネギ(みじん切り)…少量
A(調味料)
├ 醤油…5g
├ 酒…15g
├ 紹興酒…15g
└ ナンプラー…10g
B
├ 長ネギ(みじん切り)…20g
├ 生姜(みじん切り)…5g
├ 葱油(ネギの香りを移した香味油)…5g
└ 片栗粉…5g

1 白バイ貝を水洗いし、汚れを落とす。かぶるくらいの水とともに鍋に入れて火にかけ、沸騰したら取り出す。

2 殻から取り出して、肝を取り除く。身を5mm幅の薄切りにする。

3 ボウルに豚挽き肉とAを入れてよく練る。粘りが出たら、干しシイタケ、長イモ、**2**の貝の身を加えて更に練る。Bを加えて混ぜる。

4 小型の蒸籠(セイロ)用の器に**3**を平らにして盛り、蒸し器で10分蒸す。万能ネギをのせ、貝殻とともに盛り付ける。

白バイ貝とにんにくの新芽、
香菜の香り炒め(大蒜芽香菜炒鳳螺)

〔麻布長江 香福筵　田村〕

材料(4人分)
白バイ貝(殻付き)…10個(約500g)
緑豆春雨(水で戻したもの)…30g
ニンニクの新芽(4cm長さに切る)…40g
香菜の茎(4cm長さに切る)…30g
A(煮汁)
├ 酒…200cc
├ 水…200cc
├ 塩…6g
├ 醤油…15g
├ 花椒粒(中国山椒の粒)…小さじ2
└ タカノツメ(小口切り)…小さじ2
B
├ 葱油(ネギの香りを移した香味油)…大さじ2
├ 長ネギ(繊維に沿って4cm長さのせん切り)…10g
├ 生姜(せん切り)…3g
└ 紹興酒…大さじ1

1 白バイ貝を水洗いし、汚れを落とす。

2 Aの材料の塩、醤油以外を鍋に入れる。**1**を入れ、80℃ほどで20分煮る。塩、醤油を加えて更に10分煮る。火からおろしてそのまま冷ます。

3 そのまま半日ほどおいた後、身に付いている貝のフタを取り除く。

4 中華鍋を熱し、Bの葱油を入れ、長ネギ、生姜を入れて炒め、香りを出す。紹興酒を入れ、**2**の煮汁150ccと春雨、**3**の貝を入れて弱火で1分ほど煮て貝を温める。

5 ニンニクの新芽と香菜の茎を加え、強火にして炒める。野菜が軽くしんなりしたら、器に盛る。

風干し白バイ貝（風干鳳螺）
〔麻布長江 香福筵　田村〕

材料（5人分）
白バイ貝（殻付き）… 10個（約500g）
煮汁
A ┌ 酒 … 200cc
　├ 水 … 200cc
　├ 三温糖 … 20g
　├ 醤油 … 50g
　├ 沙茶醤（サーチャージャン）… 15g
　├ オイスターソース … 15g
　├ タカノツメ … 3本
　└ 花椒粒（中国山椒の粒）… 小さじ1
ゴマ油、白ゴマ … 各少量

1　白バイ貝を水洗いし、汚れを落とす。

2　煮汁の材料と**1**を鍋に入れ、80℃ほどで30分煮る。火からおろしてそのまま冷ます。

3　冷めたら身に付いている貝のフタを取り除き、身を爪楊枝などで取り出し、肝をはずして除く。身を煮汁に浸ける。

4　そのまま半日ほどおいた後、**3**を煮汁から取り出し、水気を切り、食品乾燥機に入れて65℃で1時間30分乾燥させる（写真**1**）。

5　表面が乾いて味が凝縮したら、表面に少量のゴマ油と白ゴマをまぶして器に盛る。

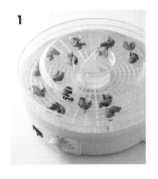

1

シッタカの
ヴェッキオサンペリ蒸し焼き
〔mondo　宮木〕

材料（作りやすい量）
シッタカ（殻付き）… 300g
A ┌ 魚醤（瀬戸内コラトゥーラ）… 4g
　├ ドライトマト … 3g
　├ 生海苔 … 5g
　└ 野菜のブロード … 80g
ヴェッキオサンペリ（※）… 30cc

※ヴェッキオサンペリ：マルサーラと同じブドウ品種であるグリッロを使用し、アルコールの添加を行なわず、酸化的熟成をした極辛口ワイン。

1　シッタカは流水にあてながら、殻のまわりをタワシでこすり、汚れを落とす。

2　Aを小鍋に合わせて15分おいた後、弱火に5分かけて、漉す。

3　岩塩を敷いたバットの上に、殻口側を上にしてシッタカを並べ、**2**の液体を殻の中に並々と注ぐ。

4　**3**を180℃のオーブンに入れて8分加熱したら、いったん取り出して、殻の中にヴェッキオサンペリをたらす。再び同じ温度のオーブンで5〜8分加熱する。

5　貝のフタを取り、食べやすいよう爪楊枝などで中身を取り出し、再び殻に戻して提供する。

ツメタ貝・アコヤ貝・夜光貝

つめた貝の冷たいクスクス
しっかりした歯応えのツメタ貝が、
存在感あり。きれいな色の野菜を加えて彩りよく。

雪見貝福
イチゴ大福に、アコヤ貝の佃煮を加えた。もちのやわらかさと貝の歯応え、
アズキあんの甘みとイチゴの甘酸っぱさ。それぞれのコントラストが楽しい。

夜光貝の焼きリゾット
夜光貝はしっかりとした噛み応えを楽しむ貝。
インパクトのある大きな貝殻は、
器として使うと効果的。

つめた貝の冷たいクスクス
〔焼貝 あこや　延田〕

材料
ツメタ貝 … 適量
グリーンピース … 適量
ビーツ … 適量
ニンジン … 適量
クスクス（大粒。ゆでて冷ましたもの）… 適量
塩 … 適量
A ┌ オリーブ油 … 適量
　│ ニンニク（みじん切り）… 少量
　│ コリアンダーパウダー … 少量
　│ パプリカパウダー … 少量
　└ コショウ、塩 … 各少量
レモン（カットしたもの）… 1切れ

1　ツメタ貝はゆでて身を取り出し、食べやすい大きさに切る。
2　ビーツ、ニンジンは5mm角ほどに切り、さっと塩ゆでする。グリーンピースも塩ゆでする。
3　**1**、**2**が冷えたらゆでたクスクスと合わせ、Aを加えて和える。器に盛り、レモンを添える。

雪見貝福
〔焼貝 あこや　延田〕

材料（4個分）
A ┌ もち粉 … 60g
　│ 米粉 … 20g
　│ 砂糖 … 20g
　└ 水 … 140cc
アズキあん（粒あん）… 適量
アコヤ貝の佃煮（下記参照）… 適量
イチゴ … 2個
片栗粉 … 適量

1　Aを鍋に合わせて火にかけて練る。耳たぶくらいの硬さになったら、火を止めて冷ます。冷めたら4等分にし、片栗粉をまぶして麺棒でのばす。
2　アズキあん、アコヤ貝の佃煮、半分に切ったイチゴを合わせて**1**のもちで包み、大福を作る。

アコヤ貝の佃煮（作りやすい量）

アコヤ貝 … 4個
酒 … 50cc
砂糖 … 大さじ1

殻から取り出して掃除をしたアコヤ貝の身を適宜に切り、鍋に入れ、水180ccと酒、砂糖を加えて煮詰める。

夜光貝の焼きリゾット
〔焼貝 あこや　延田〕

材料（作りやすい量）
夜光貝 … 1個
五穀米 … 0.5合
白米 … 0.5合
野菜
　┌ パプリカ（赤・黄）… 適量
　│ カリフラワー（小房に分けて、塩ゆでしたもの）… 適量
　│ ソラ豆（塩ゆでして薄皮を除いたもの）… 適量
　└ グリーンピース（塩ゆでしたもの）… 適量
貝だし（p.74参照）… 約180cc
サラダ油、バター … 各適量
白醤油 … 適量
黒コショウ … 適量
生海苔 … 適量

1　夜光貝は身と肝を取り出して掃除をし、食べやすい大きさに切る。

2　大きい野菜は食べやすい大きさに切る。

3　五穀米と白米を混ぜ合わせておく。

4　フライパンにサラダ油をひいて**3**を入れて炒める。貝だしを入れ、沸いたら**1**とすべての野菜を加える。米に火が入ったらバター、白醤油、黒コショウで味を調え、生海苔を加える。

5　**4**を夜光貝の殻に盛り付ける。

※殻からの取り出し方は、基本的にp.45のサザエなどと同じだが、大きいので時間はかかる。
※殻に直接材料を入れ、直火にかけて釜飯のようにして作ることもできる。

ミックス

貝の切り込み
「切り込み」は、北海道や東北地方の伝統料理で、生のニシンや鮭を塩や米麹に漬けて発酵させて作る。これを貝に応用した。甘じょっぱい味が、酒のあてにぴったり。

貝と天然きのこの松前漬け
本来カズノコなどで作られる北海道の郷土料理を、貝と天然のキノコで作った。素材の味がわかるよう、あえて薄味にしている。

貝チョビ
次頁のシェルズサーディンの和風バージョン。酒盗で旨みと塩分を加えて作る。おにぎりと一緒に食べていただくので、味は少し強めにする。

ミックス

シェルズサーディン
コショウの辛みがピリッときいた、オイル漬け。
パンと一緒に食べるとちょうどいい。
保存する場合はオイルや塩の量を少し多めにする。

貝の切り込み
〔焼貝 あこや　延田〕

材料
貝（アサリ以外は生）
　アワビ、マツブ貝、ホッキ貝、ホタテ貝柱、赤貝、アサリ
　（ゆでてむいた身）など … 各適量
A（作りやすい量）
　米麹 … 100g
　塩 … 小さじ1
　砂糖 … 大さじ2
　煮切りみりん … 少量
　タカノツメ（みじん切り） … 少量

1　アサリ以外の貝は、むいて掃除した身を、生のまま食べやすい大きさに切っておく。
2　ボウルにAの材料を入れて混ぜ合わせ、すべての貝を入れて、しばらく漬け込んでおく（1時間ほどで食べられる。2週間程度は保存可能）。写真は器に盛り花穂紫蘇を散らしたもの。

貝と天然きのこの松前漬け
〔焼貝 あこや　延田〕

材料
貝（アサリ以外は生）
　アワビ、マツブ貝、ホッキ貝、ホタテ貝柱、赤貝、アサリ
　（ゆでてむいた身）など … 各適量
天然キノコ
　マイタケ、シメジ、ナメコなど … 各適量
松前漬け地（作りやすい量）
　切り昆布（極細切り） … 適量
　煮切りみりん … 大さじ3
　醤油 … 大さじ3
　煮切り酒 … 大さじ2

1　天然のキノコはさっとゆがき、水気を切っておく。
2　アサリ以外の貝は、むいて掃除した身を、生のまま食べやすい大きさに切っておく。
3　ボウルに松前漬け地の材料を入れてよく混ぜ合わせる。昆布がしんなりしてきたら、**1**のキノコとすべての貝を入れて混ぜ、しばらく漬け込んでおく（1時間ほどで食べられる）。

貝チョビ
〔焼貝 あこや　延田〕

材料
季節の貝（アサリ以外は生）
　ホタテ貝柱、マツブ貝、アオヤギ、平貝（貝柱）、アサリ
　（ゆでてむいた身）など … 各適量
塩 … 少量
カツオの酒盗 … 適量
オリーブ油 … 適量
ソラ豆（塩ゆでし、薄皮を取って大きめに切ったもの）
　… 少量
柚子皮（細切り）… 少量
おにぎり … 適量

1　アサリ以外の貝は、むいて掃除した身を、生のまま食べやすい大きさに切る。
2　すべての貝に軽く塩をし（酒盗の塩分を考えて控えめに）、酒盗で和え、ひたひたのオリーブ油に漬けて冷蔵庫で保存する。
3　2の貝とソラ豆を合わせて器に盛り、柚子皮を散らす。小さくにぎったおにぎりを添える。

シェルズサーディン
〔焼貝 あこや　延田〕

材料
季節の貝（アサリ以外は生）
　ホタテ貝柱、マツブ貝、アオヤギ、平貝（貝柱）、アサリ
　（ゆでてむいた身）など … 各適量
ニンニク（薄切り）… 適量
生コショウ … 適量
塩 … 適量
オリーブ油 … 適量
ミニトマト（薄切り）… 少量
パン … 適量

1　アサリ以外の貝は、むいて掃除した身を、食べやすい大きさに切る。
2　すべての貝に塩をして、ニンニクと生コショウとともにひたひたのオリーブ油に漬けて、冷蔵庫で保存する。
3　2にミニトマトを合わせて盛り付け、パンを添える。

春の詰め合わせ
春らしい野菜と貝を組み合わせ、
一皿に盛り合わせた。

貝の味噌漬け
味噌漬けの貝を軽くあぶり、いろいろな味の素材と組み合わせて提供。
日本酒と合わせ、口の中で生まれる新しい風味と、
余韻を楽しんでもらいたい。

シェル＆チップス
いろいろな貝をフライにし、盛り合わせた。
衣にビールを加えることにより、サクサクの仕上がりに。

春の詰め合わせ
〔焼貝 あこや　延田〕

材料

パスタ（太い管状のもの。ゆでたもの）… 適量
揚げ油 … 適量

A ┌ タケノコ（水煮）、貝だし（p.74参照）、
　│　薄口醤油、赤ニシ貝の肝、塩、醤油、みりん、
　└　酒、砂糖、木の芽 … 各適量

B ┌ ギョウジャニンニク、ニンニク、パプリカ
　│　（5mm角切り）、トマト（5mm角切り）、
　│　モッツァレッラ・チーズ（5mm角切り）、白ミル貝
　│　（生の水管を薄くスライスしたもの）、オリーブ、塩
　└　… 各適量

C ┌ フキノトウ、サラダ油、味噌、砂糖 … 各適量
　│　平貝のヒモ（ゆでてみじん切りにしたもの）、合挽き肉、
　│　塩、コショウ、柚子コショウ、天ぷら衣、揚げ油
　└　… 各適量

D ┌ 白身魚のすり身、ホタテ貝柱、卵の素（p.82参照）、
　│　菜の花の辛し和え（ゆでた菜の花を、貝だし、薄口
　│　醤油、溶き辛子で和えたもの）、ゆで卵の黄身
　│　（鍋に入れて湯煎にかけて煎り、細かくしたもの）
　└　… 各適量

E ┌ ワラビ（ゆでたもの）、アサリ（ゆでてむいた身）、
　│　貝だし、貝だしのジュレ（貝だしを熱し、戻した板
　│　ゼラチンを溶かして冷蔵庫で冷やし固めたもの）、
　└　ワサビ（すりおろし）… 各適量

F ┌ コゴミ（ゆでたもの。先の部分）、レッドグレープフ
　│　ルーツ（房から切り出した実）、アオヤギ（下処理を
　│　した足の身）、塩、コショウ、生ハム、オリーブ油
　└　… 各適量

A：

1 水煮にしたタケノコは、貝だしで炊いて薄口醤油を少量加えて、味を含める。

2 **1**のタケノコの外側の部分をかつらむきにし、串に刺して天日で干して乾燥させ、すり鉢で丁寧に砕いて粉にし、塩と合わせてフライパンで煎り、タケノコ塩を作る。

3 残りのタケノコは、縦薄切りにする。

4 赤ニシ貝の肝は、一度ゆでてから鍋に入れ、醤油、みりん、酒、砂糖を加えて炊いて佃煮にし、裏漉す。

5 パスタを切り開き、平らにして油で揚げる。

6 **5**の上に**4**、**3**の順にのせ、**2**をふって木の芽をのせる。

B：

1 ギョウジャニンニクとニンニクは適宜に刻んですり鉢ですり、オリーブ油、塩を加えてすり合わせる。

2 **1**にパプリカ、トマト、モッツァレッラ・チーズを入れて和える。

3 パスタを切り開き、上に白ミル貝、**2**の順にのせる。

C：

1 ふき味噌を作る。フキノトウをみじん切りにして多めのサラダ油で炒め、味噌と砂糖を加えて炒め合わせる。

2 別のフライパンにサラダ油を少量ひいて合挽き肉を炒め、塩、コショウ、柚子コショウで味つけ、平貝のヒモを加える。

3 パスタに**2**を詰め、筒の下の部分にだけ天ぷら衣をつけて、その部分を油で揚げる（蓋をするように）。

4 器に**1**のふき味噌を敷いて**3**をのせ、刻んだフキノトウを散らす。

D：

1 白身魚のすり身、ホタテ貝柱、卵の素をすり鉢ですり合わせ、真薯地を作る。

2 パスタに**1**を詰め、蒸し器で蒸す。

3 蒸し上がった**2**の上に菜の花の辛子和えをのせ、ゆで卵の黄身をふる。

E：

1 アサリのむき身は貝だしで炊いておく。

2 ワラビと**1**のアサリの身は、貝だしの地に漬けておく。

3 **2**のワラビとアサリ（上に飾る分は、少し形を残しておく）を細かく刻んで貝だしのジュレで和え、パスタに詰めて、残しておいたワラビの先の部分とアサリをのせて、おろしワサビを添える。

F：

1 レッドグレープフルーツとアオヤギは、塩、コショウをする。

2 パスタの中に**1**とコゴミを詰める。生ハムで巻き、オリーブ油をかける。

貝の味噌漬け
〔焼貝 あこや　延田〕

材料（組み合わせ）
赤貝 —— 生コショウ
マテ貝（オオマテ貝）—— ブルーチーズ
牡蠣 —— パクチー
マツブ貝 —— 山ワサビの醤油和え
平貝（貝柱）—— 黄柚子の皮（細切り）
サザエ —— イチゴ（5mm角切り）
ホタテ貝柱 —— 木の芽

1 貝はむき身にし、すべて生のまま味噌漬けにする（p.62参照。3日ほど漬けると食べごろ）。

2 **1**の貝を軽くあぶり、上記の組み合わせで盛り付ける。

シェル＆チップス
〔焼貝 あこや　延田〕

材料
貝
└ 牡蠣、平貝（貝柱）、ホッキ貝、赤ニシ貝 … 各適量
塩 … 少量
衣（作りやすい量）
┌ 小麦粉 … 大さじ5
├ ベーキングパウダー … 小さじ1/2
└ ビール … 100cc
揚げ油 … 適量
貝の肝のマヨネーズ（下記参照）
　… 適量

1 貝はそれぞれむき身にし、掃除する。

2 小麦粉とベーキングパウダーを合わせ、冷たいビールを加えて溶き、衣を作る。

3 **1**の貝に塩をして、**2**の衣をつけて、熱した油で揚げる。器に盛り、貝の肝のマヨネーズを添える。

貝の肝のマヨネーズ（作りやすい量）

マヨネーズ
┌ 卵黄 … 5個
├ サラダ油 … 400cc
├ 酢 … 20cc
├ レモン果汁 … 大さじ2
└ 塩 … 小さじ1
白ミル貝の肝（ゆでたもの）… 5個分

1 卵黄とサラダ油を合わせてミキサーにかけ、固まったら酢、レモン果汁、塩を加えて更に回し、マヨネーズを作る。

2 白ミル貝の肝をすり鉢に入れて麺棒ですりつぶし、**1**を大さじ4加えて混ぜる。

貝寄せサラダ　生姜ジュレ
貝にも野菜にもよく合う生姜のジュレがすぐれもの。

カオマン貝
東南アジア料理の鶏肉のせご飯
「カオマンガイ」からの発想で、
鶏肉の代わりにいろいろな貝をのせて作った。
ナンプラーやスイートチリソースを
使ったたれが、貝にもよく合う。

ミックス

貝寄せご飯
いろいろな貝の味と食感の違いが楽しめる、
贅沢なご飯。

貝寄せサラダ 生姜ジュレ
〔賛否両論 笠原〕

材料(4人分)
貝
- 赤貝 … 1個
- 平貝 … 1個
- トリ貝 … 1個
- 白ミル貝 … 1個
- マツブ貝 … 1個

野菜
- オクラ … 4本
- グリーンアスパラガス … 2本
- キュウリ … 1本
- カイワレ菜 … 1/2パック
- アボカド … 1個

太白ゴマ油 … 大さじ2
塩 … 適量
花穂紫蘇 … 少量

生姜ジュレ(作りやすい量)
A
- だし … 360cc
- 薄口醤油 … 15cc
- 濃口醤油 … 15cc
- みりん … 30cc
- 千鳥酢 … 60cc
- 砂糖 … 小さじ1

板ゼラチン … 7.5g(5枚)
新生姜(すりおろし) … 20g

1 生姜ジュレを作る。Aを合わせてひと煮立ちさせ、戻した板ゼラチンを加えて溶かし、冷蔵庫で冷やし固める。

2 **1**を200cc分取り、新生姜をすりおろして加え、混ぜ合わせる。

3 貝はそれぞれむいて身とヒモに分け、掃除する。平貝(貝柱)はさっとあぶり、トリ貝はさっとゆでて、氷水に落とす。すべての貝を食べやすく切っておく。

4 オクラ、アスパラガスはさっと塩ゆでし、食べやすく切る。

5 キュウリは1cm厚さの輪切りにし、カイワレ菜は根元を切り落とす。アボカドは皮と種を取り除き、一口大に切る。

6 **4**、**5**の野菜はすべて太白ゴマ油で和えておく。

7 **3**の貝と**6**の野菜をすべて彩りよく器に盛り合わせ、**2**をかけて、花穂紫蘇を散らす。

ミックス

カオマン貝
〔焼貝 あこや　延田〕

材料(作りやすい量)
貝
　マツブ貝 … 1個
　牡蠣 … 2個
　マテ貝(オオマテ貝) … 2個
　アゲマキ貝 … 2個
　ホッキ貝 … 1個
酒 … 少量
たれ
　ニンニク(すりおろし) … 小さじ1
　生姜(すりおろし) … 小さじ1
　長ネギ(みじん切り) … 大さじ2
　ゴマ油 … 大さじ1
　醤油 … 小さじ1/2
　ナンプラー … 小さじ1/2
　オイスターソース … 小さじ1/2
　スイートチリソース … 大さじ1
　レモン果汁 … 小さじ1
　ゴマ … 適量
　＊すべての材料を混ぜ合わせる。
米(ジャスミンライス) … 2合
貝だし(p.74参照) … 360cc
パクチー … 適量

1　貝はすべてむき身にして掃除し、酒を少量かけて、蒸し器に入れて強火で10分蒸す。
2　ジャスミンライスを貝だしで炊く。
3　炊き上がった**2**を器に盛り、**1**の貝をのせ、たれをまわしかけて、パクチーをのせる。

貝寄せご飯
〔賛否両論　笠原〕

材料(8人分)
貝
　ホッキ貝 … 1個
　ホタテ貝柱 … 2個
　白ミル貝 … 1個
　トリ貝 … 2個
　アワビ … 1/2個
バター … 15g
酒 … 大さじ2
米 … 4合(水で洗ってザルに上げておく)
A
　水 … 600cc
　だし昆布 … 5g
　薄口醤油 … 60cc
　酒 … 60cc
ふぐネギ … 10本
黄柚子 … 少量

1　貝はそれぞれむいて掃除し、身もヒモも食べやすく切る。
2　アワビ以外の貝は、バターでさっと炒め、仕上げに酒をふる。
3　土鍋に米とA、アワビを入れて通常通り炊く。蒸らしのときに、**2**の貝を加える。
4　ふぐネギを3cm長さに切って**3**に散らし、すりおろした黄柚子の皮をふる。

貝の肝

貝の肝カレー
肝はカレーとも相性がいい。味に深みのある、
ちょっと個性的でおいしいカレーになる。

あわびの桜餅
生地で包んでいるのはあんこではなく、
アワビの肝で作った佃煮。
お酒に合う、大人の桜餅。

おむすび貝
貝の佃煮、なめろう、ふりかけを使った
おにぎりの食べくらべが楽しい。

大人のチーズキャンディー
甘めの赤貝の肝の佃煮が、いぶりがっこ入りの
チーズによく合い、日本酒にも洋酒にも合うおつまみに。
見た目の楽しさもポイント。

貝の肝カレー

〔焼貝 あこや　延田〕

材料(作りやすい量)
貝の肝
　┌赤貝の肝 … 6個分
　│平貝の肝 … 2個分
　│白ミル貝の肝 … 2個分
　│マツブ貝の肝 … 2個分
　└赤ニシ貝の肝 … 2個分
玉ネギ(みじん切り) … 2個分
カレーペースト(市販缶詰) … 大さじ2
バター … 小さじ1
黒コショウ … 少量
ご飯 … 適量
アオサ(乾燥) … 少量
貝の肝のふりかけ(p.259参照) … 少量

1 貝の肝はすべてゆでて、細かく刻む。

2 フライパンにサラダ油(分量外)をひき、玉ネギと**1**の貝の肝を入れて、混ぜながら炒める。

3 **2**の水分が飛んで色づいたら、カレーペースト、バター、黒コショウを加えて混ぜる。

4 器にご飯を盛って、**3**のカレーをかけ、アオサと貝の肝のふりかけをのせる。

あわびの桜餅

〔焼貝 あこや　延田〕

材料
アワビの肝の佃煮(作りやすい量)
　┌アワビの肝(※) … 500g
　└たまり醤油、濃口醤油、砂糖、酒 … 各適量
桜餅の生地
　┌五穀米、うるち米 … 各適量(同量)
　│もち粉 … 適量(五穀米+うるち米の約半量)
　│酒 … 少量
　└砂糖、塩 … 各適量
大葉、花穂紫蘇、銀あん(※) … 各適量

※アワビの肝：中国などへの輸出用アワビは、肝をはずした状態で輸出されるため、残った肝だけが売られている。これを使用している。砂状のものを多く含んでいるので、これをしっかり取り除いて使用する。
※銀あん：貝だし(p.74参照)を温めて酒、薄口醤油で味を調え、水溶き葛でとろみをつけたもの。

1 アワビの肝の佃煮：アワビの肝は切り込みを入れ、ザルにのせて水の中でもみ洗いし、砂抜きをする。

2 **1**の肝の水気を切って鍋に入れ、たまり醤油、濃口醤油、砂糖、酒を加えて煮詰め、佃煮にする。

3 桜餅の生地を作る。五穀米とうるち米は合わせ、やや少なめに水加減をし、酒を少量加えて通常より少し硬めに炊き上げる。

4 **3**を麺棒で叩いて半づきにし、砂糖と塩で味を調える。

5 もち粉に水を適量加えて練り、耳たぶほどの硬さにして蒸す。

6 **4**と**5**を、2:1の割合で合わせて練り混ぜる。

7 **6**の生地を適量取り、手で押してのばす。**2**の肝の佃煮を裏漉して生地で包み、表面を軽くバーナーであぶり、大葉で包む。

8 **7**を器に盛って花穂紫蘇をのせ、銀あんをはる。

おむすび貝
〔焼貝 あこや　延田〕

材料
ご飯 … 適量
赤貝の肝と海苔の佃煮(p.73参照) … 適量
帆立のなめろう(p.70参照。肝味噌を平貝の肝で作ったもの。) … 適量
貝の肝のふりかけ(平貝の肝とミル貝の肝をゆでてから天日で乾燥させ、海苔を少量加えてミキサーにかけたもの)
　… 適量

ご飯で小さめのおにぎりを3つ作り、一つには赤貝の肝と海苔の佃煮を、もう一つには帆立のなめろうをのせ、残りの一つには貝の肝のふりかけをまぶして盛り合わせる。

大人のチーズキャンディー
〔焼貝 あこや　延田〕

材料
クリームチーズ … 適量
マスカルポーネ・チーズ … 適量(クリームチーズと同量)
いぶりがっこ(みじん切り) … 適量
赤貝の肝の佃煮(p.73参照。海苔を加えずに作ったもの)
　… 適量

1 クリームチーズとマスカルポーネを同量ずつ合わせて練り、刻んだいぶりがっこを加えて合わせる。

2 1を一口大分取り、中に赤貝の肝の佃煮を入れて丸め、キャンディー用の紙で包む。

※写真は、分かりやすいように赤貝の肝の佃煮を、チーズボールの上にのせている。

貝の肝の揚げまんじゅう
やわらかいレンコンベースの生地の中は、
平貝の肝のバターソテー。

貝の肝の春巻き
平貝の肝、干した貝柱、空煎りした豆豉(トウチ)、
干しエビで味つけした、おつまみ春巻き。

貝のだし

貝だしのところてん
貝だしでところてんを作り、
土佐酢にも貝だしを使い、貝の風味を強調した。

貝だしと緑茶のお茶漬け
赤貝の肝の佃煮入りのおにぎりを一口食べ、
貝だしで煮出した緑茶を口に含むと、
口の中でお茶漬けが完成する。

貝の肝の揚げまんじゅう
〔焼貝 あこや　延田〕

材料
平貝の肝（ゆでたもの。白ミル貝や赤貝の肝でもよい）
　　…適量
バター、塩、コショウ…各適量
生地
　┌ レンコン…適量
　│ 卵白…適量
　└ 片栗粉…適量
天ぷら衣…適量
あん
　┌ 貝だし（p.74参照）…適量
　│ 薄口醤油…少量
　└ 葛粉…適量
パクチー…適量
黄柚子の皮（細切り）…少量
揚げ油…適量

1 生地を作る。レンコンは皮をむいてすりおろし、軽く水気を絞ってボウルに入れる。

2 卵白は泡立て器でしっかりと泡立てる。

3 1に2と片栗粉を加えて合わせる。

4 平貝の肝を細かく刻み、バターをひいたフライパンで炒め、塩、コショウで味つける。

5 3の生地で4の具を包み、ラップフィルムで茶きんにし、蒸気の上がった蒸し器に入れて蒸す。

6 5をラップから取り出して天ぷら衣をつけ、油で揚げる。

7 あんを作る。貝だしを鍋で温め、薄口醤油で味を調えて、水溶き葛でとろみをつける。

8 6を器に盛り、7のあんをかけ、パクチーと柚子の皮を散らす。

貝の肝の春巻き
〔焼貝 あこや　延田〕

材料（作りやすい量）
平貝の肝（ゆでたもの）…6個分
豚挽き肉…300g
豆豉（トウチ）…10g
干しエビ…10g
キャベツ…1/2個
万能ネギ…1束
ニンニク（みじん切り）…3カケ分
塩、コショウ、ゴマ油…各適量
春巻きの皮…適量
揚げ油…適量
たれ
　┌ ラー油…適量
　│ 干し貝柱（水に浸けて戻し、みじん切りにしたもの）
　│　　…適量
　│ 酢…適量
　└ 醤油…適量
　＊混ぜ合わせる。
長ネギ（白い部分を薄切りにし、水にさらして水気を絞ったもの）
　　…適量
グリーンアスパラガス（細いもの。塩ゆでしたもの）
　　…適量

1 豆豉と干しエビを合わせてフライパンで乾煎りし、水分がなくなったら包丁で細かく叩く。

2 キャベツと万能ネギはみじん切りにし、塩をする。出てきた水分を絞っておく。

3 ボウルに豚挽き肉、平貝の肝、**2**、ニンニク、**1**を入れて合わせ、塩、コショウ、ゴマ油で味を調え、春巻きの具を作る。

4 3の具を、春巻きの皮で通常通り巻き、油で揚げる。

5 4を食べやすく切って器に盛り、長ネギとアスパラガス、たれを添える。

貝だしのところてん
〔焼貝 あこや　延田〕

材料（作りやすい量）
貝だし（p.74参照）… 200cc
棒寒天 … 1本
A（土佐酢）
　┌ 貝だし（p.74参照）… 60cc
　│ 酢 … 10cc
　│ ヒガシマル醤油 … 10cc
　│ みりん … 5cc
　└ *混ぜ合わせる。
アオサ（乾燥）… 少量
みょうが（薄切り）… 少量

1 ところてんを作る。貝だしを鍋で温め、棒寒天を入れて溶かす。溶けたら流し缶に流し、冷蔵庫で冷やし固める。
2 **1**が固まったら天突きで突き出して、器に盛り、Aをかける。アオサとみょうがを添える。

貝だしと緑茶のお茶漬け
〔焼貝 あこや　延田〕

材料（1人分）
貝だし（p.74参照）… 180cc
緑茶葉 … 小さじ1
ご飯 … 適量
赤貝の肝の佃煮（p.73参照。海苔を加えずに作ったもの）
　… 適量
ぶぶあられ … 適量

1 貝だしに、緑茶の葉を入れて煮出す。
2 ご飯の中に赤貝の肝の佃煮を入れて丸め、いろいろな色のぶぶあられをまぶしつける。
3 **1**を漉して器に入れ、**2**を添える。

貝と卵の鉢合わせ
貝のだしで作ったゼリーに、
ウズラの卵黄を合わせた。
一口で食べると、口の中で
風味が一体になる。

貝のキャラメル
キャラメルの「グリコ」の語源が
貝のグリコーゲンであることは有名。そこから発想を得て、
貝のだしや肝を使ってキャラメルを作った。
甘みに旨みと食感を加えた、佃煮の延長ともいえる味わい。

貝と卵の鉢合わせ
〔焼貝 あこや　延田〕

材料
ウズラの卵黄 … 適量（作る個数分）
貝だし（p.74参照）… 適量
白醤油 … 少量
貝だしのゼリー（作りやすい量）
　┌ 貝だし（p.74参照）… 400cc
　└ 板ゼラチン … 1枚（10g）
卵白 … 1個分
長イモ（すりおろし）… 10g
ドライフルーツ（イチゴ、オレンジ）、黒コショウ
　… 各少量

1　ウズラの卵黄を壊さないように取り出し、白醤油で味つけた貝だしに一晩浸けておく。
2　貝だしのゼリーを作る。貝だし400ccを温め、戻した板ゼラチンを加えて溶かし、粗熱を取った後、冷蔵庫で冷やし固める。
3　卵白を泡立ててメレンゲを作り、おろし長イモを加え、白醤油で味を調える。
4　ドライフルーツのイチゴとオレンジは、それぞれみじん切りにする。
5　小さなスプーンの上に、**1**の卵黄、**2**のゼリー、**3**の順にのせ、**4**のイチゴ、オレンジ、黒コショウを1種ずつかける。

貝のキャラメル
〔焼貝 あこや　延田〕

材料（作りやすい量）
　┌ 貝だし（p.74参照）… 150cc
A│ 牛乳 … 150cc
　└ 砂糖 … 50g
　貝の肝（ゆでたもの。赤貝、白ミル貝、平貝のもの）
　　… 計30g

1　Aを鍋に合わせて弱火にかけ、ヘラで練りながら火を入れる。
2　ある程度とろみが出てきたら、貝の肝を加えて更に練る（固まるまで時間がかかるが、根気よく練り続ける）。
3　形作れる固さになったら、流し缶に流して冷ます。冷めて固まったら四角く切り、クッキングシートでキャラメル状に包む。

補足レシピ

P.87 〔mondo 宮木〕
ホタテのだし (作りやすい量)

ホタテ貝のヒモ … 500g
水 … 2ℓ

1 ホタテ貝のヒモを岩塩（分量外）でよくもみ、ぬめりを取る（何度も水を換えながらもむ）。
2 1を水にさらしてきれいに洗い、塩もしっかり抜く。
3 2のヒモを分量の水と合わせて鍋に入れ、強火にかける。
4 沸いたらアクを取り、弱火で20分煮てだしをとる。
5 シノワで漉して、鍋に戻し、半量ほどになるまで煮詰める。

P.87 〔mondo 宮木〕
ホタテのチュイル (作りやすい量)

薄力粉 … 30g
そば粉 … 40g
ホタテのだし（上記参照）… 500g
澄ましバター … 400g
卵 … 30g

1 薄力粉とそば粉をボウルに合わせる。
2 ホタテのだしと卵を混ぜ合わせて、1に少しずつ加えていく。澄ましバターも加えて合わせる。
3 温めたテフロン加工のフライパンに2を少量入れて、水分をゆっくり飛ばしていく。カリッとしてきたら裏返して軽く焼く。

P.87 〔Äta 掛川〕
ソース・ヴァンブラン (作りやすい量)

エシャロット（みじん切り）… 75g
ムール貝のワイン蒸しの汁（煮詰めたもの）… 250cc
白ワイン … 200cc
白ワインヴィネガー … 80cc
生クリーム … 300cc
無塩バター … 50g
レモン果汁 … 20cc
塩、白コショウ … 各少量

1 エシャロット、白ワイン、白ワインヴィネガーを鍋に合わせて沸かし、1/3量になるまで煮詰める。
2 1にムール貝のワイン蒸しの汁を加え、更に1/3量になるまでに詰め、生クリームを加える。泡立て器で混ぜながらバターを加える。塩、白コショウで味を調え、レモン果汁を加える。

※フュメ・ド・ポワソンの代わりに、ムール貝を蒸したときに出た汁を煮詰め、これをベースにして作っている。

P.103 〔mondo 宮木〕
XO醤 (作りやすい量)

バッカラ … 400g
平貝（貝柱）… 2個
エシャロット（みじん切り）… 30g
ニンニク（みじん切り）… 3g
ドライトマト（せん切り）… 15g
スペック（スライスをせん切り）… 5枚分
魚醤（瀬戸内コラトゥーラ）… 適量
E.V.オリーブ油 … 適量
日本酒 … 少量

1 バッカラは、2日間水に浸して塩を抜く（水を換えながら）。
2 1のバッカラと平貝の貝柱をバットに入れ、少量の日本酒を加えてラップをし、20分ほど蒸す。出た液体は取りおく。
3 2のバッカラと平貝を、温かいうちになるべく細かく繊維に沿ってほぐす。
4 鍋にE.V.オリーブ油とエシャロット、ニンニクを入れ、透明になるまで弱火で炒める。
5 4に3と2の液体、ドライトマト、スペックを合わせてゆっくり炒めていき、完全に水分を飛ばす。塩気を確認し、魚醤を加える。
6 5を容器に移し、E.V.オリーブ油をまんべんなくひたひたに注ぐ。3日ほどねかせてから使用する。

P.103 〔mondo 宮木〕
平貝のふりかけ (作りやすい量)

平貝（貝柱）… 1個
ニンニク（みじん切り）… 1カケ分
イタリアンパセリ（みじん切り）… 2枝分

塩 … 少量

1 平貝の貝柱を細かく切り分ける。

2 1をテフロン加工のフライパンでゆっくり加熱する。フライパンの底に付いた貝柱をこそぎながら、パラパラになるまで水分を飛ばしていく。

3 ある程度パラパラになったらフードプロセッサーにかけ、再度フライパンで水分を飛ばしていく。

4 3の工程を何度か繰り返し、ふりかけ状になったらニンニク、イタリアンパセリを加えて香りを出す。塩で調味する。

P.115 〔フィッシュハウス 松下〕

雲丹バター (作りやすい量)

ウニ (塩漬け) … 200g
無塩バター … 450g
パン粉 … 60g
ナンプラー … 20g
日本酒 … 20g

1 常温に戻しておいたバターとウニをフードプロセッサーに入れ、混ざるまでよく回す。

2 1に残りの材料をすべて入れて更に回す。よく混ざったらバットに取り出し、冷蔵庫で冷やし固めた後、使いやすい大きさに切っておく。

P.115 〔フィッシュハウス 松下〕

BBQソース (作りやすい量)

ケチャップ … 150g
糖蜜 … 50g
スモークリキッド (液体スモークフレーバー) … 小さじ2
リーペリンソース … 大さじ1
タバスコ … 小さじ1

すべてをボウルに入れ、よく混ぜ合わせておく。

P.115 〔フィッシュハウス 松下〕

ニンニクとアンチョビーのピューレ (作りやすい量)

ニンニク (皮をむいたもの) … 1kg
アンチョビーフィレ (オイル漬け) … 200g
牛乳 … 適量

1 ニンニクをすべて鍋に入れ、水を加えて火にかけ、3回ほどゆでこぼす。

2 1をザルにあけて、ニンニクを鍋に戻し、牛乳を加えてやわらかくなるまで煮たら、ザルに取り出す。

3 フードプロセッサーにアンチョビーを入れてピューレ状になるまで回し、2のニンニクが熱いうちに少しずつ加えながら更に回す。全体がなめらかになったら冷ましておく。

P.115 〔フィッシュハウス 松下〕

香草パン粉 (作りやすい量)

オリーブ油 … 大さじ2
ニンニク (みじん切り) … 小さじ2
無塩バター … 15g
ドライパン粉 … 100g
松の実 (ローストしたもの) … 20g
レーズン … 20g
タイム (葉) … 3枝分
塩、白コショウ … 各適量

1 鍋にオリーブ油とニンニクを入れ、キツネ色になるまで熱する。

2 1にバターを加えて溶かした後、パン粉を一気に加えて火を止め、塩、コショウで味を調える。

3 2をボウルに移し、松の実、レーズン、タイムをすべて粗みじん切りにして加え、冷ます。

P.115 〔フィッシュハウス 松下〕

トマトソース (作りやすい量)

ニンニク (みじん切り) … 大さじ2
玉ネギ (みじん切り) … 中サイズ1個分
トマトホール (缶詰) … 1.5ℓ
岩塩 … 5g
ローリエ … 2枚
オリーブ油 … 適量

1 鍋にオリーブ油とニンニク、玉ネギを入れてソテーする。汗をかいた状態になったら、トマトホールを加え、岩塩とローリエも入れる。一度沸かしてアクを取った後、200℃のオーブンで90分ほど火を入れる。

2 トマトがはじけるくらいまでしっかりと火が入ったのを確認したら、ムーランで漉して冷ます。

貝と食中毒

食中毒とは、毒素を含む飲食物を摂ることで起こる健康障害であり、その原因には細菌、ウィルス、自然毒、化学物質、寄生虫などさまざまなものがある。生で食べることも多い貝と食中毒は、切り離せない関係にある。しかしこれは貝に限ったことではなく、食中毒についての正しい知識を持ち予防を心掛けることは、すべての飲食店にとって必要なことである。貝を扱ううえで、特に注意が必要なものをまとめた。

ノロウィルス

＊厚生労働省が集計した、平成27年の食中毒発生状況によると、ノロウィルスによる食中毒は、総事件数1,202件のうち481件（40.0％）、総患者数22,718名のうち14,876名（65.5％）となっており、病因物質別にみると、事件数・患者数ともに第1位となっている。

【ノロウィルスによる食中毒の特徴】

発生時期：一年を通して発生するが、特に冬季に流行する。

感染経路：人の手や食品を介して経口（飛沫感染含む）で感染。汚染された井戸水などの摂取、汚染された二枚貝の生（または不十分な加熱での）食など。

潜伏期間：24〜48時間。

症状：嘔吐、下痢、腹痛。発熱は軽度。健康な人であれば1〜2日で回復する（子どもやお年寄りの場合は重症化することもある）。後遺症はない。

治療：ワクチンはなく、輸液などの対症療法のみ。

予防法：食事前、トイレ後などの手洗いの徹底。下痢・嘔吐などの症状がある場合は食品を取り扱う作業をしない。調理器具の使用後の洗浄・殺菌。加熱が必要な食品は、中心部までしっかり加熱する（特に子どもやお年寄りなど抵抗力の弱い方）。
二枚貝は、大量の海水を体内に取り込んでプランクトンなどを濾し取り、栄養にしているため、海水にノロウィルスが含まれていた場合これも取り込んでしまうと考えられている。しかし一般にウィルスは熱に弱く、充分に加熱をすれば問題はない。加熱条件については、中心部が85〜90℃で90秒以上が望ましいとされている。

貝毒

貝毒は自然毒の一種で、ホタテや牡蠣などの二枚貝が、餌として有毒プランクトンを食べることで毒素を一時的に蓄積させること、およびこれを食べた人が中毒症状を起こす現象のこと（二枚貝自身に毒素を作り出す能力はない）。また、毒そのもののこともいう。日本で問題となる貝毒には、有害プランクトンの種類によって麻痺性貝毒と下痢性貝毒の2種類がある。貝類の食中毒件数としては、貝毒による中毒は全体の10％以下と少数であるが、貝毒は加熱によって毒性がほとんど失われないという特徴があり、注意が必要である。

【貝毒による食中毒の特徴】

発生時期：貝毒の原因となる有毒プランクトンを含む植物プランクトンの増殖には、水温、潮流、塩分、光強度その他さまざまな要因が複雑に関係しているため、環境要因から単純に発生を予知するのは困難である。

感染原因：毒化した二枚貝の摂食。

毒化する貝：ホタテ貝、牡蠣、アサリ、ムール貝などの二枚貝（貝以外ではマボヤなど）。

＊毒化するのは二枚貝だけで、植物プランクトンを餌にしていないサザエ、アワビなどの巻貝やイカやタコ、魚などにも貝毒がたまることはない（毒化した二枚貝を捕食した肉食性の巻貝やカニの毒化例はあり）。

潜伏期間：
下痢性：食後30分〜4時間以内に発症。
麻痺性：食後10〜30分ほどで舌や唇、顔面のしびれ、手足の発熱感。

症状：
下痢性：激しい下痢、吐き気、嘔吐（致命的ではない）。およそ3日ほどで全快。
麻痺性：筋肉の麻痺、頭痛、めまい、吐き気、手足

のしびれ、呼吸困難などフグ中毒に似た症状。12時間以内に死亡に至るケースもある。12時間を超えれば回復に向かう。

治療：対症療法。

予防法：現在、貝毒の監視は二重三重の監視機構で行なわれている。有毒プランクトンの調査、貝毒の有無の調査を行ない。もし貝毒が検出されて規制値を超えた場合、生産団体（おもに漁業協同組合）に対して生産および出荷の自主規制を指導する。よって、毒化した貝類が市場に出回ることは基本的にはない。

監視体制が整っているため、市場や店に並ぶ貝や、きちんと検査を受けている海域で漁獲・生産されたものを使うことが大切である。また、毒の大部分は中腸腺に蓄積されるため、ホタテ貝など中腸腺（ウロ）を簡単に取り除ける貝であれば、植物プランクトンが増えるとされる時期（一般的に初夏から夏とされる）に中腸腺を除去して使うこともできる。

一度毒化した貝であっても、有毒プランクトンがいなくなれば、体内から毒が排出されて無毒になる。無毒化するまでにかかる時間は貝によって異なるが、たとえば牡蠣は、1個が1時間で10〜20ℓの海水を吸い込んで吐き出すため、毒を排出して無毒になるスピードも速いといわれる。

その他の食中毒

エゾバイ科エゾボラ属に属する巻貝は、唾液腺にテトラミンという物質を含み、これを除去しないで食べると、食後30〜60分ほどで視覚異常、めまいなどお酒に酔ったときのような中毒症状が現れる。通常2〜5時間程度で回復する。季節により毒量に変化はなく、熱や酸にも強いため、冷凍しても加熱しても毒性が消失することはない。中毒にならないためには、唾液腺を取り除くことが必要になる。

また、春（2〜5月）に採れたアワビの中腸腺を食べすぎて、光過敏症を発症するケースが極めてまれにある。これはこの時季にアワビが食べた餌である海藻のクロロフィルに由来するものだが、発症するにはかなり多量の中腸腺を食べ、光にあたる必要がある。近年は発症の報告がない。

専門店（フィッシュハウス・オイスター・バー）が心掛けていること

「基本的に産地直送で、かならず産地におもむき、作り手の方と養殖環境を確認しています。更に、産地の海水で滅菌消毒できる施設を持っている生産者さんから仕入れることも大前提。これは、お客さまに何かあった場合に、各生産者さんまで遡り、牡蠣の状況を確認できるからです。店舗に届いた牡蠣はむやみに触らず、低い温度を常に保つための保冷箱で管理。牡蠣を扱うシンクは牡蠣専用とし、他の料理に使用する道具や食材にはいっさい使用しません。産地の海水温の下降やインフルエンザ、ノロウィルスなどの情報は、保険機関や産地から直接聞き、季節ごとに産地を変えながら仕入れています。今は検査体制がしっかりしているので、問題になるとすれば牡蠣そのものより二次感染の可能性が強いでしょう。自分たちの体調管理や店内の消毒など、基本的な管理を日々徹底することが大切と考え、実践しています」

* ノロウィルスについて：「ノロウィルスに関するQ&A」（厚生労働省）（www.mhlw.go.jp）をもとに作成。
* 貝毒について：「有毒プランクトンと貝毒発生（解説）—瀬戸内海区水産研究所」（feis.fra.affrc.go.jp）、「貝毒—和歌山県ホームページ」（pref.wakayama.lg.jp）をもとに作成。
* テトラミン中毒について：ishikari.pref.hokkaido.lg.jp をもとに作成。

参考文献（＊本文中に記載したもの以外）

- 「日本近海産貝類図鑑（第二版）」（奥谷喬司編　東海大学出版部）
- 「貝類学」（佐々木 猛智著　東京大学出版会）
- 「七訂　食品成分表2017」（女子栄養大学出版部）

参考HP（＊本文中に記載したもの以外）

- aomori-itc.cr.jp
- foodslink.jp
- hachimenroppi.com
- ja.m.wikipedia.org
- jf-sariake.or.jp
- kakipedia.blog.jp
- magazine.shokuikuclub.jp
- maruha-nichiro.co.jp
- nishinippon.co.jp
- pref.shimane.lg.jp
- shellmuseum.jp
- sijimi-lab.jp
- sushi.boards.net
- city.abashiri.hokkaido.jp
- fujiclean.co.jp
- haff.city.hiroshima.jp
- jf-tokoro.com
- iph.pref.hokkaido.jp
- kai-zukan.info
- kounoujiten.com
- shinkokai.co.jp
- zukan-bouzu.com

料理人紹介

延田 然圭
（のぶた よんぎゅ）

高校卒業後、株式会社八十嶋入社。東京・北千住の和食店『明日香本店』に7年半勤める。25歳で独立。2007年、東京・高円寺に貝料理専門店『焼貝あぶさん』を開店。2009年、埼玉・入間に海鮮料理専門店『田中水産』を、2011年、東京・鶯谷に『焼貝うぐいす』をオープン。2014年、東京・恵比寿に4店めとなる『焼貝 あこや』をオープンする。新鮮な国産の貝にこだわり、季節ものは産地におもむき直接仕入れる。貝料理の第一人者として知られる。

焼貝 あこや
東京都渋谷区恵比寿南1-4-4
tel：03-6451-2467

焼貝 あぶさん
東京都杉並区高円寺北2-38-15
tel：03-3330-6855

焼貝 うぐいす
東京都台東区根岸1-3-21
tel：03-5603-8183

田中水産
埼玉県入間市下藤沢415-1
tel：04-2966-5599

笠原 将弘
（かさはら まさひろ）

1972年東京生まれ。高校を卒業後、『正月屋吉兆』で9年間修業。その後、実家の焼き鳥の名声店『とり将』を継ぎ、4年半営業する。父親の代からの30周年を機にいったん『とり将』を閉店。2004年9月に現在の店舗『賛否両論』を開店する。リーズナブルな価格で、味に定評のある和食を深夜まで提供。ちなみに、店での"マスター"という呼称は、父親の愛称を受け継いだもの。2013年9月に『賛否両論』名古屋を開店。2019年11月に『賛否両論 金沢』を開店する。現在、店で料理の腕をふるう傍ら、テレビ、雑誌にも引っ張りだこで多忙な毎日を過ごしている。著書に「笠原将弘の味づくり虎の巻」、「笠原将弘の和サラダ100」「笠原将弘の子ども定食」（すべて柴田書店刊）他多数がある。

日本料理 賛否両論
［さんぴりょうろん］
東京都渋谷区恵比寿2-14-4 太田ビル
tel：03-3440-5572
http://www.sanpi-ryoron.com

掛川 哲司
（かけがわ さとし）

18歳で料理の道へ。『オーベルジュ・オー・ミラドー』で4年間、『レ・クレアシオン・ド・ナリサワ』で3年間修業。2011年12月に東京・代官山に『Äta』を開店した。"港のビストロ"がコンセプトで、20品前後の料理のうち約15品が魚介料理。超高級魚から大衆魚まで隔てなく、幅広く使用し、「おいしく、わかりやすく、楽しく」料理を展開する。店名はスウェーデン語で「食べる」の意味。共著に「個性派ビストロの魚介料理」（柴田書店刊）がある。

Äta［アタ］
東京都渋谷区猿楽町2-5 1F
tel：03-6809-0965
http://ata1789.com/

福嶌 博志
（ふくしま ひろし）

1980年和歌山県生まれ。大学卒業後、イタリア料理店で2年半働き、渡欧。ベルギーを経て、フランスで2年半の修業を積む。その後イタリアを経て帰国。『日本料理 龍吟』に弟子入りし、和食の技法や考え方を学ぶ。その後モダン・スパニッシュの『スリオラ』を経て、2013年に独立。東京・南青山に『Hiroya』をオープン。フランス料理を機軸としつつ、さまざまなジャンルの技法が融合した、カテゴリーを越えた料理を提供する。そこにあるのは"自分が食べておいしいものを"というシンプルな考え。

Hiroya［ヒロヤ］
東京都港区南青山3-5-3-101
tel：03-6459-2305

宮木 康彦
（みやき やすひこ）

1976年神奈川県生まれ。専門学校を卒業後、『青山 アクアパッツァ』で修業。系列店も含め、料理の他サービスも経験する。2005年に本場の味を体験するためにイタリアへ渡る。三ツ星店『Le Calandre』で最先端の技術を学び、アルト・アディジェ州『Oberraut』とプーリア州『Peppe Zullo』で郷土料理に魅了される。帰国後、2008年に東京・自由が丘に『mondo』をオープン。2012年にリニューアル。

松下 敏宏
（まつした としひろ）

辻調理師専門学校を卒業後、ホテルや個人店でフレンチを経験。23歳でカナダに渡り、海外の食文化に影響を受け、4ダイヤモンドホテルでシェフ・ド・パルティエとして4年弱勤務。帰国後、数軒のレストランを経て、オイスター・バーに3年勤務。食材および商材として牡蠣に魅せられ、2009年に『フィッシュハウス・オイスター・バー』をオープン。生産者のもとを自ら訪ね、納得のいく牡蠣を仕入れている。生牡蠣はもちろん、野菜にこだわった料理にもファンが多い。

mondo［モンド］
東京都目黒区自由が丘
3-13-11
tel：03-3725-6292

FISH HOUSE
OYSTER BAR
［フィッシュハウス・オイスター・バー］
東京都渋谷区恵比寿西
1丁目3-11 Belle 恵比寿
M1F
tel：03-6416-1391

田村 亮介
（たむら りょうすけ）

1977年東京生まれ。高校卒業後、調理師専門学校に進学。卒業後、中国料理の道に入る。広東名菜『翠香園』、『華湘』で修業を積み、2000年、『麻布長江』に入社する。2005年かねてから念願だった台湾に渡り、四川料理店、精進料理店で本場の中国料理を肌で学び、研鑽を積む。2006年に帰国し、「麻布長江 香福筵」料理長に就任。2009年に同店のオーナーシェフとなる。共著に「最新 鶏料理」、「使えるたまごレシピ」（柴田書店刊）がある。

足立 由美子
（あだち ゆみこ）

2005年オープンの、東京・江古田のベトナム屋台料理店「Māimāi」店主。「ベトナムの人たちが普段食べているベトナムご飯を、ベトナムの食堂の雰囲気のままに出す」というのが、ベトナム料理に惚れ込んだ足立さんの考え方。現地の居酒屋や屋台などで好まれているお酒のつまみやご飯のおかずも多い。足立さんは年に数回ベトナムに渡り、最新の情報も取り入れつつメニューをブラッシュ・アップしている。ベトナムでは今、貝料理専門店が大流行しているらしい。著書に『バインミー』（文化出版局刊）、共著に『はじめてのベトナム料理』（柴田書店刊）他がある。

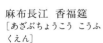

麻布長江 香福筵
［あざぶちょうこう こうふくえん］
※2019年4月に、麻布長江 香福筵は、建物老朽化のため閉店（右写真は、撮影当時の店内）。同年12月に、東京・南青山に「慈華 itsuka」を開店。

Māimāi［マイマイ］
東京都練馬区旭丘1-76-2
tel：03-5982-5287
http://hem.ecoda.jp

プロのための
貝料理
貝図鑑と専門店の基本技術
和・洋・中・ベトナムの貝料理バリエーション200

初版発行　2017年8月30日
2版発行　2021年9月10日

編者Ⓒ　　柴田書店

発行者　　丸山兼一
発行所　　株式会社 柴田書店
　　　　　東京都文京区湯島3-26-9 イヤサカビル　〒113-8477
　　　　　電話　営業部　03-5816-8282（注文・問合せ）
　　　　　　　　書籍編集部　03-5816-8260
　　　　　URL　https://www.shibatashoten.co.jp

印刷・製本　図書印刷株式会社

本書掲載内容の無断掲載・複写（コピー）・引用・データ配信等の行為は固く禁じます。
乱丁・落丁本はお取替えいたします。

ISBN978-4-388-06271-3
Printed in Japan
Ⓒshibatashoten 2017